数字营销系列丛书

周茂君 主编

数字平台营销

马二伟 著

科学出版社

北京

内 容 简 介

本书从营销变革与平台经济的本质出发，探讨数字平台的营销活动。全书共分十章，前四章是总论，主要介绍数字平台营销的产生与发展、数字平台营销的基本理论、数字平台营销的运行技术及数字平台营销的运作；后六章是分论，分别对搜索引擎平台、电子商务平台、社交媒体平台、视频网站平台、网络游戏平台和垂直网络平台的营销活动进行深入分析。本书既有对数字平台营销理论的分析，又有对数字平台营销运作实务的探讨，并配有大量的鲜活案例，知识性与可读性统一，理论性与应用性兼顾。

本书主要针对普通高校广告学专业和市场营销专业学生，也可作为传媒、广告、市场营销领域从业人员的阅读书目。

图书在版编目（CIP）数据

数字平台营销 / 马二伟著. —北京：科学出版社，2019.11
（数字营销系列丛书）
ISBN 978-7-03-059794-6

Ⅰ. ①数… Ⅱ. ①马… Ⅲ. ①网络营销 Ⅳ. ①F713.365.2

中国版本图书馆 CIP 数据核字（2018）第 280584 号

责任编辑：郝 静 / 责任校对：王丹妮
责任印制：张 伟 / 封面设计：楠竹文化

科学出版社 出版
北京东黄城根北街 16 号
邮政编码：100717
http：//www.sciencep.com

北京捷迅佳彩印刷有限公司印刷
科学出版社发行 各地新华书店经销

*

2019 年 11 月第 一 版 开本：720×1000 1/16
2022 年 11 月第二次印刷 印张：18
字数：288 000

定价：52.00 元

（如有印装质量问题，我社负责调换）

“数字营销系列丛书”编委会名单

推　荐　序

“风乍起，吹皱一池春水”，这是南唐词人冯延巳的著名词句，用它来形容当前已然来临的数字营销时代，最为恰切。数字时代的这个“风”就是新技术，正是它引领着数字媒体发生着深刻变革，影响着人们的工作状态、生活方式和阅读习惯，进而颠覆着媒体市场、广告市场和营销市场的运行规则。在这里，广告主在传统媒体时代简单的广告营销逐渐被数字时代注重官网、两微一端和搭建营销平台的“自营销”所取代；报刊、广播、电视等传统媒体依靠采编、经营双轮驱动已悄然改变，代之而起的是以内容运营、用户运营和活动运营为主的数字媒体运营；广告代理公司（绝大多数转型为数字营销公司）为迎接数字时代的到来，正在经历着从经营理念、组织架构到运作流程、业务模式的阵痛与蜕变，以便更好地服务于广告主。

数据成为数字营销市场的核心竞争力，得数据者得天下。广告主可以凭借其拥有的第一方数据，借助其官网和微博、微信，自建APP，搭建营销平台，进行品牌宣传与产品营销；数字媒体则依靠其垄断的第二方数据资源和头部媒体优势，在营销市场纵横捭阖、所向披靡；传统广告公司在过去时代曾经拥有的创意、策划等专业性优势，在数字时代逐渐被广告主和数字媒体蚕食，而“去中介”的行业诉求正在加重其生存危机，逼迫其通过搭建数字营销平台（垂直）和重构专业性实现浴火重生与凤凰涅槃。而原生广告和内容营销也颠覆着人们“内容是内容”“广告是广告”“二者要具有可识别性”的认知。前者将品牌信息深度植入媒体内容，并使二者融为一体；后者更强调将媒体内容作为营销工具为品牌广告或效果广告服务。此时，在数字营销市场，内容即广告，广告即内容，过去那种纯粹的内容与纯粹的广告再难见到，无论内容还是广告，都是为营销服务、为广告主服务。一切皆处于变化之中或在变化的路上，而唯一不变的就是变化，这就是时下的数字营销时代。

正是在技术引领、规则被颠覆、市场变革已然成为现实的情况下，周茂君教授组织编写了这套数字营销系列丛书——《数字营销概论》《数字营销策划与创意》《数字内容营销》《数字品牌营销》《数字平台营销》《大数据营销》《数字营销公司经营与管理》《数字媒体运营》《数字营销效果测评》《数字营销伦理与法规》。本套丛书一共 10 本，从书名可以见出其独特之处：其一，大营销观的独特研究视角。本套丛书坚持大营销观，让广告回归营销，恢复广告是市场营销一部分的本来面目，处处从大营销的角度展开论述；立足于大营销，从营销参与者、营销要素和营销过程的角度来确定相关的书名、章节。其二，勾画史的线索与立足数字营销实践。丛书的每本书皆坚持勾画出从传统媒体到数字媒体、从传统广告到数字广告和从传统营销到数字营销的“史”的线索和发展脉络，让读者能从中见出从传统时代到数字时代的演进轨迹；同时丛书作者并没有局限于对数字营销做从理论到理论式的研究，而是立足于数字营销实践，更多地从业界的视角去透视、研究相关的理论问题，这就使其研究更重实际，也更接地气。其三，本套丛书既关注理论前沿问题，注意吸收和借鉴国内外数字营销研究的最新成果，又注重这些基本理论的实际应用，并将基本理论、实际应用和案例点评很好地结合在一起，形成独具的特色。

数字营销在国外才出现短短 20 多年时间，在国内出现的时间更短，无论国外还是国内对它研究的时间都不长，可以说才刚刚起步，对数字营销进行系统研究的系列著作则更少。希望以周茂君教授这套数字营销系列丛书为起点，国内涌现出更多的作者和更多的研究成果，早日迎来数字营销研究的收获期。

是为序。

强月新

2019 年 10 月

“数字营销系列丛书”前言

1994年10月14日，美国《热线杂志》刊出美国电话电报公司（American Telephone & Telegraph，AT&T）等14则广告主的图像和信息，标志着网络广告的正式诞生，也宣告了数字营销时代的来临。这场由新技术引发媒体市场、广告市场和营销市场的变革方兴未艾，其对未来的影响巨大而深远，甚至是颠覆性的。有人曾用“变化是当前唯一不变的主题”这句话来加以形容，无疑是对数字营销市场状况的真实写照。

尽管数字营销已经走过了20多年的发展历程，但是迄今为止仍然没有一个大家公认的权威定义。国外部分学者或营销专家对数字营销提出了一些看法，有两方面的内容值得关注：其一，数字营销是一种全新的营销方式。他们认为数字营销“也称为电子营销”①，是“利用数字技术帮助营销活动”②，是“将互动媒体与营销组合的其他元素相结合”③，是“一种全新的营销方式”④。其二，数字营销有利于与消费者建立关系并实现营销目标。他们强调数字营销“使消费者和

---

① Smith K T. Digital marketing strategies that millennials find appealing, motivating, or just annoying[J]. Journal of Strategic Marketing，2011，19（6）：489–499.

② Bala M，Verma M D. A critical review of digital marketing[J]. International Journal of Management，IT & Engineering，2018，8（10）：321–339.

③ Parsons A，Zeisser M，Waitman R. Organizing today for the digital marketing of tomorrow[J]. Journal of Interactive Marketing，1998，（1）：31–46.

④ Wind Y，Mahajan V. Digital Marketing：Global Strategies From The World’s Leading Experts[M]. New York：John Wiley & Sons，Inc，2001.

企业建立了双向联系，且消费者可以更为便捷地接触到产品和服务”[①]，能够“与用户建立更深层次的关系”[②]，“通过数字媒体、数据和技术与传统传播相结合实现营销目标”[③]。

鉴于此，我们试着给数字营销下了一个定义：它又名在线营销，是利用网络技术、数字技术和移动通信技术等技术手段，借助各种数字媒体平台，针对明确的目标用户，为推广产品或服务、实现营销目标而开展的精准化、个性化、定制化的实践活动，它是数字时代与用户建立联系的一种独特营销方式，具有深度互动性、目标精准性、平台多样性和服务个性化、定制化等特征。

在数字营销行业，大数据、区块链、虚拟现实、物联网、超级计算等技术领域在全球发展势头良好。数字媒体的内容生产、产品形态和推送渠道都更加丰富，网络广告的生产、推广和监管也随之更加多元化和规范化。移动互联网的普及在很大程度上改变了人类生活的方方面面，用户的媒介使用习惯和消费行为都发生了巨大改变，数据资源成为各家公司争夺的重要生产要素。

正如 Actifio 首席执行官 Ash Ashutosh 所说：“Airbnb 是最大的酒店服务机构，但它却没有一间酒店房间；Uber 是最大的出租车服务公司，但公司却没有一辆出租车。”[④]数据已经成为各类公司的核心命脉，自然也深刻地影响着数字营销观念及思维方式的变化。

过去，广告人围坐在会议桌前，仅仅靠头脑风暴和无限的创意就能敲定广告方案的时代已经不再。现在的数字营销从业者更像是股票交易员，他们坐在电脑前，瞬间即可在在线广告交易平台上完成广告位的购买与销售。运算法则的输出结果能实时、准确地根据用户数据决定不同的产品广告应当在哪一个网页或终端

---

① Durmaz Y，Efendioglu I H. Travel from traditional marketing to digital marketing[J]. Global Journal of Management and Business Research，2016，16（2）：34–40.

② Royle J，Laing A. The digital marketing skills gap：developing a digital marketer model for communication industries[J]. International Journal of Information Management，2014，（2）：65–73.

③ Chaffey D，Ellis–Chadwick F. Digital Marketing：Strategy，Implementation and Practice[M]. 5th ed. New York：Pearson，2017.

④ Tunguz T，Bien F. 大数据浪潮——企业文化、高效团队和商业奇迹[M]. 宫鑫，谢金秀，刘婷婷，译. 北京：人民邮电出版社，2017.

设备中投放，同时准确地选择出向不同的用户投放哪一个版本的广告内容。广告交易平台可以根据访客曝光量或转化率为付费用户准确地计算出广告费用，并通过代码监测向广告主们及时地反馈广告投放到目标用户的效果。一定的数据分析能力以及对于数字管理系统熟练的操作能力，似乎已经成为广告营销人员必备的职业技能，过去的“广告狂人”正在向现在的“数据达人”转变。

数字化的传播手段和传播内容对数字营销行业的影响主要在三个方面：其一，广告交易制度的改变。网络投放与广告管理系统的开发有力推进了网络广告市场的规范化运作。与常规的人工购买相比，基于自动化技术和数据系统来进行广告投放的程序化购买平台可以极大地改善广告购买的效率、规模和投放策略。其二，广告产品形态的多元化。随着媒介形态的多样化，技术手段的日益革新，网络广告的形式由最初的展示广告拓展到搜索引擎广告、富媒体广告、短视频广告、电商广告等丰富的产品形态。通过与不同行业的跨界合作，产品营销方式也多种多样，社交媒体、电商平台、新闻资讯平台、娱乐平台以及各传统媒体平台交融合作，打造从线上到线下的营销闭环，更加贴近消费者的生活场景与兴趣爱好。其三，广告主营销理念的转变。广告主开始注重广告营销效果的“品效合一”，他们既关注广告投放后品牌或产品知名度的推广，同时也希望能看到更加直接的销售转化效果。第三方监测公司的出现使得数字营销产业链逐步趋于完整，广告主对于广告效果的把控更加客观真实。

面向全球市场的数字营销生态链基本形成，不同类型的数字营销公司纷纷搭建自己的数据平台，相互聚集。它们的“整合”绝不仅体现在媒体、渠道与终端，而且更深刻地呈现于整个行业格局的变化与发展之中。一些传统的广告传播集团通过大规模的并购、收购，整合数据资源、拓展数字营销业务，转型成为数字营销集团。一些独立的代理公司、数字技术公司和数字媒体纷纷展开合作，试图为广告主提供更加一体化、一站式的网络营销服务方案。目前，数字营销行业的广告代理公司分布有以下三个特点：其一，独立代理公司渐成气候。独立代理公司能够快速响应市场趋势，并且具有扎实的市场洞察。其二，代理商结构、层级多样化。广告主新设立的 In-house 团队、媒体下属的数字营销公司，以及市场上原有的广告代理公司相互协调合作，不同团队之间专业营销者的对话提高了数字营销的效率，但对数字营销公司来说，其在产业链中的地位则受到越来越大的威胁。其三，内容创作的质量以及分析效果的能力拉开了数字营销公司之间的差距。营销者讲故事的能力、获取和分析数据的能力，以及利用数据促进消费者互动和销售转化的能力，对于吸引广告主来说至关重要。

在数字营销行业环境的风云变幻中，广告主、数字媒体和数字营销公司作为行业发展的三大运行主体，在迎接变革与挑战的过程中，势必要经历残酷的竞争与痛苦的蜕变，能在这场变革中生存下来的，都是能顺应时代潮流、适时改革创新的佼佼者。

数字时代已然来临，技术引领、规则被颠覆、市场变革已是不争的事实。面对已然来临的数字时代，只有迎接挑战而不是回避。因此，编写这套数字营销系列丛书主要出于如下考虑：

（1）系列丛书将秉承五个原则：其一，以“营销主体”“营销内容”“营销平台”“营销对象”“营销管理”五个方面作为研究对象。其二，坚持大营销观，让广告回归营销，恢复广告是市场营销一部分的本来面目。其三，立足于大营销，从营销参与者和营销过程的角度来确定相关的书名、章节。其四，每本书皆勾画出从传统营销到数字营销的发展线索和脉络，使读者能从每本书上见到数字营销时代的新变化。其五，每本书在研究内容上既要相互有关联，又要厘清彼此间的研究边界而不至于重复。

（2）本套丛书既关注理论前沿问题，吸收和借鉴国内外数字营销研究的最新成果，又注重这些基本理论的实际应用。在具体编写过程中，将基本理论、实际应用和案例点评相结合，展现出独具的特色：其一，基本理论部分。对数字营销涉及的理论问题，只作概括性叙述，不进行全面性描述，对其基本原理，力争深入浅出，易学易懂。其二，实际应用部分。这是本套丛书每本书的写作重点，这个思路将贯穿于每本书的编写之中。其三，案例点评部分。每本书的大部分章节都要求安排与本章内容相关联的案例点评，用具体的案例点评，来回应前面的基本理论和实际应用。

（3）本套丛书在编写过程中尽力做到有思想、有创见、有全新体系，观点新颖，持论公允，风格力求简洁、明了、畅达，并在此基础上使行文生动、活泼、风趣。

这套丛书从 2016 年底提出计划到现在即将付梓，前后历时三年。由主编周茂君提出总体构想以及 10 本书的书名；然后是聘请作者参与编写。由于时间较长，作者几经变化，其间的艰难困顿难以言述，好在艰难时刻皆已过去，相信未来一定能见到彩虹！

这套书的顺利面世，需要感谢的人很多。首先，要感谢丛书编写团队的每一位作者，正是你们的辛勤付出才迎来了现在的累累硕果。其次，要感谢武汉大学新闻与传播学院的强月新院长、洪杰文副院长的大力支持。强院长不仅平时十分关注丛书的编写，还在百忙之中为本套丛书撰写了序言；洪副院长作为本套丛书的副主编，参与了丛书编写过程中不少具体事宜，并提出了建设性意见。最后，要感谢科学出版社的来豫蓉女士、陈亮先生、鄢德平先生、张宁女士、马跃先生、郝静女士等，从出版合同的拟定到具体编辑工作的落实，点点滴滴，处处都留有你们辛勤的身影。

数字营销的研究在国内还处于起步阶段，没有现成的研究成果可以借鉴，书中的不妥之处，恳请各位读者批评指正。

周茂君　于武昌珞珈山

2019 年 10 月

目　录

Contents

第一章　数字平台营销概述

当今社会正在发生着急遽的变革，营销领域的变化尤为明显，当营销人士还在为自己所熟知的传统营销方式津津乐道之时，一场数字营销革命席卷而来，并真真切切地发生在我们身边。如今，普通用户都对数字营销司空见惯，当街头水果摊位的商贩都在使用二维码进行收付款时，当普通的职员都拥有自己的微店时，我们不得不承认营销新时代已经到来。

第一节　营销平台的变革

也许在 10 年前，我们还热衷于使用 STP 营销［营销战略三要素：市场细分（market segmentation）、目标市场（market targeting）、市场定位（market positioning）］、4P 营销［营销组合策略：产品（product）、价格（price）、渠道（place）、推广（promotion）］、CRM 营销［客户关系管理（customer relationship management）］等营销术语。但是，随着互联网的出现，在数字革命风暴的洗礼下，这些经典的营销理论与手段正逐渐褪去昔日光环。如果我们还在这场营销变革的时代浪潮中唏嘘感叹，那我们不妨追溯传统营销的历史，在历史的演进和更迭中，探寻营销变革的奥秘。

一、营销平台的发展

自人类诞生伊始，营销活动就已经出现，如最早的物物交换、口头叫卖到今天的电子商务、大数据营销。每个时代的人们都在力所能及的范围内无限发挥试图影响他人的能力，最初人们用声音、语言传递，为了让转瞬即逝的信息保存下来，人类开始用石头在洞穴的墙壁上涂刻各种图像。

从书籍或者古罗马庞贝古城的遗址中我们可以找到世界上最古老的营销活动的痕迹，那些大胆的雕刻是广告营销的鼻祖。这些说法的真实性有待商榷，但不得不承认营销活动历史悠久。从某种意义上说，营销平台是营销活动信息的载体。古埃及人用纸莎草来制作海报和传单，制作招领“失踪”奴隶的启事；古罗马人、庞贝人和迦太基人广泛使用海报、标志和传单向公众宣传大型活动，如马戏团演出、运动会和角斗赛事等。

11 世纪，我国宋代就出现了最早的营销信息——“认门前白兔儿为记”的山东济南刘家功夫针铺。

15 世纪印刷术飞速发展，营销信息的载体迎来发展史上重要的里程碑，营销人员在印刷术的帮助下可以用更低廉的成本传播营销信息给更广泛的人群。

17 世纪广告营销信息开始登上英国早期的报纸，随后席卷全球。可以说首个大众媒体广告形式由此诞生。18 世纪和 19 世纪，报纸广告实现进一步发展，邮购广告出现。

20 世纪通信技术的发展助力信息传播业步入崭新的纪元，营销开始凭借广播这一全新媒介触及客户。之后电视的出现与普及又一次改写了营销信息传播的版图。

20 世纪末，互联网走进寻常百姓的日常生活，数字媒体开始取代传统媒体，成为影响消费者的主要媒介，数字营销时代拉开序幕。需要提示大家的是，传统媒体电视机用了 22 年的时间才走进 50 000 万户人家，互联网却仅用了 5 年时间便风靡全球。

最近几年，从国家层面到企业、个体都在“互联网+”的浪潮中寻找方向，声称要做互联网转型和数字转型，试图完成从信息技术（information technology，IT）到数字技术（digital technology，DT）的转型。例如，国际运动品牌耐克就宣称“现在，一切皆数字”，前沿的企业与机构已经不再单独谈论数字，它们将数字与营销放在一起探讨，营销即数字。

二、技术驱动营销模式革新

纵观营销史上的重大变革，我们发现营销模式的改变与技术的进步密不可分，数字营销背后亦如此。新技术的出现最开始只是技术专家和早期使用者的“自留地”，当该项技术日益成熟，在市场中根基日渐稳固，影响力也越来越大时，就会引起营销行业的注意，极富创新精神的营销人士参与进来，寻求使用这种新兴技术的方式来吸引和对接目标客户群体。最终，技术成为市场主流，被市场中的标准营销模式所采用。印刷术、广播通信、电视机及数字媒体等都是典型且直观的例证。

上述重大技术的突破无一例外地在全球范围内彻底改变了营销人士与消费者的关系，创新了营销模式。

数字技术与互联网的出现掀起了新一轮营销变革。当消费者已经学会使用搜索引擎收集比对理财产品时；当小学生使用网上一对一教学平台补习功课时；当大学生在使用慕课等网络辅助教学平台进行自我学习时；当消费者在实体店铺采用移动平台支付时；当“网红”“流量”比传统广告更具带货能力时；当分享超越“植入”时，我们不得不承认数字技术已经融进各行各业，与各类消费群体发生密切的对话。

当今，消费者的世界很大一部分被数字世界占领，数字化不再是一种技术、一种产品，而是消费者生活中的“氧气和水源”，企业去拥抱数字化就将拥抱消费者，企业远离数字化只能与消费者背道而驰。

数字技术为企业带来新的、更有活力的平台，让企业能够以更多元、更紧密的方式与消费者构建联系，影响消费者的消费动机与行为，最终带动销售。与其说营销是售卖产品的运动，不如说它是一场劝服消费者心理的博弈过程。恰如其分的营销方式的魅力在于它可以有力地对消费者施加影响，说服消费者按照商家的预设流程完成信息接收、行动感召、忠诚品牌。

三、营销活动的本质

我们肯定每一次技术的进步都为营销活动带来深远影响与巨大改变，可以说技术是营销发展历程中不可忽视的重要力量。但是我们要避免“唯技术论”，我们要清楚地意识到营销活动中的本质。

数字营销时代，改变的是技术——为我们提供了更多营销方式上的可能性；不变的是营销对象——人，只要人性没有发生改变，一切营销的基准点还是利用人的本性进行营销。所以，新技术更多的是为营销人士提供新的营销方法的选择，使其接触到更多的消费者，却无法完全取代此前的所有营销方式。付费搜索的投放位置、以关键字为目标的点击付费广告、社会化媒体营销等都已经十分发达，然而我们发现最原始的营销方式依然生机十足。

当我们漫步在世界各地的集市中，从伦敦中心的食品市场到北美的杂货铺再到印度的街边摊位，耳边响起的永远都是摊主此起彼伏的叫卖声，他们在通过吆喝叫卖这种历史悠久的营销方式招揽往来的消费者。当然，他们可能也会支持电子支付方式。

技术驱动下，我们希望大家将营销的核心聚焦在人而非技术，因为只有当技术能够实现更有效的人际沟通时，它才对营销发生意义。技术赋予了我们更多的可能和机会去选择，但不会改变我们作为人的本质。无论是小米通过社会化媒体进行的“饥饿营销”，还是陌陌利用微博平台进行的“人际传播”分享模式，都是在利用人的本性——追求稀有、渴望被认可。

当一场优秀的营销活动能够给我们带来感官上的快乐、精神上的愉悦、价值上的认同时，我们不仅不会排斥，还会主动去搜寻，积极参与；而当我们不认同某个品牌时，即便它进行了再多数字营销活动，强调再多的互动性，对于消费者来说也是毫无吸引力的。

数字营销不是要理解其背后的技术，而是去真正地理解人，理解人在技术的驱动下发生了怎样的改变，他们使用新媒介技术的方式、偏好、消费习惯等发生了怎样的改变。例如，数字营销时代，搜索与分享成为消费者行为过程中的重要环节，消费决策更多地依赖于消费者所信赖的评价。根据这些改变，进行营销策略的制定，才能真正发挥数字营销的巨大潜力。

变化，无论是突如其来，还是循序渐进，有时都会淘汰我们认为理所当然的一切，同时也将一些本质的东西更加清晰地突显出来。

传统营销逐渐成为营销者和消费者眼中的明日黄花。当今，各类数字营销才是企业、营销者和消费者的关注焦点。环顾四周，数字世界已经占据消费者的大部分时间，移动终端成为大多数人肢体的延伸，人们习惯更高的参与度、更平等的互动性、更人性化的交流方式。

第二节　数字平台营销的兴起

数字营销发展至今并非一蹴而就，各类数字平台的构建是数字营销的基础。我们可以在互联网技术的诞生与成长过程中感受到数字营销平台的发展。

一、数字平台营销的概念

在了解数字平台营销之前，我们先来认识一下数字平台与数字营销的概念。平台是指在生产与施工过程中，为操作方便而设置的工作台，后来随着计算机技术的出现，引申为计算机或软件的操作环境，现在泛指进行某项工作所需的环境或条件。顾名思义，数字平台就是基于数字化技术的平台。数字化技术是计算机、多媒体技术、软件技术的基础，数字化已经引发了一场广泛的信息革命。

数字营销是指“以数字化技术为基础、通过数字化手段调动企业资源进行营销活动以实现企业产品和服务的价值过程”①。而这种数字化的技术手段主要是基于数字平台的数据，根据数据库里面所储存的消费者行为数据，通过对数据进行清洗、挖掘等技术手段的处理，从而实现营销对象的精准化、营销效果可视化、数据化的深层次营销。而在这个过程中会尽可能深层次挖掘和利用平台后台所储存的消费者行为数据，最终以最直接、最有效的方式满足更多消费者的需求。

---

① 姚曦，秦雪冰. 技术与生存：数字营销的本质[J]. 新闻大学，2013，（6）：58-63.

数字平台营销建立在数字平台的基础上，根据对数字平台与数字营销的认识，我们可以对数字平台营销做出如下定义：数字平台营销是指利用数字技术手段，通过融合来消除壁垒，多渠道、全方位地与消费者进行个性化的互动沟通，从而解决企业营销领域的各种问题，满足企业特定需求的一种营销方式。简单来说，数字平台营销就是企业或个人基于各类数字平台对产品、服务所做的一系列经营活动，从而达到满足组织或个人需求的全过程。数字平台营销是一种新型的商业营销模式，以互联网为工具、以数字平台为基础开展营销活动。

数字平台营销通过平台集成数据，并向企业营销人员提供分析功能及访问途径，往往以程序化的方式，组织与优化多渠道营销活动，进行线上和线下的互动。数字平台营销不仅仅是指网上销售，销售只是营销的结果，而营销强调的是过程。数字平台营销除了在数字平台进行推广外，还要注重线下活动的配合，否则营销效果会大打折扣。

数字营销平台新时代，消费者更倾向于多屏幕消费，消费者的个人视线会在个人电脑、平板电脑、智能手机、智能电视等多个屏幕之间转换，消费行为的巨大改变提示企业营销应该与数字消费者保持一致；阿里巴巴、京东等电商平台的IPO（initial public offerings，首次公开募股）神话提醒传统企业要迅速进行数字化转型；微信、微博、快手等社交媒体（social media）强大的时间占有率告诉传统企业要与消费者进行数字化沟通；余额宝和天弘基金的崛起，让人们不得不感叹数字化时代的理财都可以如此方便和多样。

二、数字平台营销的类型

数字营销世界精彩纷呈，多种多样。为了便于理解与论述，我们根据数字平台的类型与特点，把数字平台营销分为社交媒体平台营销、搜索引擎平台营销、电子商务平台营销、视频网站平台营销、网络游戏平台营销、垂直网络平台营销等类型。

（一）社交媒体平台营销

社交媒体由最初 Web 1.0 时代的 BBS（bulletin board system，电子公告

板）论坛到 Web 2.0 概念产生时的博客（Blog），再到传统 SNS（social networking services，社会性网络服务），如人人网与开心网，发展到现在以微博、微信、来往等为代表的新型 SNS。社交媒体每一步演进都在向着更加实时、开放、互动的方向发展，其演进的过程就是人们沟通需求不断被满足的过程。

社交媒体是一个奇妙的载体，时时刻刻都在产生不同的化学反应，既可以很个人、很随意，又可以很官方、很专业。企业与社交媒体的结合如同一场完美的商业联姻，它们各有所长、各取所需。社交媒体上有大量的受众，需要观看表演，参与社会化活动，排解闲时的无聊，打发零碎的时间；企业的营销是一场“免费”的表演，希望有人围观、有人喝彩，从而聚集人气，毕竟有人气的地方才有钱赚。

企业已经意识到社交媒体的重要意义，注重数字营销的企业纷纷开通企业博客、官方微博、公众账号，与消费者进行实时沟通，当然这样的投入是有意义的。戴尔公司认识到在社交媒体中倾听消费者的意见和建议是非常重要的，于是充分利用社交媒体与消费者进行沟通与交流。2006 年，戴尔公司开通企业博客，以便更好地与消费者互动。日本大阪发生戴尔笔记本电池爆炸事件后，戴尔公司积极听取网站消费者意见，使用社交媒体网站获取消费者对戴尔的评价。戴尔公司还在博客中发表道歉声明，推出 Ideastorm 社区，使消费者能够对新产品提出意见和建议。最后，戴尔公司使用企业微博 Dell Outlet 作为新闻聚合和发起对话的工具，凭借出色的社交媒体运用成功化解了这次危机。

有人形容戴尔公司在 Twitter 上的账号组合，就像一家虚拟的跨国公司，在 Twitter 上寻找产品资料、下订单、提货、技术支持、客户服务的全流程都能实现。戴尔公司的官方账号可以分为五大类：促销类、服务类、品牌类、调研类和员工类，形成联动趋势。罗永浩与西门子冰箱的案例则从反面印证了企业在社会化媒体营销中如果不能真诚地为自己所犯的错误道歉，将带来重大的损失。“西门子冰箱门”事件产生明显的负面效应，2012 年 3 月西门子冰箱的市场份额和销售额较 2011 年同期均有所下滑。

重视社交媒体的原因还在于，企业与社交媒体之间呈现高重复度。以淘宝网为例，新浪微博和淘宝用户的重合度高达 45%，即新浪微博用户中 45%的人在同一周内还访问了淘宝；淘宝用户中22%的人同时也访问了新浪微博，调查表明超过四成的微博用户将了解商品信息作为使用微博的主动诉求之一。正是基于上述原因，2013年4月，阿里巴巴以5.86亿美元的价格购买新浪微博18%的股份，成为新浪微博的第二大股东，实现了电商企业与社交媒体的整合。

（二）搜索引擎平台营销

如果我们对搜索引擎的认知还停留在传统的优化网页、购买关键字、竞价排名的SEO（search engine optimization，搜索引擎优化）营销战术年代，我们就落后太多。近年来，谷歌、百度等搜索引擎服务商逐步加大语义搜索等高阶搜索技术的比重，这种技术可以帮助消费者获得更精准、更符合自身需要的信息。

2012年5月，谷歌推出具备一定人工智能的语义搜索引擎的"知识图谱"服务，与传统搜索相比，它搜索的对象从"字符串"转变为真正的"事物"，而且知识图谱能够从消费者的搜索行为中探索信息之间的联系，它已经拥有5.7亿多个实体和超过180亿个事实之间的联系，因而能够持续提升搜索体验。语义技术并不局限于外部搜索引擎的应用，也可以被用于社交媒体。美国著名的社交媒体Facebook的图片搜索是一个类似于谷歌知识图谱的搜索引擎系统，它进一步模糊了搜索和社交之间的界限。今天，图片搜索在淘宝等购物平台中已经得到充分使用，消费者只要拍下喜欢的产品，进入淘宝搜索平台，基本都可以得到满意的搜索结果。

随着云计算（cloud computing）、语义搜索及大数据的发展，计算机的学习能力获得了飞跃发展。搜索引擎开始像人类一样思考和行动，对消费者意图的理解越来越深，也越来越快，可以识别并理解一个人所提出的问题并给出个性化的结果。在某些环境下，计算机甚至能够预测消费者的搜索需求，无须消费者输入更多的信息，对此，淘宝的消费者们应该深有体会，在购物页面中会自动推荐自己近期想要购买的产品。

（三）电子商务平台营销

世界上第一笔电子商务交易发生在美国，1994年8月，美国一名消费者通过刷卡方式在网站NetMarket上购买了一张Sting的CD专辑，花费12.48美元。

中国的电子商务则要追溯到 2003 年，买卖双方交易的是一台九成新的富士数码相机，之后，淘宝迅速进入人们的生活，电子商务作为一种新的商业模式改变了营销的生态环境。

数十年间，电子商务的形式已经发生了巨大改变，对于企业而言，这个变化意味着电子商务成为消费者购物的“新常态”。消费者会出现在不同的屏幕前，而且会时常在不同的屏幕之间进行转移。进入 2010 年后，移动互联网迅速崛起，互联网发展进入“下半场”，移动电商成为人们重要的购物渠道，甚至许多消费者在实体渠道购物也采用移动手段来进行交易。企业的营销已经不能满足于搭建网络平台，而是要积极主动地运用移动电商手段来提升实体交易体验。

电子商务可以帮助实体商店收集更多的交易数据，为企业优化消费者体验提供数据。可以说，电子商务的普及正在推动企业线上线下交易的融合，最终形成高度集成、全渠道的购物体验。

电子商务的发展离不开移动支付的支持。电子商务兴起之后，一些电商企业开始为移动支付布局，但是直到 2011 年借助于智能手机和 4G 网络的普及，移动支付才真正发力。目前，移动支付已经受到了极大的关注和欢迎，通过一部手机可以解决衣食住行等绝大多数问题，无现金社会正在逐步形成。一项调查数据显示，18%的消费者在使用移动支付，其中年轻人的比例更高；83%的受访人认为移动支付比信用卡支付更方便。

移动支付让消费者的支付实现移动化、便捷化。消费者在线下支付可以通过短信验证码、二维码、指纹、近场通信等多种方式实现。扫码支付的方式，对于国内消费者来说已经司空见惯，如果一个实体店铺无法进行扫码支付，消费者也许会对店铺的整体实力产生怀疑。

近场通信支付技术是指商家通过信用卡刷卡机贴近消费者手机来完成的一次信用卡支付，国外的 Square 和 PayPal、国内的支付宝及微信是比较常见的近场支付方案提供商，当然我们无法忽视苹果公司 Apple Pay 的迅速普及。

目前，国内移动支付巨头微信与支付宝在培养用户使用移动支付习惯方面投入了大量的资源，国外以苹果手机支付为主。移动支付改变了人们的支付习惯，消费行为随时随地都可能发生，企业应该紧跟数字化潮流，了解用户的消费行为变迁，开发更符合用户习惯的营销活动。

电子商务及移动支付的发展为营销活动带来了极大的便利性。调查显示，超过一半的手机用户使用过一次及以上的移动端进行购物，移动电商的交易额首次超过 PC（personal computer）端口，中国移动购物使用者的人数接近 5 亿①。电子商务移动化是主流趋势，未来移动端的电子商务将成为主要的营销交易平台。

（四）视频网站平台营销

网络视频软件的兴起始于 2004 年 P2P（peer to peer，点对点）技术的开发与发展，而 2005 年美国 YouTube 视频分享网站的问世才真正开启了视频网站平台的大门。伴随着 YouTube 的成功，国内外类似的视频网站与门户网站数量猛增，到 2006 年，稍具规模的商业视频服务机构已达到 100 家左右②。视频网站之所以能快速有效地吸引用户的注意力，提升用户黏性，离不开视频网站的独特价值与优势。中国互联网络信息中心（China Internet Network Information Center，CNNIC）发布的报告显示观看视频是人们上网的主要动机之一。

视频网站栏目内容多元化，类似于传统的电视节目，除电视剧、电影、动漫、音乐、体育、直播等栏目外，各视频网站还推出自制综艺、原创、纪录片、游戏等种类繁多的细分内容来满足不同层次、不同需求的受众，而且视频网站的网络自制节目在专业性、观赏性、艺术性方面均有显著提升，各平台品牌意识、精品意识增强；视频题材来源广泛化，除了来自传统媒体等购入的版权内容外，还包括视频网站自制内容，UGC（user generated content，用户生产内容）及 PGC（professional generated content，专业生产内容）等。视频网站强大的搜索功能可以使受众及时、便捷地搜索到自己偏爱的内容，无论何时何地均可观看视频。

视频网站依靠大数据等技术手段开展营销活动，成为企业重要的营销平台。视频网站平台能够根据用户的注册数据、登录数据、观看数据等资源进行整合，

---

① QuestMobile：中国移动电商网民数量突破 5 亿[EB/OL]. http://www.199it.cpm/archivers/446934.html，2016-03-11.

② 孟明. 作为“新新媒介”的中国网络视频平台及网络自制节目发展研究[D]. 福建师范大学硕士学位论文，2013.

以便准确判断用户的收视情况并对用户做出详细分析。随着网络视频平台多元商业结构逐渐稳固，视频网站针对企业不同的营销需求，开展移动营销、内容营销、程序化购买、跨屏营销等多种营销活动与模式，不断释放网络视频平台的营销价值。

（五）网络游戏平台营销

网络游戏（online game）简称“网游”，又称“在线游戏”，通常以个人电脑、平板电脑、智能手机等载体为游戏平台，以游戏运营服务器为处理器，以互联网为数据传输媒介，通过广域网网络传输方式（公共传输网络、专用传输网络、无线传输网络）实现多个用户同时参与游戏，通过对游戏中人物角色或者场景的操作实现娱乐、交流目的，是具有可持续性的个体性多人在线游戏。

网络游戏的发展催生出一大批网络游戏平台，带来网络游戏平台营销的风潮。一些著名品牌开始频频涉足网络游戏平台的营销，在美国模拟游戏《第二人生》中，有包括国际商业机器公司（International Business Machines Corporation，IBM）、戴尔、耐克、索尼、丰田在内的许多知名品牌入驻。国内最早引起人们对网络游戏平台开展营销活动关注的是2006年4月可口可乐和中国最火的MMORPG网络游戏《魔兽世界》的合作，可口可乐采用道具植入的方式开展营销活动。在游戏中，玩家喝可口可乐即可增长魔力，这种植入模式营销掀起了跨界营销的热潮，也使网络游戏平台营销开始被广泛接受和采用。

网络游戏平台拥有众多的游戏玩家，为愿意向大规模受众展开市场活动的企业开拓了一条具有高参与度与高针对性的传播渠道。企业充分利用网络游戏平台拥有的庞大客户资源及精准的用户群体，将产品与品牌融入游戏中，开展各类营销活动，游戏网站俨然成为企业市场营销活动的重要平台。

（六）垂直网络平台营销

互联网发展初期，综合型的门户网站是主流，追求大而全的信息。随着互联网行业的深入发展，细分化趋势逐步显现，一些垂直网站（vertical website）开始出现。垂直网络关注细分产业，是纵向分布的，注重小而精。垂直，就是把人们的需求进行划分，把注意力集中在某些特定的领域或某种特定的需求方面，垂直网络平台提供特定领域或需求的全部深度信息和相关服务。

作为互联网发展的新亮点，垂直网络平台正引起越来越多人的关注。数字营销时代，哪里有流量，哪里就有营销的价值。垂直网络平台的用户较为稳定，往往具有某些共同的特征，属于某一类消费群体，企业利用垂直网络平台进行营销，针对性更强，不但能够带来产品的销售，还有利于建立稳定的客户关系，培养消费者的忠诚度。

三、数字平台营销的特征

数字平台营销具有明显的技术驱动特征，每一种新营销形式的出现无一不是技术创新的结果。在各种营销技术的驱动下，营销模式不断创新，数据化与智能化成为数字平台营销最为显著的特征。

（一）技术驱动性

数字平台的出现建立在数字技术发展的基础上，而数字技术直接催生出了互联网。1969 年，为实现政府、高校和研究机构的计算机的相互交流和信息共享，美国国防部成立高级研究计划署（Advanced Research Project Agency，ARPA），启动阿帕网项目。初期，只有四台计算机接入雏形初现的阿帕网，这四台计算机分别来自加州大学洛杉矶分校、斯坦福大学、加州大学圣巴巴拉分校、犹他大学。

1971 年，阿帕网的工程师雷·汤姆林森编制出第一个电子邮件发送程序，让用户能够从一台主机上向另一台主机的用户邮箱发送消息。直至今日，电子邮件依然是互联网上使用范围最广的应用之一，也是数字营销人员最基础的工具之一。

1974 年，美国计算机科学家温特·瑟夫首次使用“互联网”一词。后来，一些大学、公司和研究部门自行研发了不同体系结构的多种网络。例如，IBM 开发的系统网络体系结构（systems network architecture，SNA）和美国数字设备公司（Digital Equipment Corporation，DEC）开发的数字网络体系结构（digital network architecture，DNA），这些网络从技术上到结构上都有很大差异，网络与网络之间不能互联。为实现不同主机的标准化交流，包括发展迅速的阿帕网内部的交流，以及阿帕网与其他新出现的计算机网络之间的交流，研究者们设计了传输控制协议(Transmission Control Protocol, TCP)，后来发展成为传输控制协议/互联网互联协议(Transmission Control Protocal/Internet Protocal，TCP/IP)，又叫网络通信协议。这一举动被很多人认为标志着我们所熟知的互联网真正“诞生”。

20 世纪 90 年代中期，全球互联网产业兴起，具有前瞻精神的企业家、投资者像发现新大陆一样，纷纷抢占这个虚拟(virtuality)领土中的市场空间。从美国的硅谷到北京的中关村，几乎每天都有新公司成立，贩售消费者能想到的产品，甚至没有想到的产品。互联网好像一个造梦机器，创业者给投资人描绘出一幅无限美好的前景，互联网追随者们谈论情怀，绘制未来，把前途寄托在打造有实力的在线品牌上，希望这些品牌能够赢得网络用户的心，在未来的某一天实现盈利。如今闻名四海的互联网企业，如亚马逊、雅虎、易趣网、谷歌就诞生于此时。

当然，在这场新技术革命中，中国的互联网精英们不甘落后。1998~1999 年同样是中国互联网的创世纪，我们今天津津乐道的 BAT(Baidu、Alibaba、Tencent)都是这一时期的产物。1997 年网易成立，1998 年搜狐、腾讯、新浪及 3721 诞生，1999 年阿里巴巴、盛大成立，2000 年百度横空出世，基本构建了当今中国的互联网格局。

随着互联网的深入发展，人们发现互联网能满足他们的所有需求——不论何时，只要想要就能找到，在线体验就此改变，人们越依赖互联网，就越放不下这个数字工具。互联网的出现为营销提供了广阔的发展空间，从此，新的营销模式不断涌现，数字营销平台成为营销活动的主流。

20 世纪出现的虚拟现实技术也在数字平台营销中得到广泛应用。虚拟现实技术可以为消费者提供完全浸入式的体验环境，让消费者在虚拟世界里获得视觉、听觉、触觉甚至嗅觉的感受，用逼真的方式让消费者深信自己身处另一个空间中。虚拟现实技术能够帮助营销人员将现实场景在数字世界中呈现出来，提升消费者体验，成为真正意义上的数字营销。奥利奥曾推出相关虚拟视频进行营销，让消费者在广告视频中体验奥利奥饼干的制作流程，在充满趣味的数字世界中感受奥利奥工厂，提升消费者的好感度，从而促进销售。

虚拟现实技术毫无疑问将对现有的主流营销环境造成影响，数字化营销将更加注重消费者的体验感，这种体验感不一定是现实（reality）的具体环境，而是可以通过传感器、显示设备，以数字化的图片、声音、数据等数字技术营造一场营销场景，帮助消费者实现虚拟世界与现实世界结合后的互动，获得与众不同的体验感。数字化让真实世界与虚拟世界的边界变得模糊，企业、营销人员应该关注这样的变化并积极地提高消费者的数字体验方式。

（二）决策数据化

营销离不开消费者数据的支持，大数据的出现为数字平台营销提供了充足、精确的消费者数据。相信很多人都听过这则关于大数据的案例：曾经有一位男性顾客到一家塔吉特超市投诉，理由是超市竟然给他还在读书的女儿寄婴儿用品的优惠券。但这位父亲通过与女儿进一步沟通，才发现自己女儿真的已经怀孕了。

一家零售商是如何比一位女孩的亲生父亲更早得知其怀孕消息的？这就要归功于企业对大数据的运用，每位顾客初次到塔吉特超市刷卡消费时都会获得一组顾客识别编号，内含顾客姓名、信用卡卡号及电子邮件等个人资料。以后凡是顾客在塔吉特超市消费，计算机系统就会自动记录其消费内容、时间等信息，再加上从其他渠道取得的统计资料，如职业、收入、婚姻状况、兴趣爱好、媒体接触习惯、消费行为等数据，塔吉特超市便能形成一个庞大的数据库，用于分析顾客的喜好与需求。如果不加以分析，会觉得这些数据是毫无意义的，但在塔吉特超市顾客数据分析部的手里，这些看似庞杂甚至无用的数据蕴含着巨大的商业价值。

无论是 IBM、微软、甲骨文、英特尔还是百度、新浪、阿里巴巴、腾讯、京东，都纷纷布局大数据，试图通过大数据加深理解消费者需求，并试图满足消费者需求。京东曾经运用大数据分析消费者需求进行手机定制服务，如通过大数据分析买 2 000 元手机的是什么样的人群，发现：他们是最懂手机的一群人，对手机的软硬件配置要求比较高，屏幕尺寸绝不是越大越好，屏幕分辨率必须要达到 1080P 级别，像素最基本要达到前置 500 万+后置 1 300 万像素的配置。根据用户的大数据分析，JDPhone 与中兴进行 C2B（customer to business，消费者到企业）定制手机，并成功销售给目标人群。

（三）运行智能化

很久以前，《人工智能》《机器姬》等国际著名影片就已经关注到人工智能领域。2017 年，因为人工智能程序 AlphaGo 战胜棋王柯洁，人们才发现原来人工智能已经出现在我们的生活当中，并会在未来给人类带来深远的影响。

2017 年人工智能可谓最火爆的概念。谷歌的无人驾驶汽车已经在加利福尼亚州繁忙的城市中行驶了数百万千米；美国国防高级研究计划署也加快了一项教会机器在运作的同时学习新项目的研究进程；Facebook 首席执行官马克·扎克伯格宣布他们在开展机器人、虚拟现实、增强现实和全新沟通方式的相关研发，包括直连大脑接口，终极目标是实现心灵感应，即只用大脑进行交流。

在与国际巨头争夺人工智能这一前沿领域中，国内的互联网巨头百度、阿里巴巴、腾讯、大疆、科大讯飞的表现也毫不逊色。百度的小度机器人、阿里巴巴的阿里小蜜、腾讯 QQ 的小冰、大疆的无人机、科大讯飞的智能语音都在彰显国内企业进军人工智能领域的信心。

不难设想，人工智能带来的科技产品将会是人类智慧的“容器”。在加速回报定律的影响下，未来在医疗、服务、教育等行业肯定还会出现更多的人工智能颠覆我们现有的生活。人工智能与企业营销的结合会产生怎样的化学反应？这是一个值得期待的事情。

在万花筒般的数字营销世界中，每一天的营销策略、营销手段都在发生变化，微博、微信、微电影、虚拟现实、电子商务、移动支付、大数据、人工智能等如影随形地占据着我们的生活空间，消费者的“数字化生存”已然成为现实。

可以说，未来的营销将变得越来越智能化，它在满足用户需求的同时也在创造新的需求。谷歌的盈利在于所有的软件应用都是在线的，用户在免费使用这些产品的同时，把个人的行为、喜好等信息也免费地送给 Google。因此 Google

的产品线越丰富，它对用户的理解就越深入，它的营销与广告就越精准，广告的价值就越高。谷歌通过好用、免费的软件产品换取对用户的理解，通过精准的广告与营销，找到生财之道，颠覆了传统的卖产品赚钱的模式，是互联网思维的典型体现。

第三节　数字平台营销新时代

马歇尔·麦克卢汉曾说:“很有意义的一件事就是紧跟任何处于萌芽期的新趋势，因为此时该趋势往往都会被误读，印刷术、汽车或电视概莫能外。”[①]变革时代，从来都是消费者、市场领先企业一步，市场的巨变推动竞争的升级，无论是我们见到过的 Web 2.0、商业 2.0、政府 2.0、教育 2.0，还是消费者 2.0 和营销 2.0，都是市场推动行业变革的升级结果。数字化时代，消费者已经转变为“数字为先的消费者”，数字化贯穿于消费者购买行为和决策的全过程。这样的消费者不仅包含伴随着数字设备成长的数字“土著”消费群体，也包括原本不采用数字媒体的传统消费者因新兴技术的发展开始转变的消费群体。

如何在数字化时代紧跟趋势、迎合“互联网思维消费者”是众多企业思考的问题，这也是亟待解答的难题。是不是建立官方微博、开设微信公众号，与知名大 V、网红合作，制作话题与流量，搭建网络销售平台、实现移动支付与电子商务就是数字营销？答案是“NO”。以上是数字化营销的必经之路，但绝非必成之路。数字营销绝对不是电子商务、微信、微博、Facebook、DSP（demand side platform，需求方平台）、LBS（location based service，基于位置服务）营销、大数据、人工智能等各种数字化工具的简单组合与叠加。数字平台营销应该在深度理解数字化本质的基础上利用上述数字化工具，达成营销目标。

① Marshall M，Lewis H L. Understanding Medina：The Extensions of Man[M]. 2nd. New York：The MIT Press，1994.

一、变化让数字营销平台充满新鲜感

数字技术的出现带来社会生活的巨大变化，产品信息的不对称性得到了改变，人们可以利用数字技术实现平等对话，消费者有了更多的选择自主权，消费行为可以随时随地发生。

（一）数字传播技术实现信息互动交流

数字传播技术的进步为消费者获取产品信息提供了多种可能：电子邮件、即时通信、微博、微信、Facebook、Twitter、网络直播、虚拟游戏等。数字时代的消费者可以使用以上任意一种或者几种平台与全球范围内的消费者进行便捷的联系与互动交流，这种交流能够跨越地域、穿越时区。

此外，数字时代的消费者在进行内容的创建、发行、接收、反馈、消费时都变得更加简单快捷，消费者能够接触的新闻、意见和信息不仅范围更大，而且更具深度和广泛性。

数字时代，技术让信息交流变得公平，消费者的信息交流更加对等，消费者可以在海量信息中对比和选择即将购买的产品和服务。信息公平化让消费者的判断更有依据。因此，企业如何在信息公平化的营销环境中与消费者进行平等对话变得尤为重要。

传统营销时代，一些企业高管认为只要雇佣大批的网络“水军”和公关人员到处宣传产品就能够起到推广的作用，他们坚定地认为营销就是向消费者传达经过精心设计的信息和内容，而消费者对这种信息和内容的评价根本不重要。数字技术改变了这种不对等信息交流的处境，企业已经无法完全掌控消费者的话语体系，消费者开始不再留意那些精心设计的营销信息，而是更加注重与他人交流对产品和服务的体验。从网站到论坛，从微博到微信，从直播平台到电商平台，围绕产品、品牌和企业的各种各样的对话展开，相比广告信息，这些对话对购买者具有更大的影响力。信息公平化环境下，企业学会使用数字技术在适当的环境、时间与消费者进行适当的对话和互动变得尤其重要。

（二）数字平台让消费者的选择更加主动

数字时代的消费者拥有很大的决定权，他们可以根据自身喜好选择让需要的内容在适合的时间以喜好的呈现方式出现在自己面前。面对海量的营销信息，数字消费者们并非通盘接收，而是希望能够实现信息的整合、分类及接收，并且他们开始使用信息过滤技术筛选出与自身相关度高的信息内容，同时忽略那些无关的信息，清除未经请求主动发来的商业信息。

所以，数字营销时代出现的尴尬局面是企业自认为通过某种渠道将商业营销信息推送给了一定数量级的消费群体，可是却不知道很多消费者屏蔽了该信息。因此，在信息过滤技术日益成熟的今天，企业应该明白和清楚目标消费者是哪一类人，他们究竟想要的是什么内容，目标消费者平时最活跃的平台和网站是什么，理解他们怎样在这些不同的平台上发挥作用才是开展数字营销的关键。

成功的数字营销，在于企业不仅需要与消费者进行平等的对话，还要与适合的消费者进行对话，并且知道在哪些平台上才能与目标消费者进行对话。企业只有找到真正的消费者才能推想出他们在做什么，如何制定合适的营销策略才能满足其消费需求，甚至创造需求。此外，如果目标消费者活跃在 A 平台，企业却一直在 B 平台投入大量时间、精力和财力，就等于南辕北辙、事倍功半。

（三）大数据技术让消费者洞察更为深入

大数据技术的开发与运用，让企业追踪消费者的消费行为、消费习惯、购买偏好成为可能。企业可以利用各种技术手段对消费者进行研究，如通过 Cookie 对上网浏览行为的追踪、通过 SDK（software development kit，软件开发工具包）对移动数字行为的追踪、通过支付数据对购物偏好的追踪，这些行为追踪的互通融合可以形成大数据时代用户的完整画像。

例如，企业可以通过 SDK 追踪消费者线下的行为轨迹，通过 SDK 扫描到消费者手机中的 App 种类，通过建模及机器学习进行用户画像，进而判断目标消费者是理智型还是冲动派，他们是欧美范还是日系风，他们是更喜欢优惠折扣还是产品赠送；目标消费者是在深夜时分更具有购买冲动还是午后时分，他们最近反复搜索的产品是什么？怎样的产品定价能够刺激消费者的消费行为？可以说，企业对消费者数据的跟踪与分析让数字时代消费者的生活与画像变得可视化、具体化，也让企业进行精准营销成为可能。

2010 年秋天，Zara 开始推出网络商店，除了增加营收之外，线上商店还强化了双向搜寻、资料分析的功能。Zara 将网络上的海量资料看作实体店面的前测指标。因为在网络上搜寻时尚资讯的人对服饰的喜好、资讯的掌握，以及催生潮流的能力比一般人更前卫。这些宝贵的顾客资料，在生产端同时被整个 Zara 所属的英德斯集团各部门所运用——包含客服中心、行销部、设计团队、生产线和渠道等。

数字营销时代，消费者生活数据化是大数据技术应用的一种手段，也是一种营销思维的改变。数字营销新时代，企业的数字营销必须学会拥抱数据、热爱数据，使用数据来对目标消费者进行合理科学的数据分析，从而为数字营销提供决策依据。

（四）移动化让消费行为随时随地发生

随着移动互联网市场的迅猛发展，移动端在未来将成为营销的主要投入载体之一。移动化让消费者的消费行为变得越来越随机，消费者时间的碎片化越发显著，购物行为进而呈现非线性特征。

在媒体形态与消费者行为都发生变化的环境下，营销法则也需随之发生改变。在数字营销领域，利洁时（Reckitt Benckiser）是专注于健康、卫生和家居护理的全球消费产品的领军者，也是杜蕾斯（Durex）的母公司。近年来利洁时一直倡导“移动为先”，在制作广告视频时首先考虑在移动端如何体现。此外，大胆尝试移动电商。其尝试的结果是可喜的，更是值得同行关注和借鉴的。2016 年，利洁时发现移动端的下单比例大幅增加，以杜蕾斯为例，50%的网店销售是通过移动端实现的，其中包括 iPad 和智能手机。2014 年，杜蕾斯通过 15 款手机互动游戏累积起超过 5 000 万人次的消费者互动。可以想象，如果只用传统数字营销方式，5 000 万人次消费者互动背后需要花费多少投入？可以肯定的是，投入将大大超过 15 款手机游戏的制作成本。

数字化时代呈现出一种营销趋势，无论营销活动是从哪个渠道开启的互动营销，最终都会向微信、微博等移动端跳转。移动化让消费者的消费行为在随时随地都成为可能。所以，企业该如何做？答案不言而喻。

（五）数字平台让消费者热衷分享

近些年来，越来越多的企业不再直接投放广告以获取消费者，而是将营销经费投入与消费者互动与分享的环节。直播平台告诉消费者只要把链接分享给好友让其注册成功即可收到红包；滴滴平台告诉消费者只要分享自己的打车链接即可让好友拿到优惠券；外卖平台告诉消费者只要分享订单信息即可让好友领取抵扣金；支付宝更是大手笔地发起“你发红包我买单”的分享互动行为。

因为，企业意识到数字营销时代的核心就是分享，企业运用数字化营销策略时应该学会分享、欢迎分享、鼓励分享，并将分享带入更高的层次，除了鼓励消费者通过对话分享产品之外，还应该鼓励其创建内容并且相互分享。分享让企业无意间扩大了消费群体，消费群体扩大带来的就是新市场、新机会。

当然，企业在制定分享内容时，应该像人一样，有一颗跳动的心脏，分享有感情的事物，展示给外部世界的企业应该是一个生龙活虎的人的形象，而且是消费者想与之分享体验和感受的人的形象。例如，杜蕾斯塑造的是“有一点绅士、有一点坏、懂生活又很会玩的人”；肛泰塑造的是一个专业、体贴且富有幽默感的医生形象；碧浪塑造的是一个时尚、热情、健康、“贫”、古灵精怪的女性形象。阿里巴巴塑造的分享游戏则充满了人性化的交流。人性化的互动与分享将为企业的数字营销带来更多加分。

数字平台营销要求企业持续、活跃地参与消费者对话，互相分享有价值、有意义、有趣味、参与度高的内容，如果只是偶尔亮相、贴出一些内容，是无法做到被消费者喜爱的。

二、一切皆可数据化——数据主宰数字平台营销

新技术层出不穷让数字营销的未来呈现出无限可能，随着数据量的增加及数据处理技术的发展，我们进入大数据时代。传统企业为应对大数据的冲击，积极主动地构建数字平台以拥抱大数据。数字平台上的一切营销行为皆可数据化，如

信息交换数据化、消费者互动数据化、消费者分析数据化等。

（一）信息交换数据化

信息交换数据化主要是指数字平台营销运用移动技术、语音识别和大数据等技术手段，帮助企业获取大量的互联网、社交、地理定位等方面的数据。基于这些数据企业进行过滤和分类，从而准确地预测消费者现在及未来的需求和行为。

此外，信息交换数据化还包括构建企业官网，打造电子商务能力等。企业官网是企业品牌在互联网上的核心阵地。消费者通过搜索等方式导入的流量，大多数都会指向品牌网站，品牌网站是消费者最主要的信息来源，此外还具有帮助企业进行消费者洞察、产品营销与售后服务的功能。

企业的官方网站中必须实现电子商务功能，电子商务已经颠覆了传统的业务模式，是对传统模式的一种升级改良。电子商务能够进一步加深企业的数字化变革，为消费者提供便捷高效的消费方式，使其了解、比较、购买商品并获取相关服务。特别是移动电子商务的出现，要求企业构建属于自己的移动电子商务平台，实现信息交换的移动化与数字化，以迎合消费者购物习惯的改变。

（二）消费者互动数据化

数字平台营销让企业与消费者之间的互动变得极为重要而且无法忽视。互联网的匿名性让消费者可以更自由地分享对企业的看法而不再担心分享行为对现实行为的不利影响。互联网的传播效率使现实社会中分散的口碑变得更为集中和一致，并能以指数级的速度迅速扩散。因此，企业在某个区域市场中的失误，很可能会在几个小时内被传播到世界的每个角落。数字世界中，消费者能够快速地分享自己的体验，如果以正确的方式回应负面评论和投诉，实际上可以将坏事变成好事，关键在于企业怎样回应。当然，试图让公关公司和广告代理机构来处理这些问题是不妥当的，因为它们不够了解企业所有的流程，即便它们与公司人员沟通后，再回应社会化媒体上的问题，也往往已经错失了回答问题的最佳时机。

互联网的信息类型丰富，能够让消费者获得更多、更丰富、更贴近真实体验的信息，帮助消费者更深入地了解企业信息，降低交易的不确定性，也可以提升交易的可行性。因此，企业需要时刻关注互动中的形象，并积极利用互联网提升营销传播的效率。此外，消费者通常比企业更了解产品和服务，他们在网络中分享体验、进行对话，这种互动对于企业营销是具有良性推动作用的，企业不仅要倾听消费者有什么好创意，而且要鼓励他们说出来，并且培育一种有助于使这些创意付诸实践的氛围。鼓励消费者分享他们的好创意，有助于迅速地使数字营销策略获得成功。所以要认识到消费者的力量，请消费者来帮助企业做营销。

传统营销方式的传播速率更接近于匀速增长，而数字平台营销的传播速率可以达到指数级的程度。企业借助数字平台可以与消费者进行实时的互动交流，并且这种互动可以以数据化的方式保存下来，形成大量的消费者互动数据。消费者互动数据化给企业提供了一个能够更深入、更便利地与消费者进行沟通的渠道，是培养品牌忠诚度的绝佳工具。数字平台营销时代，企业必须超越依赖信息传递的消费者关系，建立能够相互沟通、相互理解、相互信任的社交关系，以便培养品牌亲和力。

（三）消费者分析数据化

大数据的意义并不在于将海量数据存储起来，而在于将收集到的数据进行科学的分析，分析的意义也并非得到数字运算的结果，而是在分析的过程中理解人的消费行为，掌握人的消费行为。“数据科学不仅仅是数字运算，而是关于人的科学。数据来源于人的行为，大数据科学家拥有理解人的能力。”[①]

因此，在这个充斥着数据的时代，企业营销最大的挑战不在于获得数据本身，而在于如何对数据进行挖掘分析，提出有意义的数据解释。获取数据的过程是简单的、可追踪的，而如何去分析、理解数据就变得没那么简单。曾经有一个关于大数据的笑话：大数据研究结果显示《芳华》的观众会比《战狼Ⅱ》的观众更喜欢热饮。但事实是《芳华》上映的时间是冬季，而《战狼Ⅱ》是夏季上映。

企业在数字化营销的浪潮中，如何科学地分析数据、利用数据变得尤为重要。当然，海量的数据处理是建立在成熟的算法和计算基础设施的完善上的。在商业

① Walker S J. Big data：a revolution that will transform houw we live，work，and think[J]. Mathematics & Computer Education，2014，47（17）：181–183.

层面，由相互连接的设备组成的数字世界对于企业而言是一个将自身业务推广到世界每个角落的重要机会。为了拥抱数字时代，企业营销面临的重要挑战在于，它们不仅需要为每一个潜在的数字消费者创造富有吸引力的营销内容与社交互动，而且需要与这些消费者的智能设备进行互动。

数字平台营销新时代没有一成不变的营销法则，我们需要在这场技术革新中学习与进步，拥抱技术、热爱数据、重视分享。如果你曾经在微博上搜索某款产品，在朋友圈中点击某品牌的广告链接，在百度地图中领取打车优惠券，在电视屏幕上跳转至淘宝购物，在微信中狂热分享支付宝红包，那么你就已经迈进数字平台营销的新时代之中。

延伸阅读

一、《三分钟》视频病毒式传播

2018 年 2 月 1 日，苹果推出由香港知名导演陈可辛指导、全程使用 iPhone X 拍摄的贺岁广告短片《三分钟》（图 1-1）。

图 1-1　贺岁短片《三分钟》

资料来源：iPhone X 被众人吐槽，陈可辛却用它拍出感人的三分钟！[EB/OL]. http://mini.Eastday/com/mobile/180202123948206.html，2018-02-02

该片根据真实故事改编，尽管只有几分钟，但却催人泪下。影片讲述了一位列车员母亲过年期间在列车上值班无法与孩子团聚，仅凭列车靠站的三分钟与儿子相聚的故事。没想到儿子见到妈妈时竟背起了乘法口诀，原因是妈妈之前对儿子说，如果不会背诵乘法口诀表，就见不到妈妈了，而儿子为了能和妈妈经常见面，在这争分夺秒的三分钟内，完整地背出了乘法口诀。最后妈妈匆忙上车，与儿子分别。

在三分钟的时间里，故事并不复杂，但是却极具跌宕起伏的戏剧张力，结尾处的众生相也重现了真实的春运，引发了一波朋友圈内的刷屏传播。

苹果《三分钟》为何能成功?

1. 找准情感共鸣点

在春节将至的时间里，一场全民迁徙的春运牵动了数亿人的心，不论是“团聚”还是“分别”都成为最具有话题性的公众议题，这也是为何众多品牌都选择以此作为营销突破口的原因。苹果《三分钟》反其道而行之，将“离别”加入“团聚”之中，更加能够在团聚氛围的包围中突出重围，获取注意力资源，并引发大众心底的感动和共鸣。

2. 戏剧性故事叙述

在短小的广告片中，平淡的叙事很难在今天的营销市场中吸引到“身经百战”的消费者的眼球了，因此越来越多的品牌广告更加注重广告叙述的戏剧性和冲击性，力求在短暂的时间内给消费者留下深刻的印象。《三分钟》巧妙地制造了几重波澜，从妈妈与儿子的错过到儿子突然开始的口诀背诵再到儿子最终赶上发车之前的背诵完成，使得每一个局外人也随着三分钟的时间倒计时而紧张欣喜。

3. 完美品牌植入

单从《三分钟》的故事情节来看，没有任何与苹果相关的内容，但是相信看完广告的任何一个人都不会忽略苹果在其中的存在感，这主要来源于广告片中出现的几处内容：一是广告所提示的“用 iPhone X 拍摄”；二是具有辨识力和代表性的苹果字体；三是结尾时出现的苹果 LOGO。可以说，苹果在这则广告中实现了完美的融入，尽管没有产品的露出，但是整个广告的完成却与苹果息息相关。

在《三分钟》推出之后，视频很快便在优酷收获了 400 余万次的视频点击量，苹果开张不久的微信公众号更是一夜之间迎来了首篇 10W+的爆款文章。在这支广告片中，我们能够看到亲情与春节的感动，而相信其他品牌也能够从中得到更多的启发①。

二、《旅行青蛙》游戏体验式营销

2018 年春节前后，《旅行青蛙》这款游戏刷遍朋友圈，在各大 App Store 中，多日高居热搜榜单，Hit-pot 开发的这款游戏为什么会如此火热？

首先，从游戏本身来看，整洁的界面与活泼的音效带给玩家清新的体验，游戏是插画画风，操作界面简洁，背景音效活泼流畅。游戏操作简单，时间成本低。下载游戏后，先要给自己的青蛙取个名字，然后就是给它买便当、收拾行李、送它出门。这一切只需要按界面上为数不多的按钮即可完成，甚至无须看懂文字是什么意思，多按几次就知道哪里是做什么的。无须像《王者荣耀》一样，要在较长的基本固定时间内打完一局。

其次，暗含流行的"佛系文化"是这款游戏火爆的另一个原因。"佛系""红枣枸杞保温杯"的盛行，在一定程度上反映了当前社会年轻人的压力，此时治愈系的游戏正好可以让他们短暂地获得一些舒缓和放松。

再次，这款游戏迎合了"90 后"用户的心理。"90 后"追求个性、强调差异。每只"蛙儿子"都是独一无二的，它们有各自的作息、各自的爱好，不因为外在环境而改变自己的行动，自由自在。它们身上寄托着我们的理想生活，虽然是虚拟的、难以做到的，但还是可以通过游戏体验这种短暂的满足感。

最后，玩家的转发分享与媒体的报道助推游戏登上热搜。玩家的转发分享引起更多的跟风者，在好奇心的驱使下，游戏被更多人关注，各商家及媒体也开始报道，如此循环，最终引爆游戏②。

---

① 张瑶. 在三分钟的时间里，我们重新感知爱的温度. http://mp.weixin.qq.com/s/-gMdKHbiSoBu8PnKxPS2ZQ，2018-02-12.

② 爆品案例分析：旅行青蛙. https://baijiahao.baidu.com/s?id=1591074532468034538&wfr=spider&for=pc，2018-01-31.

第二章　数字平台营销的理论

数字技术引发经济社会发生巨大变革，各种各样的数字平台在我们生活中涌现，平台型经济成为一种新的经济形态，正引领世界经济转型发展。云计算与大数据带来的技术变革为平台经济插上了腾飞的翅膀，“平台”的概念已经冲破了时间和空间的束缚，平台营销成为最重要的商业模式。本章从平台与平台经济等一些基本概念入手，探讨数字平台营销的理论渊源，并试图构建数字平台营销的理论体系。

第一节　平台经济模式

数字化时代，平台以空前的力量把人和人连接在了一起，给人们带来了无限的便利。通过平台，远隔千里的人们可以相互沟通、相互交易，一起进行分工、合作。与此同时，平台也以前所未有的速度积累着财富。对于传统企业来说，完成从创建到市值百亿元、千亿元恐怕需要几十年甚至上百年的时间，而对于平台企业，这一过程可能只需要短短几年。Evans 与 Gawer 指出，那些最为成功的企业，大多都带有平台属性①。

---

① Evans P, Gawer A. The Rise of the Platform Enterprise: A Global Survey[R]. New York: The Center for Global Enterprise, 2016.

一、平台与平台经济

与传统经济中市场简单分为买卖双方的单边市场不同，平台经济是以双边市场为载体，双边市场以“平台”为核心，通过实现两种或多种类型消费者之间的博弈获取利润。从传统的视角来看，市场（买方）与企业（卖方）是二元的对立物①，而平台则是新世纪人类经济领域的“福音”，它兼具市场和企业的属性，统合了两者之间的矛盾。从功能上来看，它扮演着市场的角色，主要用来沟通和实现人类的交互；从表现形式来看，平台是以组织的形式存在的。

学术界关于平台的研究主要集中在两大领域——20 世纪 90 年代兴起的技术管理学领域和 2000 年以后兴起的平台经济学领域。在技术管理领域，平台的研究最早可以追溯到福特公司研究汽车平台并应用平台战略开发一系列车型，而 60 年代之后，随着 IBM 研发了世界上第一个成功的计算机平台——System 360（S/360），IT 平台的概念开始步入人们的视野。90 年代，大众汽车应用平台战略的成功和 IT 平台的迅猛发展使平台研究在国内外逐渐兴起。在平台经济学方面，徐晋认为平台经济学属于产业经济学的一个分支②，而平台的研究是随着双边市场概念的兴起而来的，平台提供双边市场的交易途径和方法。目前关于平台的研究普遍将这两个范畴区分开来，而这两个范畴之内的平台概念具有相似性，具体体现在平台与外部实体之间的网络效应方面。

平台经济是指一种虚拟或真实的交易场所，平台本身不生产产品，但可以促成双方或多方供求之间的交易，收取恰当的费用或赚取差价而获得收益的一种商业模式③。

二、平台经济的特征

平台经济作为一种新型经济形态，与传统经济形态相比具有明显的差异，其

---

① Coase R H. The nature of the firm[J]. Ecomomica，1937，4（16）：386-405.

② 徐晋. 平台经济学[M]. 上海：上海交通大学出版社，2007.

③ 程贵孙，孙武军. 银行卡产业运作机制及其产业规制问题研究——基于双边市场理论视角[J]. 国际金融研究，2006，（1）：39-46.

主要特征表现为双边市场、网络外部性、开放性、增值性等。

（一）双边市场特征

不同于传统单边市场模式中企业间普遍存在的竞争关系，平台经济是一种双边市场的概念。双边市场特征是指平台型企业的买卖双方相互吸引，平台可以整合具有互补需求的双边用户，平台企业的双边用户履行各自的责任，为平台的正常运转做出贡献。平台企业是其中的运营核心，在创业初期平台针对不同类型的潜在用户制订营销方案，通过推广活动获取双边的用户群体，同时通过整合社会资源、协调各参与方关系，为双边用户提供更好的服务，使各参与方皆能获取利益，从而提升平台价值。平台通过共享的方式为利益相关方创造价值，并在共赢的基础上提升自身价值。例如，滴滴出行为广大用户提供即时出行服务，在初始阶段，通过补贴双边市场（司机和乘客）获得了很大的注册量，后期补助力度和优惠力度均有下降，但是因为已经有了大量的注册用户，聚集了人气，供求双方相互吸引，乘客数量在不断扩大，私家车司机的规模也随之增多。滴滴出行解决了城市居民出行难的问题，同时也给符合条件的待业人员提供了稳定的收入，一些拥有正式工作的群体也可以自由加入滴滴出行，成为一位兼职司机，获取业余收入。

（二）网络外部性属性

平台的成员外部性是指平台一边用户的数量显著影响该平台对另一边用户的价值。用户使用平台的效用取决于另一边用户的规模及交易量。平台一边用户的规模越大，对于另一边用户来说越具有吸引力，另一边的注册用户会增加，平台规模也就随之扩大，品牌效应越来越明显，平台运营会形成一个良性循环。这种平台用户双方之间相互影响的现象就是平台经济网络外部性属性的具体表现。例如，网络购物平台淘宝网的消费者越多，淘宝网这一网络购物平台对于其驻店商户的价值就越大；而注册淘宝店铺商户越多，淘宝网的产品就越是丰富，商户之间的竞争使商品更具性价比，消费者有了更多的购买选择，交易量便随之增大；同时消费者的踊跃加入也就吸引了更多商户选择在淘宝网平台上开设店铺。

（三）开放性属性

平台经济的研究始于双边市场，起初平台主要连接上游的供应商和下游的客户，如最典型的苹果手机应用商店，一端连接各类手机软件研发企业，另一端连接苹果手机用户，为用户提供丰富的应用软件。随着平台经济的研究和实践不断深入，平台不再局限于双边市场，而是通过整合第三方服务主体的资源，致力于建立一个共赢、高效的商业生态系统。第三方服务主体参加到平台的商业生态系统，能够提供更加丰富、快捷、多元的服务，所以势必会增强平台的服务能力，为平台吸引更多的用户，提高平台的竞争力。以京东集团旗下“京东到家”为例，2015 年京东集团率先推出了采用全新商业模式的 O2O（online to offline，线上到线下）生活类服务平台“京东到家”。京东到家借力“互联网+”大潮，利用京东的物流体系和物流管理优势，整合各类 O2O 生活类目，打造生活服务一体化的应用平台。京东到家打出“1 小时新鲜到家”的口号，将大型超市、生鲜市场与周边用户通过京东到家这个平台连接起来。2016 年 4 月京东集团宣布“京东到家”与中国最大的众包物流平台“达达”合并，由达达配送整合快递人员，进行订单配送。达达配送的加入提高了物流配送效率，真正实现了“一小时，新鲜到家”的目标，为平台用户提供了优质的商品和快捷的服务。

（四）增值性属性

平台企业为多方成员提供连接服务，通过成员间的相互合作实现价值增值。在滴滴出行的平台模式中，乘客获得了出行的便利，节约了时间；司机获得了劳动收入，闲置劳动力、社会车辆同时得到了充分利用；作为运作核心的平台企业，滴滴出行通过一定的提成获得营业收入。从中不难看出平台经济具有增值性，双边市场的参与主体（乘客和司机）与平台自身都获得了“收益”。同样，淘宝上的卖家越多、产品越丰富，买家就越多；买家越多，反过来又能吸引更多的卖家来淘宝开店，最终形成“万能的淘宝”。百度或 Google 的搜索广告也是如此，用户越多，在平台上投放广告的广告主就越多；同时，平台的数据积累越多，变现效率就越高。微信的用户越多，其公众号的运营者就有动力提供更多的内容；

公众号的内容越丰富，反过来又能吸引到更多的用户。Uber、Airbnb、达达配送都是典型的双边市场，平台上的服务提供者越多，服务体验就越好，消费者也就越多；消费者越多，服务者的收益预期就越大，因此服务者的数量也会变多。由此可见，平台企业要立足市场，关键就是要为双边或多边市场创造价值，从而吸引用户，提高平台的黏性。

（五）智能化特征

网络信息技术的快速发展为建立平台载体提供了技术支持，智能设备、移动客户端的普及，为平台经济的快速发展提供了动力引擎。平台运营科技越来越先进，平台功能日渐完善，平台使用越来越方便，智能终端设备在整个平台经济的运营中起到了十分重要的作用。平台企业可以通过移动终端办公提高工作效率、业务准确率、客户满意度等。平台用户通过移动终端设备可以不受时间、空间、地域的限制，实现自由购物和即时服务、享受平台通过应用大数据、云计算等技术带来的便利。移动智能终端得到普及之后，平台经济才在真正意义上实现了迅猛发展。在智能化的背景下，平台企业之间的竞争不再是企业的规模和品牌，而是其对用户需求的精准把握、及时推送和快速满足的能力。

三、主要平台类型

平台是双边市场中各类主体互动或共同参与的“地方”。这个地方或者是一个特别的组件或者系统，如电子商务网上交易处理系统；或者是一个物理位置，如购物广场；或者是一种约定俗成的东西，如作为交换媒介的货币；或者是系统之间相互兼容的技术标准，如互联网协议；等等。为了便于从本质上认识形形色色的双边平台，有必要对它们进行分类。平台之所以出现，是因为其为用户提供了某些功能，因此，根据功能来划分平台可能更有意义。基于 Evans 和 Schmalensee 的研究，可将现实生活中存在的主要平台分为交易平台、信息平台、社交平台三大类①。

① Evans D S，Schmalensee R. Markets with two-sided platforms[C]. Issues in Competition Law and Policy，2008.

（一）交易平台

交易平台是帮助买卖双方进行交易的“地方”，是最重要的一类双边平台，涉及的行业比较多。常见的交易平台有购物场所，如超级市场、大型购物广场、城市综合体、拍卖行（线上、线下）、电子商务［B2B（business to business，企业对企业）、B2C（business to customer，企业对消费者）、C2C（customer to customer，个人对个人）］平台；交易经纪，如保险经纪、房地产经纪、职业经纪、证券或期货交易所、出版社（涉及读者和作者）、旅行社（涉及旅行者和与旅行相关的企业）、会展服务等。平台企业需要把买卖双方都吸引到平台上来并促使他们交易才能从中获益。但是，为了吸引买方，平台上必须有大量的卖方；而为了吸引卖方，平台上必须有大量的买方。因此，平台企业需要解决“鸡和蛋”的问题。另外，大量的卖方和买方聚集到平台上，虽然增加了双方找到彼此从而达成交易的可能性，但是也可能导致平台的拥堵，特别是具有真实物理交易场所的平台。这些都是平台企业需要解决的重大问题。

（二）信息平台

信息平台是帮助信息发送者（通常是广告客户）传播信息和信息接收者（通常指受众）获取信息的“地方”。常见的信息平台有新闻报纸、商业杂志、学术期刊、有线电视、门户网站、无线电台、搜索引擎（如Google、Bing、Baidu）、黄页目录等。一般来讲，平台企业的首要任务是吸引尽可能多的受众到信息平台上，为此，它应该降低受众接入平台的成本（如低价或免费订阅），并提高信息的质量（如受众需要的、有价值的新闻或节目）。一旦使用平台的受众多了，就会吸引愿意为此付费的信息发送者（如广告客户、想要发表文章的作者）。但是，它们传播的信息可能并不是受众所喜欢的。因此，从最终效果上看，平台上的信息可以分为两类：一是能够吸引受众关注的，产生正反馈；二是不能吸引受众关注的，产生负反馈。要经营成功，平台企业需要控制这两类信息的比例和质量，并制定恰当的双边策略。

（三）社交平台

社交平台是双边用户社交的“地方”。常见的社交平台有两类。一是社交场所和社交中介，如异性婚姻介绍所、异性约会酒吧、单身俱乐部、异性婚恋网站（如世纪佳缘网、珍爱网）、酒吧等。这类平台的用户是相互需要的男性和女性，而且每一方都对另一方人数的增加持积极态度。一个异性婚姻介绍所或者夜总会要想成功，必须同时吸引到相当数量的男性和女性并保持他们在数量和质量上的平衡。在这种场合中，女性通常会受到优待，而男性往往会为接近女性付费，如酒吧每周举办的“女士之夜”，女性顾客点酒品可享受折扣，吸引大量女性光临酒吧，男性顾客也会跟着增加，而且会很乐意以原价消费。因此在双边市场中，有时候接受 A 市场亏损（不是暂时性的亏损，而是持久性的亏损），目的是让 A 市场成长，以带动 B 市场成长，这是合乎经济效益的，前提是 B 市场的获利必须大于 A 市场的亏损。二是虚拟社区，如腾讯 QQ 空间、Facebook、各种论坛。这种平台的一边用户是有社交需求的人群，另一边用户是希望接近这些人群的商家和广告客户。前者一般可免费使用平台，而后者往往需要付费。

虽然可以将双边平台按照功能分为交易平台、信息平台和社交平台（表 2–1），但在现实生活中，这些平台往往交织在一起，或者一个平台往往具有多种功能。例如，在中国深受欢迎的网购零售平台天猫目前已经拥有数以亿计的买家、数以万计的商户和品牌，每天成交量巨大，是一个巨型交易平台。同时，每项产品售出后，基本上都有买家对该进行评论，这显然是一个社交平台。由于存在如此庞大的买家和卖家，自然会吸引厂商和广告客户的兴趣，因此，在天猫上有海量的商品信息和广告促销信息，天猫又变成了一个信息平台。所有这些平台，都共享了巨大的平台用户群。因此，天猫是一个综合平台。事实上，平台的功能不是一成不变的，在平台企业生命周期的不同阶段，平台功能的拓展和融合可能会持续发生，这取决于平台企业的战略远见和战略安排。

表 2–1　常见双边平台一览表

双边平台		目标市场	
交易平台	证券或期货交易所	买方	卖方
	房地产经纪	买方	卖方
	房屋租赁中介	承租人	所有者/房东
	在线招聘	求职者	雇主

续表

双边平台		目标市场	
交易平台	大型购物广场和超级市场	消费者	商家
	电子商务平台	消费者	商家
	机场	乘客	航空公司
信息平台	门户网站	网络"冲浪者"	广告商
	报纸杂志、广播电视频道	受众	广告商
	（免费的）电视网络	观众	广告商
	学术期刊	作者	读者
	黄页目录	使用者	广告商
	博览会或展览会	参观者	参展商
	（传统的）互联网	网站	拨号上网者
	航空公司预订系统	旅行社	航空公司
	网络搜索	搜索者	广告商
	在线借记卡	商家	持卡人
社交平台	社交聚会	社会名流/女士	其他参与者/男士
	单身俱乐部	女士	男士
	异性婚姻介绍所	女士	男士
	具有通话外部性的电信网络	被叫方	主叫方
	大型会议或论坛	发言者	听众

四、平台经济模式的功能

互联网的兴起，打碎了原有的层级制组织结构，让社会变得更加"去中心化"了。而与此同时，人与人之间的联系和交往变得空前密切，即使身处地球两端，人们也可以进行交流、合作。从这个意义上讲，社会正在以新的形式重新"中心化"，而让"去中心化"的社会实现重新"中心化"的纽带就是平台。

（一）从线性模式到平台模式

要了解平台商业模式爆发成长所释放的力量，就得明确长久以来企业在市场上的价值创造和转移方式。我们可以把企业执行的传统经营模式称为"线性生产"模式，与平台模式不同，线性生产模式使用循序渐进的方式创造和转移价值，起点是生产者，终点则是消费者。公司先设计一项产品或服务，接着制造并供应销售，或是建立一个提供服务的体系，而最后出现购买产品或服务的消费者。由于线性生产模式是较纯粹的单向模式，也可以称这种商业模式为“线性价值链”。

互联网出现来，越来越多的企业从线性生产模式转向平台模式，在这种转变的过程中，单向循序的线性生产模式转变成较复杂的互动关系，生产者、消费者及平台本身形成更复杂且多变的串联关系。在平台模式中，包括生产者、消费者或兼具生产与消费两种角色的各类用户，使用平台提供的资源彼此连接与互动，从中交易、消费或共创价值，这些活动不是循着一条从生产者到消费者的直线，而是在各种地方以各种方式创造、改变、交易及消费价值，并因平台创造的连接而得以实现。

虽然不同的平台有不同的运作方式，吸引不同类型的用户、创造不同形式的价值，但所有平台模式都具有相同的基本元素。例如，移动电话产业目前的两大主流平台就是苹果的 iOS 系统及 Google 的 Android 系统。加入其中一个平台的消费者可以购买由平台本身所提供的产品或服务，如手机内置相机的拍照功能；他们也可以购买由一群为平台生产内容、扩大平台功能的开发者所提供的产品或服务，如消费者通过 iPhone 取得某个应用程序。

（二）平台模式的优势

平台模式之所以能在很多方面战胜线性生产模式，究其原因，主要得益于以下几个方面。

1. 去除“守门人”，更有效率地扩大规模

在线性生产模式下，多数企业的运营以产品为中心，在线性生产的一端设计与制造产品，供应给另一端的消费者。目前仍然存在许多线性生产型企业，但当平台型企业进入相同市场后，胜出者几乎都是平台。平台胜出的主要原因之一，是线性模式依赖“守门人”来管理从生产到消费的价值流程，效率不高。传统出版业的编辑就是“守门人”，从数千本的著作中挑选出几部，并期望他们选中的著作能够畅销，这是很费时费力的流程，主要凭借编辑的直觉。反观亚马逊的

Kindle 平台：它让任何人都能出版书籍，依赖消费者的评价决定哪些书成功、哪些书失败。平台制度可以更快速、更有效率地扩大规模，因为传统的“守门人”被整个读者群自动提供的市场讯号取代了。

去除“守门人”，让消费者有更多的自由去选择符合自身需求的产品。传统的高等教育模式强制学生与家长购买一套适用的配套产品与服务，包含行政管理、授课设施、研究资源等。扮演“守门人”角色的大学要求学生与家长长期购买整套教育服务，因为这是他们能取得宝贵学位文凭的唯一途径。但若能有别的选择，许多学生就能自行选择想要的高等教育服务。一旦雇主愿意接受其他形式的文凭，大学将越来越难以继续执行固定销售模式。显而易见，发展与提供这种“另类”文凭是 Coursera 等教育平台的主要目标。顾问公司及律师事务所其实也是在从事绑售型业务，企业也许愿意付出高价取得顾问或法律专家的服务，但为了得到专家服务，它们也必须同时以较高的价格购买资历较浅人员的服务。未来，最优秀的律师和顾问可能通过平台和企业交易，由平台提供以往由律师事务所或顾问公司提供的后勤和较基础的服务。Upwork 等平台已经为雇主提供了这类选择性的专业服务，打破了传统“守门人”的捆绑销售模式。

2. 导入新资源，增加供给、创造价值

以传统旅馆业为例，像希尔顿（Hilton）或万豪（Marriott）这样的连锁饭店要成长，就必须增盖旅馆，让旗下连锁品牌用同样的订房与付款系统把房间租出去。因此，它们需要持续搜索房地产市场中有前景的地区，投资于现有物业或建设新物业，花大钱维修、更新、扩建及改善这些物业。就某种意义来说，新创公司 Airbnb 从事的业务与希尔顿或万豪相同，它使用先进的定价与订房系统，让顾客寻找、预订及支付房间。但是，Airbnb 把平台模式应用于旅馆业，最大的差别在于 Airbnb 并不拥有任何住房，它创造并维持一个平台，让平台上的个别参与者直接向消费者供应住房，Airbnb 对通过此平台成交的每笔承租收取 9%~15%（平均 11%）的交易费。Airbnb 或其他相似的竞争平台成长速度远比传统旅馆业快，因为这些平台企业的成长不受制于实体资产配置的压力。传统的连锁旅馆可能得花上多年去挑选与购买新的地产、设计与兴建新旅馆或饭店、招募及训练人员；反观 Airbnb，只要能和有多余房间可供出租的平台用户签约，就可增加它的物业“存货”。结果，Airbnb 在短短几年内就达到传统旅馆业通常得历经数十年的辛苦和风险性投资才能创造的规模与价值。

在平台模式市场，供给的本质改变了，现在，平台将闲置产能（spare capacity）导入市场，把传统的消费者也变成可运用的供给者。过去，精实的组织采用“及时库存管理”（just-in-time inventory），新型的组织平台采用“非我所有库存管理”（not-even-mine inventory）。赫兹（Hertz）租车若能在飞机抵达时，在机场把车子交到顾客手上，就算是运作得很棒了；现在，RelayRides 将搭机出境者的车子租给飞抵本地的短期旅客，以前出境旅客还必须缴机场停车费，现在可以把闲置的车子短期出租，还可以收取租金外加保险费，大家都是赢家，赫兹及其他传统租车公司除外。电视台盖摄影棚，雇佣人员拍摄影片，YouTube 采用不同的模式，以用户自制的影片为网站内容，获得的观众比任何电视台还多，大家都是赢家，除了曾经垄断影片制作的电视公司和电影制片公司。

平台企业兴起后，颠覆了传统的竞争形势。过去必须承担固定成本的传统旅馆业，现在和没有固定成本负担的新企业竞争，新企业之所以有竞争力，是因为通过平台把闲置产能带到了市场上。共享经济（sharing economy）的基础概念是，许多东西，如车子、船、割草机等，在很多时间里处于闲置状态，可以再加以利用，但是在平台出现之前，可以把东西借给家人、亲近的朋友或邻居，但是要借给陌生人就非常困难，因为“你难以相信陌生人会把你的家维护得称心如意（如 Airbnb），难以相信陌生人会把你的车子完璧归赵（如 RelayRides），难以相信陌生人会按期归还你的割草机（如 Neighborhoods）”。过去，个人之间难交易，因为交易成本高，必须要有一个人查核信用与可信度。但是现在平台企业凭借合同式履约保证与使用者评价机制，鼓励美好的行为，不仅大幅降低交易成本，也因开始引入新生产者而创造了新市场。

3. 善用资料工具，创造社群反馈回路

Kindle 平台依赖读者群的反映来决定哪些书将被广为阅读，哪些书不会受到大家的关注；各式各样的平台也依赖类似的反馈回路。Airbnb 和 YouTube 之类的平台使用这种反馈回路与传统旅馆业及电视频道竞争，这些平台一旦收集到用户对内容、品质（YouTube）或是对服务供应者（Airbnb）发出的评价讯号，后续的市场互动就变得更有效率。来自其他消费者的反馈评价，让人更容易找到符合自己需求的影片和租房，收到大量负面反馈评价的产品通常就会从平台上完全消失。反观传统的线性生产模式，企业依赖控管机制（编辑、经理人、督导）确保品质，形成市场互动，这些管控机制在扩增规模上的成本高，且效率不佳。维基百科的成功可兹例证，平台可以利用用户反馈来取代传统的供应链。而备受推崇的《大英百科全书》（*Encyclopedia Britannica*），其内容是由学术界专家、作家与编辑组成的高成本、复杂、难以管理的线性生产模式制作出来的。维基百科使用平台模式，利用外部用户扩增与管理内容，建立起在品质和规模上可与《大英百科全书》匹敌的资讯来源。

第二节　双边市场体系

双边市场是指一个具有两个不同客群的经济平台，这两个客群能互相提供对方的网络利益。若一组织创造价值的方法主要在于让多个相关联的不同客群能有直接的互动，则称为多边平台①。双边市场可以在许多产业中出现，如信用卡（持卡人和商家）、健康维护组织（病人和医生）、操作系统（终端用户和开发人员）、黄页（广告商和消费者）、家用游戏机（玩家及游戏开发商）、求职网站（求职者和征才公司）、搜索引擎（广告商和用户）及互联网之类的电信网络等。

一、双边市场理论基础

关于双边市场的定义，学术界目前尚未达成共识。按照理论发展的时间顺序，有三种定义被较为广泛地接受。Rochet 和 Tirole 在 2004 年首先给出了双边市场的定义：假定平台企业向买方（B）索取的价格为 P_B，向卖方（S）索取的价格

① 齐东平. 中间性组织的必要性及其组织功能[J]. 中国工业经济，2005，（3）：22-28.

为 P_S，当平台向需求双方索取的价格总水平 $P=P_B+P_S$ 且保持不变时，如果任意一方价格的变化都会对平台的总交易量产生直接的影响，那么这个平台市场就被称为双边市场；如果交易平台实现的交易量只与价格总水平有关，而与价格结构无关，这个市场就是单边市场①。可以看到，他们主要从价格结构方面给出了双边市场的定义，但是却忽略了双边市场中存在交叉的间接网络外部性的问题。随后，Armstrong 进一步将双边市场定义为：如果市场中交易平台通过一定的价格策略向交易双方提供产品或服务并且一边所获得的效用取决于另一边参与者的数量，那么这样的市场便是双边市场②。Rysman 则指出，双边市场必须符合以下两个条件：①市场的两边在同一个平台上进行交易；②一边的决策会对另一边的决策结果产生影响，特别是通过外部性起作用③。依据以上定义，双边市场理论的主要关注点是连接两边具有交叉网络外部性用户群体的平台企业的经济行为。

一个双边市场通常包含两个主要方面：一是市场中有两个不同类型的用户，他们通过一个中介机构或平台来发生作用或进行交易；二是一边用户的决策会影响另一边用户的结果。例如，在银行卡市场中，中介机构或平台就是银行卡组织，如中国银联。两个用户分别指消费者和商户，如果没有消费者使用银行卡，商户就不愿意受理它；而如果商户不受理银行卡，消费者自然也不愿意持有它。上面的第二个主要方面说明不同类型的用户之间存在着某种外部性，为了与直接网络外部性进行区分，它被称为间接网络外部性。间接网络外部性的存在产生了“鸡和蛋”问题：为了吸引市场一边用户，平台需要拥有大量的另一边用户；但同时，只有预期这一边有大量的用户时，另一边用户才愿意通过这个平台进行交易。因此，平台面临着首先培养和建设哪一边用户的问题，也就是平台如何来平衡两边用户的需求以保证交易量最大，这其实是一个平台定价问题。

Rochet 和 Tirole 指出，在双边市场中，除了价格水平（平台两边的价格之

① Rochet J C，Tirole J. Two-sided markets：an overview[C]. Working Paper，2004.

② Armstrong M. Competition in two-sided markets[J]. RAND Journal of Economics，2006，（37）：668-691.

③ Rysman M. The economics of two-sided markets[J]. Journal of Economics Perspectives，2009，23（3）：125-143.

和）之外，价格结构也同样会影响两边用户之间的交易量[①]。所以，与传统单边市场一样，平台定价成了双边市场的一个核心问题，大量的学者对此进行了研究，他们感兴趣的是为什么平台定价在不同的双边市场中表现得如此不同。例如，消费者必须支付一个价格才能阅读报纸上的内容，但他却不需要为黄页和网络搜索引擎提供的相关服务支付任何费用。最终，双边市场理论取得的一个主要共识是，平台对一边用户的定价不仅取决于用户需求及其边际成本，也取决于这边用户给另一边用户所带来的外部收益，也就是间接网络外部性的大小。这种外部收益一般是正的，但有时也为负。例如，在媒体市场中，大多数消费者都对厂商做的广告比较反感，因此厂商数量及广告数量的增加导致消费者效用下降。单边市场的定价一般遵循成本加成定价或标准勒纳定价，这种定价方式认为价格仅与自身的边际成本和需求弹性有关，并且价格和需求弹性变化的方向是相反的。而根据双边市场理论，平台对一边用户的定价还包括另一边用户的需求弹性及平台相应的边际成本。因此，如果考虑到平台对另一边用户的定价也是如此，那么平台对两边市场的定价结构就依赖于联合需求弹性和两边的边际成本。

二、双边市场特征

双边市场具有跨边网络外部性、需求的相互依赖性与互补性、竞争的多维性、中间组织性等特征。

（一）跨边网络外部性

双边市场中的网络外部性是跨边的。也就是说，一边的某个用户获得的效用取决于另一边用户的数量。跨边网络外部性是一种特定形式的网络外部性，它是双边市场的核心特征，也是平台企业市场动态和竞争策略的重要基础。要明白什么是跨边网络外部性，有必要回顾一下“网络外部性”这个概念。在学术研究领域，贝尔实验室的 Rohlfs 较早注意到网络外部性现象，他发现一个用户从通信服

① Rochet J C，Tirole J. Two-sided markets：an overview[C]. Working Paper，2004.

务中得到的效用随其他人加入该系统而增加——这是一种典型的消费外部经济[①]。一般认为，Katz 和 Shapiro 最早正式提出并解释了“网络外部性”概念。他们指出很多产品和情形都可以产生这种正的消费外部性，但“在所有这些情形中，一个给定用户从产品消费中得到的效用取决于和他/她同处一个‘网络’的其他用户的数量”[②]。此后，网络外部性现象引起了学者的广泛关注，并在 20 世纪 80 年代中期到 90 年代中期取得了巨大的研究进展[③]。

人们发现，不管是有形的物理网络（如通信网络、铁路网络）还是无形的虚拟网络（如操作系统用户网络、银行卡支付系统用户网络），都有一个共同的经济特征：连接到这个网络的价值取决于已经连接到该网络的其他用户的数量[④]。这个基本的价值定理被经济学家称为网络外部性（或是网络效应、需求面规模经济）。“外部性”意味着一个市场参与者的行为影响了其他人的福利但却没有人为此做出补偿。这种影响可能是积极的，也可能是消极的。令人高兴的是，网络外部性往往是正的而不是负的[④]。网络外部性的大小与用户规模有关。

根据网络及其产生外部性的方式不同，可将网络外部性分为直接网络外部性和间接网络外部性[②]。直接网络外部性是指购买者数量对产品价值和用户效用的直接物理效应，在通信、社交等双向网络中比较常见，如电话、传真、电子邮件网络等。间接网络外部性是指购买者数量对产品价值和用户效用的间接效应。具体而言，某种产品的用户越多，其互补产品的数量、质量、种类也会越多—— 这反过来会增加某种产品的价值和用户效用。在这种情形中，一个用户从购买某种产品获得的效用受该产品现有用户数量的影响是间接的。间接网络外部性在“硬件—软件”范式下的单向网络中比较常见，如电子游戏机、播放机、音乐播放机等设备的用户网络。上述学者虽然没有明确指出，但他们所说的网络外部性显然

① Rohlfs J. A theory of interdependent demand for a communications service[J]. The Bell Journal of Economics and Management Science，1974，5（1）：16-37.

② Katz M L，Shapiro C. Network externalities，competition，and compatibility[J]. The American Economic Review，1985，75（3）：424-440.

③ Blind K. The Economics of Standards：Theory，Evidence，Policy[M]. Cheltenham：Edward Elgar Pub，2004.

④ 夏皮罗 C，瓦里安 H. 信息规则：网络经济的策略指导[M]. 张帆，译. 北京：中国人民大学出版社，2000.

是指传统单边市场中同一个需求边的消费外部性，借用 Katz 和 Shapiro 的说法，这种外部性发生在“同处一个网络的其他用户”身上。但是，在双边市场中，外部性发生在“另一边网络的其他用户”身上。例如，在买卖双方用信用卡进行支付的情形中，如果持卡人获得的好处完全源自使用支付卡而不是现金，那么商户通过受理支付卡就对持卡人施加了一个（正的）使用外部性。在这个意义上，双边市场中的外部性是跨网络的。

跨边网络外部性是双边市场的重要特征，它与传统单边市场中的网络外部性是有差异的，根本原因在于二者形成的机制不同：前者源于性质不同的双边用户之间的互动，后者源于性质相同的同边用户之间的互动。认识到双边市场中跨边网络外部性的性质和特点，有助于平台企业采取恰当的商业行为。例如，那些对另一边大多数用户都表现出很强的正外部性的用户，应当成为平台企业积极争取的目标；相对于供给成本来说，平台企业应当对他们收取较低的价格。而那些对另一边用户产生负外部性的用户（如广告客户），则应当受到控制并被收取高价格。因此，平台企业应当根据一个用户对另一边的其他用户的“贡献”给予相应的“待遇”。买家越多，平台对卖家的吸引力就越大；或者卖家越多，平台对买家的吸引力就越大，双方可以互相促进，形成正向循环。

（二）需求的相互依赖性和互补性

双边用户对平台的需求具有互动性。需求的互动性有两层含义：一是双边用户对平台的需求是相互依赖的，如果市场的一边对平台没有需求，那么另一边对平台也没有需求（不管价格是多少）；如果一边对平台的需求增加（或减少），那么另一边对平台的需求也将增加（或减少）。二是双边用户对平台的需求以改善互动效用为前提。这里说的互动，即两个代理人为了满足自己的某种需求而采取相应行动并得到对方反馈的过程。如果双边用户能够绕开平台进行互动而又能增加各自的利益，那么双边用户对平台的需求就不复存在。所以，双边用户对平台的需求源于改善互动效应的激励。例如，如果房屋买卖双方能够通过其他途径了解到对方的需求从而获得更高的交易效用（与通过平台进行交易对比），那么他们就没有必要到房屋中介机构去发布买卖信息；如果买卖双方在场外能够获得更高的效用，他们也没有必要去大型购物广场。需求的互动性表明，平台型企业需要去设计一种良好的机制来创造和维持平台运营，其中包括解决著名的“鸡和蛋”的问题①。

（三）竞争的多维性

双边市场中的竞争具有多维性，主要表现在竞争类型与竞争场面上。对平台企业来说，这些都增加了分析、设计、选择和执行策略的复杂性和不确定性。

首先，在竞争类型上，内部竞争与外部竞争同时存在②。内部竞争发生在归属同一平台的同边用户之间。例如，同一个购物广场内的商家为争取顾客而展开激烈竞争。内部竞争可能是自发的，也可能是一边用户积极行动的结果，更有可能是平台企业激发的。一般来说，内部竞争是可控制、可利用的，平台企业能够从中得到更多的好处，因为内部竞争往往导致更多的双边互动。外部竞争发生在平台企业之间或平台企业与其他主体之间，至少包括以下三种情形。一是属性相同的差异化平台之间的竞争。例如，电信网络之间、电视频道之间、中介服务之间、购物广场之间、操作系统之间的竞争，这是许多双边市场研究关注的焦点。二是属性不同的平台之间的竞争。例如，报纸和电视频道之间、基于互联网的电子商务平台和购物广场之间、网络媒体和传统媒体之间的竞争。三是双边平台模式和非平台模式之间的竞争。例如，一个消费者既可以去购物广场与出售某种商品的入驻商家进行交易，也可以与出售相同商品的非入驻商家进行交易，这取决于顾客从哪种交易方式中获得的让渡价值更大。外部竞争往往很激烈。由于双边市场中可能存在“正反馈效应”和“胜者全得”的可能性，平台企业受此激励往往进行非常激烈的竞争。在比较成熟的双边市场中，一般只有几个势均力敌的平台企

---

① Caillaud B，Jullien B. Chicken & egg：competition intermediation service providers[J]. RAND Journal of Economics，2003，34（2）：309-328.

② Roson R. Auctions in a two-sided network：the market for meal services[J]. Networks and Spatial Economics，2005，5（4）：339-350.

业能够存活下来（如视频游戏机市场）；而在某些极端的情况下，往往只有一个平台企业能够最终胜出从而几乎垄断整个市场（如操作系统市场）[①]。在我国平台竞争最为经典的事例可能要算腾讯和奇虎客户端之间的竞争了，这也从一个侧面反映了双边市场中竞争的特点。

其次，在竞争场面上，平台企业可以选择在某边或在两边同时展开竞争。例如，一个房屋中介既可以削减买方的费用，也可以削减卖方的费用，或者同时削减买卖双方的费用。需要注意的是，在竞争策略上，平台企业虽然可以借鉴传统企业常用的价格和非价格策略，但更需结合双边用户之间的关联性进行策略设计。因为平台企业对一边用户采取的策略除了影响这一边以外，往往还通过跨边网络外部性影响另一边，策略的作用机制比较复杂。人们常常看到平台企业采用“声东击西”的竞争策略：为了能够在一边赚取利润，往往在另一边进行竞争。例如，电视频道为了从广告客户（付费用户）那里获取更大的收益，往往在观众方面（低价或免费用户）进行激烈争夺，如提供优质电视节目、有奖互动等。腾讯 QQ 和奇虎 360 客户端对免费用户的争夺目的也在于此。

（四）中间组织性

交易成本经济学及其发展表明：中间组织与企业和市场一样，都是协调经济活动的组织形式。什么是中间组织呢？最早涉及这个问题的 Williamson 在其著作《市场与层级制：分析与反托拉斯含义》中指出，“在以完全市场和一体化企业为两端，中间组织介于其间的交易体制组织系列上，分布是两极分化的”[②]。在他看来，企业与市场是交易体制组织系列的两个极端，中间组织属于交易体制组织系列的中间部分。中间组织是与交易的水平和特征（交易的不确定性、交易的频率和资产专用性）相对应的一种交易治理模式。他认为，中间组织是介于市场

① Eisenmann T, Parker G, Van Alstyne M W. Strategies for two-sided markets[J]. Harvard Business Review, 2006, 84（10）: 92-101.

② Williamson O E. Markets and Hierarchies: Analysis and Antitrust Implications[M]. New York: Free Press, 1975.

和企业之间的一种混合治理方式[1]，他用混合组织表示企业和市场之间的各种制度安排[2]。

由此可见，中间组织是某些市场主体（主要是层级制企业）基于各种“纽带”所形成的正式或非正式交易制度，体现了主体之间非一体化的紧密合作关系。因而，中间组织具有市场和企业组织的双重特征[3]，存在复杂的交互性质，但并不是市场与企业的简单叠加。形成中间组织的动因，是各个市场主体在保持各自独立的前提下，为了同时获得层级制和价格机制的优势，又同时避免二者的劣势，或者是单纯的市场机制失效及纯粹的组织机制失效[4]。在现代经济社会中，中间组织普遍存在，如战略联盟、企业集团、虚拟企业、外包与分包网络、参股、控股、长期合作、企业集群、特许经营等，它们的共同之处在于同时利用价格机制和科层制进行资源配置或交易治理[5]。作为联系个人、企业和市场的制度安排和组织形态，中间组织具有节省交易成本、产生外部经济效益、改善经济环境、完善组织运行等综合功能[6]。

双边市场具有明显的中间组织特性。从参与主体看，双边市场包括平台企业和双边用户等各自独立的市场主体：有的是层级制企业，有的是作为个体的用户，它（他）们通过平台相互连接。从市场看，双边市场里存在三类市场，分别是一边用户对平台的需求市场、另一边用户对平台的需求市场、双边用户之间存在的产品或服务市场，这三个市场相互联系、相互依赖，交织在一起。最为关键的是，在双边市场里，平台企业与三类市场紧密结合、相互渗透，共同治理或协调着市场主体之间的交易或互动。从而，可以把双边市场看作有市场的组织和有组织的市场：既有组织的特点，也有市场的特点；既利用

---

① Williamson O E. The Economic Institutions of Capitalism[M]. New York：Free Press，1985.

② Williatnson O E. Comparative economic organization：the analysis of discrete structural alternatives[J]. Administrative Science Quarterly，1991，36（2）：269-296.

③ 迪屈奇 M. 交易成本经济学——关于公司的新的经济意义[M]. 王铁生，葛立成，译. 北京：经济科学出版社，1999.

④ 姚小涛，席酉民. 企业与市场相结合的中间组织及其博弈分析[J]. 西安交通大学学报（社会科学版），2001，21（2）：32-35.

⑤ 杨蕙馨，冯文娜. 中间性组织研究[M]. 北京：经济科学出版社，2008.

⑥ 齐东平. 中间性组织的必要性及其组织功能[J]. 中国工业经济，2005，（3）：22-28.

了平台企业的层级协调机制，也利用了市场的价格协调机制，是典型的协调交易的中间形式。在此意义上，双边市场与双边组织是等同的。最后，与其他中间组织一样，双边市场也具有提高交易效率、减少交易成本、增加各方利益等功能。

第三节　数字平台营销的价值链

价值链（value chain）是美国学者迈克尔·波特提出的，是供应链向客户关系的延伸，基本思想是以市场和客户需求为导向，以协同商务、协同竞争和多赢原则为运作模式，通过 IT 手段，实现对价值链中物流、资金流、商流、工作流和信息流的有效控制，实现提升企业竞争优势、对价值链进行整合管理的目的，是把管理者的决策重点放在价值的驱动因素上，从而使企业各个层面都能做出有利于增加价值的决策，树立创造价值的观念，以实现股东投资价值的最大化。

一、企业价值链模式

波特在探讨企业应该如何创造并维持竞争优势时提出了价值链的分析框架[①]，如图 2-1 所示。价值链也是企业组织价值活动的基本模式。在波特看来，每个企业都是一系列价值活动的集合，用来设计、生产、营销、交付和支撑其产品。价值活动，即企业所开展的、在物理上和技术上截然不同的活动，它是企业创造对用户有价值的产品的基础。由图 2-1 可知，价值链由企业的主要活动、辅助活动和利润组成。主要活动涉及产品的物理创造、销售、转移及售后服务等，辅助活动支持主要活动并与其相互支撑，利润是企业实施价值活动所创造的总价值与总成本之差。价值活动及其关联程度和方式对价值创造有重要影响。

① Porter M E. Competitive Advantage：Creating and Sustaining Superior Performance[M]. New York：Free Press，1985.

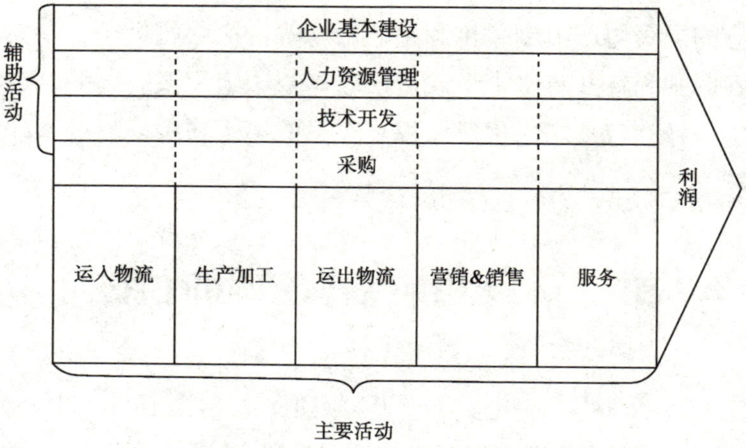

图 2-1 Porter 的价值链分析框架

根据波特的观点，价值链模式比较契合传统的、高度纵向一体化的生产制造型企业，这种企业的价值活动比较全面，几乎都在企业内部完成；而平台企业主要是提供信息或服务的企业，其价值活动与前者迥异，基本不能用传统的价值链加以刻画。此外，在传统的线性价值链上，价值从左边流向右边，对于所考察的企业来说，左边是成本，右边是收益；而对于平台企业来说，左右两边都既有成本也有收入，因为平台两边是完全不同的用户群，平台企业在为他们提供服务时，既付出成本又获得收入①。不过，价值链模式的观察视角也许有点狭窄，因为它只考察了企业自身的价值活动及其联系，没有考虑其他市场参与者的价值活动；而平台企业的价值活动与双边用户的价值活动是相互影响的，并且最终用户之间的交易互动为整个系统创造了经济价值。

二、供给面规模经济价值链

20 世纪工业时代，供给面规模经济（supply economies of scale）创造垄断市场的企业巨头，通过生产效率创造成长，产品或服务的数量越大，单位成本越低。这种供给面规模经济让规模最大的企业享有成本优势，其他竞争对手难以

① 艾森曼 T，帕克 J，范阿尔斯蒂尼 W. 双边市场中的企业战略[J]. 石志华，译. 哈佛商业评论，2008，（5）：124–136.

匹敌。我们可以看看工业时代崛起的一些巨型企业。在钢铁业，英国人贝塞麦（Henry Bessemer）发明的贝塞麦炼钢法（bessemer process）在熔渣中送入空气，通过氧化作用去除杂质，使生产成本从每吨 40 英镑降到 7 英镑。英国的巴罗赤铁矿钢铁公司（Barrow Hematite Steel Company）使用了 18 座 5 吨级贝斯默鼓风机，在迈入 20 世纪时成为全球最大的钢铁公司；在德国人哈伯（Fritz Haber）和博施（Carl Bosch）发展出的哈伯博施法（Haber–Bosch process）使用大气中的氮制造肥料，直到今天，我们的食物有一半产量仍依赖肥料，这套制程让巴斯夫集团（Basf）崛起成为产业巨头，且至今仍然稳坐全球化学公司的“头把交椅”；爱迪生发明的电灯与低成本的发电技术促成通用电气公司（General Electric）的崛起；福特（Henry Ford）采用的大量生产线制度也加速了福特汽车公司的成长。企业规模越大，生产、行销与配送的平均单位成本就越低，这种正向循环让企业稳定茁壮成长，越来越赚钱，直到政府干预、打断良性循环或是出现新的破坏性技术，将规模经济推入历史。

三、需求面规模经济价值链

在 21 世纪网络时代，相似的垄断企业则是由需求面规模经济（demand economies of scale）创造。Google 首席经济学家哈尔·范里安（Hal Varian）和商学院教授卡尔·夏皮洛（Carl Shapiro）在合著的《信息规则》（*Information Rules*）中开始使用“网络效应”这个词，炒热了这一概念，他们也成为网络效应概念的专家。网络效应指的是平台的使用者总数对个别使用者创造价值的影响。正网络效应（positive network effects）表示以规模大且管理得当的社群为平台的每位使用者创造价值的能力；负网络效应（negative network effects）指的则是管理不当的平台，其社群用户数的成长可能会降低平台带给每位使用者的价值。

相对于供给面规模经济，需求面规模经济聚焦于获利公式中的另一边，得益于需求面的技术进步，包括社交网络、需求聚集（demand aggregation）、应用程式开发以及其他各种“网络越大，对使用者越有价值”的现象，需求面规模经济为平台市场上规模最大的企业带来其他竞争者极难超越的网络效应优势。需求面规模经济是正向网络效应的基础，也是今天经济价值的首要驱动力。

供给面规模经济当然还是很重要，但是，网络效应呈现的需求面规模经济已成为最重要的差异化因素。我们可以用梅特卡夫定律（Metcalfe's Law）说明网络效应如何为网络使用者、所有者、经营管理者创造价值。以太网共同发明人、3com 创办人梅特卡夫（Robert Metcalfe）指出，电话网络的价值随着用户增加而呈现非线性成长（nonlinear growth），越多人使用，每个用户的联结越多。如果网络中只有一个节点（node），就不可能产生联结。全世界只有一台电话机时，根本无法打电话给任何人，电话的价值等于零。但是，随着越来越多人购买电话机，价值也跟着增加；两台电话机构成一个联结，4 台电话机构成 6 个联结，12 台电话机构成 66 个联结，100 台电话机构成 4 950 个联结。这就是“非线性成长”或“凸成长”（convex growth），20 世纪 90 年代的微软，今天的苹果、Facebook、Uber 的成长模式都是典型的例子。同理，这也解释了 21 世纪黑莓（BlackBerry）手机的凸衰竭（convex collapse）：当用户开始离开黑莓手机的平台，平台中的节点减少，使平台价值骤降，导致更多用户舍弃黑莓机平台，转而选择其他平台。

非线性成长模式对经济有巨大的影响。网络效应的扩大使市场成长，看到越来越多的朋友使用某一网络，新的消费者也受到吸引加入市场，而且，技术成熟、产量增加通常会促使价格下降，网络效应加上更具吸引力的价格，会带动更大幅度的增长。

四、双边网络效应下的平台商业模式价值创造逻辑

双边网络存在四种网络效应，分别是正向同边效应（positive same-side effects）、负向同边效应、正向跨边效应和负向跨边效应。在设计和管理平台时，理解和考虑到这四种效应尤为重要。

在双边市场中，同边效应（same-side effects）是指市场某一边的使用者对市场同一边的其他使用者产生影响。例如，消费者对其他消费者的影响，生产者对其他生产者的影响。而跨边效应（cross-side effects）是指市场一边的使用者对市场另一边的使用者产生影响。例如，消费者对生产者的影响，生产者对消费

者的影响。

第一种是正向同边效应，包括使用者因同类使用者增加而获益。例如，贝尔电话（bell telephone）的用户数成长就产生正向同边效应，越来越多的朋友及邻居使用贝尔系统，作为贝尔用户的价值就越高。今天，相似的消费者对消费者正向效应也出现在 Xbox 之类的游戏平台：在游戏平台上能遇到的同伴或对打玩家越多，使用平台的乐趣越大。生产者这一边也可以看到正向同边效应。例如，几乎全球通用的 Adobe 图像制作与分享平台，越多人使用 PDF 平台制作和分享图像，使用此平台制作、分享图像的益处越大。

不过，并非所有同边效应都是正向的，有时候平台某一边的用户数量成长会带来坏处，这就是第二种效应——负向同边效应。例如，资讯科技平台 Convisint 连接需要云端网络工具的企业与服务供应商，随着越多互相竞争的供应商开始使用平台，企业客户也开始被吸引至平台，服务供应商乐见顾客越来越多。但是，当供应商的数量增长太多时，供需双方反而更难找到适合的搭配伙伴。

当消费者或生产者因为平台另一边使用者的数量增加而受益或受害时，就产生了跨边效应。第三种效应是正向跨边效应：使用者因平台另一边使用者数量的增加而获益。以支付机制 Visa 卡为例，越多商家（生产者）接受 Visa 卡，购物卡（消费者）体验到的弹性与便利性越高，形成正向跨边效应。反向也出现相同的效应：越多购物者持有 Visa 卡，接受 Visa 的商家就有越多潜在顾客。同理，Windows 平台的应用程序开发者数量成长，使用者能得到的功能与多元性也增加；Windows 的使用者增加，应用程序开发者的潜在获益也跟着增加，包括经济或其他方面的获益。正向跨边效应会创造双赢。当然，跨边效应未必对称。在 OkCupid 约会平台，女性使用者对于吸引男性使用者加入的力量，大过男性使用者对女性使用者的吸引力；在 Uber 平台，增加一名司机对于平台成长的影响大过增加一位乘客的影响；在 Android 系统中，一名开发者的应用程序吸引力大于一位使用者对程序开发者的吸引；在 Twitter，阅读讯息的人远多于发送讯息的人；在问答网站 Quora，问问题的人远多于回答问题的人。

同样地，跨边效应也有不好的一面，也就是发生负向跨边效应。举例来说，在分享音乐、文字、图像或影片等数字媒体的分享平台，在大部分情况下生产者

（如音乐公司）数量增加会为消费者带来好处；但在某些情况下可能导致分享变得太复杂、昂贵。例如，消费者要阅读与接受各种各样的数字权利书。这种情形可能使跨边效应由正转负，导致消费者离开平台或降低使用平台的频率。同理，当平台上互相竞争的商家发送的讯息不断增加，广告太多扰人，生产者增加的正向跨边效应也可能翻转为负，导致消费者离开，损害平台的价值。我们可以预见，随着 Uber 的成长，负向跨边效应越来越大。如果 Uber 吸引的司机数量远超过乘客增加的数量，司机的空档时间就会增加；如果 Uber 吸引的乘客数量远超过司机数量，乘客候车时间就会增加。其实这种情形已经发生了，Uber 曾在一个市场达到饱和，司机间的竞争加剧，闲置时间增加，最后导致不少司机退出市场。经营双边市场的平台企业必须妥善管理四种网络效应。良好的平台管理设法强化正向网络效应，尽可能创造并强化更多的正向反馈回路。

五、网络效应改变商业模式结构：企业重心由内转外

在工业时代，大型企业依赖供给面规模经济；但是网络时代企业巨擘则依赖需求面经济。Airbnb、Uber、Dropbox、Threadless、Upwork、Google 及 Facebook 等企业之所以这么有价值，并非因为它们投入的资本、使用的机器或人力资源等成本结构，而是来自参与它们平台的社群。Instagram 以 10 亿美元被收购，也不是因为它的 13 名员工；Whats App 以 190 亿美元被收购，也不是因为它的 50 名员工。它们被高价收购的理由一样：因为这两家企业创造的网络效应。标准会计实务可能不会把社群价值计入公司的价值，但是股市会。慢慢地，会计师也渐渐跟进，一群专家和德勤顾问公司（Deloitte）的会计师合作发表研究报告，根据公司的主要经济活动，将公司分成四大类：有形资产创造者（asset builders）、服务提供者、技术开发者（technology creators）及网络建构者（network orchestrators）。有形资产创造者生产有形资产，提供有形产品，如福特汽车和沃尔玛；服务提供者雇佣员工为顾客提供服务，如联合健康保险（United Health Care）和埃森哲管理顾问公司（Accenture）；技术开发者开发并销售软件与科技类的智慧财产，如微软和美国安进公司（Amgen）；网络建构者则发展网络，让顾客和企业共创价值，也就是平台

商业。此份报告显示，四类公司中，网络建构者创造价值的效率远大于另外三类公司，平均市场乘数（market multiplier，公司市值和营收的比值）为 8.2，技术开发者的市场乘数为 4.8，服务提供者为 2.6，而有形资产创造者为 2.0 。简单来说，这些数值上的差距就是网络效应所创造的价值。

此外，一旦存在网络效应，企业便会有不同的营运方式，原因之一是，在公司外部扩大网络效应远比在公司内部容易，外部的人总是比内部的人多很多。因此，有了网络效应，公司的营运便会从重视内部转为侧重外部，人力资源管理工作的重心从员工转向民众，创新从内部研发转向开放式创新，为用户创造价值的首要活动舞台从内部生产部门转向外部生产者和消费者社群，这表示管理外部性（externalities）成为重要的领导技能。企业的成长不再来自水平整合或垂直整合，而是来自功能部门整合和网络协作运作，财务会计的焦点从现金流量和公司拥有的资产转向公司能影响的社群与资产。虽然平台商业模式通常获利很高，但创造财富的核心所在是在组织外部，而不是内部。

延伸阅读

一、《发展改革委办公厅关于推动发展第一批共享经济示范平台的通知》，http://www.gov.cn/xinwen/2017-12/18/content_5248172.htm

二、《阿里与德勤联合发布报告：平台经济四大特征 协同治理三大议题》，http://tech.ifeng.com/a/20171011/44711923_0.shtml

三、《平台经济、共享经济和租赁经济的区别是什么》，http://www.huxiu.com/article/208430.html?f=member_collections

第三章　数字平台营销的技术

数字平台营销是建立在数字技术的基础上发展起来的一种营销方式，技术是数字平台营销区别于传统营销方式的关键所在。随着互联网的进一步发展，营销传播的方式越来越多元化。在营销方式上，从最初的线下人与人之间的传播，到现在线上智能系统的自动推荐，大量营销信息环绕在我们周围。因此，为了更好地满足用户的需求，实现营销效果的最大化，数字平台营销早已不仅仅是一种营销方式的变革，更重要的是营销方式背后的数字技术手段的变革。

第一节　数字平台营销运行的基础：大数据技术

人类社会信息化的进程逐步加快，已逐渐进入以互联网技术为支撑的数字信息时代，数字营销平台的运行技术也日益完善和成熟，这主要体现在用户信息数据的采集渠道日益丰富，信息的广度、类型和总量不断拓展，以大数据为核心的数据的分析处理技术持续增强。数字平台营销主要是基于数字平台的用户数据来进行的，不懂得数字技术和充分利用平台所获取的用户数据就谈不上数字平台营销。

一、平台即数据

著名传播学者麦克卢汉曾提出“媒介即信息”的概念，如今我们可以说“平台即数据”，各种各样的数字平台即数据的集成。为什么这样说？首先在于数据的来源，当然这里的数据主要是指在营销过程中的用户行为数据，这些数据的来源一般由线下调研和线上搜集两种方式获取。

对于线下调研，在市场营销的过程中，为了收集用户的相关数据，必须要做的一件事情就是市场调研。我们通过对调研收集到的数据进行分析，可以更好地了解市场、了解用户，从而帮助企业制订更为有效的市场营销推广计划。

作为传统数据搜集方式，我们一般会使用纸质调查问卷，这种方式不需要技术来实现，只是单纯地通过人力去派发问卷、回收问卷。但在数字营销时代，由于传统的纸质问卷调查成本高、数据收集周期长、范围有限等原因，这种通过线下调查问卷获取数据的方式已渐趋淘汰。

随着数字传播技术的不断发展，数字平台越来越多，特别是电子商务平台的发展使人们的消费方式和消费观念发生了巨大的变化，从最开始的逛商场到现在的逛商城，线上的数字化平台正在不断地满足着我们越来越多的需求，可以说现在只要一部手机就完全可以足不出户满足我们日常生活的所有需求。虽然现在数字平台越来越多，但无论哪种类型，都会涉及平台所有者、需求方、供给方三个主体。需求方为找到满足自己需求的产品或服务，必然首选去线上进行搜索，从而进入线上平台进行查询或购买；供应方为满足消费者的不同需求肯定会在线上平台不断丰富自己的商品；平台方为提高平台的访问量和成交量必然会想方设法获取平台用户的数据，然后通过对数据进行分析进一步优化平台。

随着人们消费方式的变化，数字平台逐渐成为人们进行消费活动的主要聚集地。因此消费市场的平台化必然也会产生大量的线上用户数据，同时这些数据来源广泛，没有地域限制且都是用户的真实反馈。因此，数字营销时代用户行为数据在数字平台上能够得到最好的呈现。

在过去数字技术不发达的时代，我们对数据并不是很重视，同时数据也相对匮乏，当我们在进行某项研究或调研时，往往会比较依赖于抽样数据、局部数据或一些片面的数据，甚至在条件有限无法获得数据的时候，纯粹地依靠生活或生产中的经验、理论和假设去进行决策和预测一些新事物的发生。但在大数据时代，这些已经发生了很大的变化。现在，越来越多的科学新发现和商机都依赖于对全面完整的数据的收集和利用。

进入21世纪以来，平台的发展与崛起成为数字经济的一个典型现象。现在的数字平台已经分布到不同的行业，包括线上电商交易类平台、社交类平台、搜索引擎平台、生活服务类平台等。

这些平台的发展和崛起逐渐成为一种新型的社会基础设施，它不仅是人们对信息需求的基础设施，而且也是线上交易、创新消费形式的基础设施，同时也成为很多新兴企业赖以生存的基础设施。平台本身并不生产商品，也不提供销售服务，但可以在很多领域帮助企业击败竞争对手。平台企业之所以能够战胜很多传统企业，并不是因为它们拥有了新技术和新产品，而是因为它们掌握了大量的用户行为数据，对数据的充分利用使企业的营销推广更加科学化。通过对大量数据的处理和挖掘不仅能够帮助企业做出更明智的决策，同时还可以帮助企业改善管理模式，优化企业的运营流程，帮助企业更加科学化地运行。

现在的社会是一个高速发展的社会，科技发达、信息流通，人们之间的交流越来越密切，生活也越来越方便，拥有数字平台就等于拥有了大量的用户行为数据，拥有了大量的数据就可以对消费者的行为进行预判，对产品的销售量进行预测，进一步精确营销范围及存货的补给等，同时也就等于拥有了更多发展的可能和机会，可以说平台就是数据。

二、数据与大数据

数据成为当今经济社会发展的重要力量，我们正在经历一场巨大的数据革命，了解大数据及其分析技术发展的来龙去脉有助于我们更好地享受“第三次浪潮的华彩乐章”。

（一）数据的认识

关于数据我们并不陌生，我们生活中到处充满数据，如喜马拉雅山脉最高峰海拔高8 844.43千米，标准田径场跑道一圈是400米，我国东北冬天最低气温可达零下20℃，小明体重70千克等，其中8 848千米、400米、20℃、70 千克这些数值都是具体的数据。由此我们可以看出数据通过一定的符号来呈现，既可以是数字、文字、图形，也可以是图像、声音等。从计算机的角度看，数据泛指那些可以被计算机接受并能够被计算机处理的符号；从信息传播的角度理解，数据是信息的载体，受众对信息的获取始于数据，信息是对数据背景的解读。关于数据的解释，目前一种比较有代表性的说法是："数据是对客观事物符合化的表示，是未经加工的、用于表示客观事物的原始素材，如图形符号、数字、字母等。换句话说，数据是通过物理观察得来的事实和概念，是关于物理世界中的地方、事件、其他对象或概念的描述。"①数据与土地、资本、制度等要素一样，成为当今经济社会发展的重要力量，我们正在经历一场巨大的数据革命。

随着互联网的普及和技术的进步，数据的积累量越来越大，每个行业、每个单位、每个人无时无刻不在产生和使用数据。有统计数据表明，1998 年全球网民平均每月使用的流量是 1MB，而 2008 年是 1GB，到 2012 年全球每年产出的数据量则是 2.4ZB，2013 年更是达到惊人的 2.8ZB②。此外，数据的增长速度极快，特别是网络数据量呈现几何级的增长趋势，互联网全网流量累计达到 1EB 所用时间，在 2001 年是一年，在 2004 年是一个月，在 2007 年是一周，而在 2013 年仅需一天。现状每秒通过网络传输的数据总量已超过 20 年前互联网的总存储量。随着数据量的激增，数据量达到一定的规模之后，大数据的概念应运而生。

（二）大数据的本质与缘起

大数据是一个含义宽泛的术语，并不是一个确定的概念。顾名思义，大数据是指大量的数据。那么，数据大到何种程度才能称为"大数据"呢？这就涉及大数据特征（4V）中的第一个 —— 数据体量巨大（volume）。人们产生的数据量有多大呢？互联网数据中心（Internet Data Center，IDC）研究表明：预计

---

① 徐端. 大数据战略：个人、企业、政府的思维革命与红利洼地[M]. 北京：新世界出版社，2014.

② 数据的计量单位有：Byte、KB、MB、GB、TB、PB、EB、ZB、YB 等，其中 Byte 是最小的计数单位。1Byte = 8 Bit，1 KB = 1 024 Bytes，1 MB = 1 024 KB，1 GB = 1 024 MB，1 TB = 1 024 GB，1 PB = 1 024 TB，1 EB = 1 024 PB，1 ZB = 1 024 EB，1 YB = 1 024 ZB.

到 2020 年全球数据量将达到 40ZB 的规模，人均数据量将达 5 247GB。当然，单纯从数据量大来衡量大数据是远远不够的，大数据另外的显著特征分别是：数据类型多（variety），如上网所产生的网络日志、视频、图片、地理位置信息等都属于数据的范畴；商业价值高（value），大数据的商业价值越来越得到各行各业的重视，数据处理技术应用越来越广泛；处理速度快（velocity），这也是大数据技术区别于传统的数据挖掘技术的基本特质。

我们要了解大数据的特征，更要对大数据的本质要有一个清晰的认识。大数据与小数据是相对的，再大的数据也是由小数据一点一滴积累起来的，没有小数据的积少成多，大数据就成了无源之水、无本之木。随着数据量的激增，在数据处理过程中，传统的数据处理技术就显得力不从心，大数据需要新的分析技术和模式才能进行处理。因此，我们可以说大数据本质上是指那些规模巨大，已经超出传统意义上的尺度，无法用传统的数据处理技术与工具对其进行抓取、存储、管理和分析的数据。我们应该清楚地认识到“大数据”绝不仅仅在于数据量的大小，其更多意义在于“通过数据的交换、整合和分析，人类可以发现新知识，创造新价值，带来大知识、大科技、大发展”①。

大数据虽然是 2013 年以来炙手可热的一个概念，各行各业人士言必称大数据，但是我们并不能过度推崇它，大数据实际上是互联网发展到今天出现的一个必然结果。大数据并不是今天才有的概念，它以前也有并且一直存在，只不过并没有像今天这样引起人们的高度注意。大数据的兴起与物联网（internet of things）和云计算有着密切的联系，物联网②的出现使人们收集数据的能力大大提升，遍布世界各地的传感器每天实时传送海量的数据，并且以各种储存方式保存起来。云计算③的出现则为大数据的发展插上腾飞的翅膀，提高了快速处理海量数

---

① 徐子沛. 大数据：正在到来的数据革命，以及它如何改变政府、商业与我们的生活[M]. 桂林：广西师范大学出版社，2012.

② 物联网是新一代信息技术的重要组成部分，也是“信息化”时代的重要发展阶段。顾名思义，物联网就是物物相连的互联网。物联网通过智能感知、识别技术与普适计算等通信感知技术，广泛应用于网络的融合中，也因此被称为继计算机、互联网之后世界信息产业发展的第三次浪潮。

③ 云计算是基于互联网的相关服务的增加、使用和交付模式，通常涉及通过互联网来提供动态易扩展且经常是虚拟化的资源。云计算可以进行每秒 10 万亿次的运算能力，可以模拟核爆炸、预测气候变化和市场发展趋势。

据的能力。云计算分布式架构能够很好地支持大数据存储和处理需求，这就使人们能够高效地处理各种各样的数据，从而使大数据的有效利用成为可能。在物联网和云计算共同作用的背景下，大数据便适时出现，成为受到人们广为关注的焦点。目前，浩如烟海的数据正在成为新的财富，数据也是资本成为人们的共识，一个“用数据说话”的新时代悄然来临。

随着数据量的不断增长、数据处理技术水平的不断提高，人们获取数据和利用数据的能力也在不断提升，大数据时代已经到来。最早提出大数据时代这一概念的是全球知名咨询公司麦肯锡，其 2011 年发表的“大数据，下一轮创新、竞争和生产力的前沿”研究报告中指出：“数据已经渗透到当今每一个行业和业务职能领域，成为重要的生产因素。人们对于海量数据的挖掘和运用，预示着新一波生产率增长和消费者盈余浪潮的到来。”[①]至此，大数据时代的概念进入各行各业人士的视野，大数据时代的帷幕逐渐拉开，随之而起的是数据挖掘与分析技术的广泛运用。2012 年，《纽约时报》在其一篇专栏中也指出大数据时代已经降临，以后管理决策制定更多地依赖于数据分析与挖掘，而不是经验和直觉。美国哈佛大学教授加里· 金说：“这是一场革命，庞大的数据资源使得各个领域开始了量化进程，无论学术界、商界还是政府，所有领域都将开始这种进程。”[②]

大数据时代产生的数据不仅以惊人的速度增长，而且大多以半结构化和非结构化的形式出现在我们的生活中。例如，Google 每月处理的数据量超过 400PB；百度每天大约要处理几十 PB 的数据；Facebook 每天生产 300TB 以上的日志数据；淘宝网每天交易数千万笔，产生约 20TB 数据[③]。这些超大体量的半结构化和非结构化数据对原有的数据处理技术提出了重大的挑战，已经超越了传统意义上的数据处理能力，因此需要专门设计的硬件和软件工具进行大规模数据的处理。

① McKinsey Global Institute. Big Data: The next Frontier for Innovation，Competition，and Productivity[R]. 2011.

② 陈骞. 英美开走“大数据之路”[J]. 上海信息化，2013，（7）：82-84.

③ 李国杰，程学旗. 大数据研究：未来科技及经济社会发展的重大战略领域——大数据的研究现状与科学思考[J]. 中国科学院院刊，2012，27（6）：647-657.

三、大数据处理技术

大数据技术是大数据价值变现的重要途径，缺少大数据技术对数据的处理，数据价值将无法获取。面对日益增多的数据，从中寻找有价值的信息，是大数据发展最为迫切的需要。大数据挖掘与分析技术能够将隐藏于海量数据中的信息和知识挖掘出来，从而为人类的社会经济活动提供决策依据，提高社会经济各领域的运行效率。

（一）数据收集存储技术

数字平台对于用户行为数据的收集和储存是数字平台营销运行中必须要解决的技术问题。无法记录和储存用户行为数据，就无法进行数据挖掘，更谈不上什么精准化营销，但目前在用户行为数据的收集和储存方面也并不是所有的数字平台都能够很好地完成。

一方面是随着数字平台的不断增多，虽然在获取用户数据方面变得更加方便和快捷，但用户数据信息的类型也越来越多样，数据之间的关系也越来越复杂，数据相互连接和应用的时效性也呈现出更多的新趋势和新特征。另一方面，很多数字平台在最初设计时可用性不强，造成用户行为数据的深度挖掘不够，有效数据的储存量较少。

虽然在用户行为数据的记录和收集方面面临着很多技术难题，但为了获取更有价值的用户行为数据，这些问题需要不断地去解决。目前，国内外提出了很多依靠计算机辅助来自动收集和分析用户行为数据的方法，在大数据存储和管理的发展过程中出现了如下几类大数据收集存储方式：服务器日志（server log）储存、分布式文件存储、NoSQL 数据库和 NewSQL 数据库。

1. 服务器日志储存

由于数字平台的建设是以网站的形式被用户访问的，因此基于服务器日志自动获取用户行为数据的收集方法就成了最为普遍和流行的方法之一。这种用户行为数据的收集方法主要是通过从 Web 服务器所产生的日志文件来获取有用的数据。当我们访问网站的时候，每一次通过连接而发送的请求，服务器都会做出回应，同时并以日志文件的形式进行记录。服务器日志文件就是用来记录 Web 服务器的活动，提供详细的用户行为数据和服务器进行交互活动时所产生的日志，其中包括客户的请求和服务器的响应。

通过日志文件收集到的数据形式依赖于具体的 Web 服务器类型，不同的 Web 服务器所产生的日志文件都是不一样的。这种基于以服务器日志的方法进行用户行为数据收集的方式具有很多优点。

第一，对数字平台来说可以通过服务器的日志文件获取很多非常有价值的关于平台使用情况的数据，如平台各时间段的访问量、用户的 IP（internet protocol）地址及每个 IP 的访问时长等。

第二，由于日志文件是由 Web 服务器自动生成，所以对平台来说不需要再花费大量的时间和金钱成本去进行数据的收集。

第三，通过日志文件能在很长的一段时间对用户行为数据进行收集，这与通过一些软件在短时间内进行的数据收集相比更加方便。同时，通过日志文件进行的用户行为数据的收集是完全在用户的自然搜索环境下进行，更能够反映出用户的真实行为。

第四，日志文件是比较常用的数据收集方式，因此开发用于日志文件的数据分析工具相对来说花费的成本较低。

虽然，这种数据收集方法有很多优点也非常的便捷，但对于以用户为导向的数字营销平台来说还存在很多不足之处，因为日志文件最初的设计就是为了统计站点性能数据，并不是以网站用户为出发点的，因此为了进一步获得更多有价值的用户行为数据，现在很多数字营销平台逐渐开始注重移动终端的数据收集，实现 PC 端和移动端的数据同步更新，并将用户在移动端进行访问的数据进行直接的收集和储存。由于是直接从移动端获得数据，用户浏览平台的时间和地点不受限制，如家里、地铁上、办公室里等，随时都可以进行访问，所以能够随时随地获得大量的难以从服务器端获取的用户行为数据，可以更加深入地分析用户行为和偏好，极大地改善数字平台的营销效果。

2. 分布式文件存储

分布式文件系统（distributed file system，DFS）是指文件系统管理的物理存储资源不一定直接连接在本地节点上，而是通过计算机网络与节点相连。简单来说，分布式文件存储就是将数据分散存储到多个数据存储服务器上。

分布式文件存储的特点之一是为了解决复杂问题而将大任务分解为多项小任务，通过让多个处理器或多个计算机节点并行计算来提高解决问题的效率。分布式文件系统能够支持多台主机通过网络同时访问共享文件和存储目录，大部分采用了关系数据模型并且支持 SQL（structured query language，结构化查询语言）语句查询。为了能够并行执行 SQL 的查询操作，系统中采用了两个关键技术：关系表的水平划分和 SQL 查询的分区执行。水平划分的主要思想是根据某种策略将关系表中的元组分布到集群中的不同节点上，由于这些节点上的表结构是一致的，因此便可以对元组并行处理。在分区存储关系表中处理 SQL 查询需要使用基于分区的执行策略。分布式文件系统可通过多个节点并行执行数据库任务，提高整个数据库系统的性能和可用性。其主要缺点为缺乏较好的弹性，并且容错性较差。

3. NoSQL 数据库

NoSQL 数据库泛指非关系型数据库。随着互联网 Web 2.0 网站的兴起，传统的关系数据库在应付 Web 2.0 网站时显得力不从心，暴露了很多难以克服的问题。NoSQL 数据库的产生就是为了解决大规模数据集合多重种类数据带来的挑战，尤其是大数据应用难题。

传统关系型数据库在数据密集型应用方面显得力不从心，主要表现在灵活性差、扩展性差、性能差等方面。而 NoSQL 摒弃了传统关系型数据库管理系统的设计思想，采用了不同的解决方案来满足扩展性方面的需求。由于它没有固定的数据模式并且可以水平扩展，因而能够很好地应对海量数据的挑战。相对于关系型数据库而言，NoSQL 最大的不同是不使用 SQL 作为查询语言。NoSQL 数据库的主要优势有：避免不必要的复杂性、高吞吐量、高水平扩展能力和低端硬件集群、避免了昂贵的对象—关系映射。

（二）大数据挖掘与分析技术

大数据的意义并不在于数据本身，而是通过各类数据处理技术对数据进行挖掘分析来发现其价值。大数据技术有效地帮助人们管理大数据、利用大数据、发掘大数据的价值。我们必须认识到大数据本质上也是数据，其关键的技术依然离不开数据存储和管理、数据检索使用等核心环节。大数据技术一般包括“数据采集、大数据预处理（数据清理、数据集成、数据交换等）、海量数据存储、数据挖掘及分析、数据呈现与应用（数据可视化、数据安全与隐私等）”①。在大数据技术诸领域中，应用最为广泛的当数大数据挖掘与分析技术，因为大数据分析的核心在于寻找数据之间的关联性。

大数据挖掘分析技术在原有数据挖掘技术的基础上加以改进，通过一定的算法在大规模的数据中寻找模式、相关性和其他有用的信息，为决策提供依据。简单地说，大数据挖掘技术就是通过对大量的、不同类型的数据（结构化数据、半结构化数据和非结构化数据②）进行分类整理、挖掘分析等方式，从中获得有价值信息的技术手段，这些技术手段包括“分类、回归分析、聚类、关联规则、特征、变化和偏差分析、Web页挖掘等”③。分类是最常见的大数据技术，如垃圾邮件过滤、人脸检测、用户画像、文本情感分析、网页归类等都属于分类分析的范畴。

大数据时代，各行业的数据积累越来越多，如何对海量的数据进行专业化处理，有效地管理分析数据，做出最有利的决策，保障业务的顺畅，实现数据的增值，这是大数据受到广泛关注的主要原因，也是大数据处理技术要解决的首要问题。一提到大数据应用，人们首先会想到谷歌利用搜索技术预知流感爆发、沃尔玛把啤酒和尿布摆放着一起售卖、塔吉克超市能够提前预知顾客怀孕等这些案例。但知道这些是远远不够的，大数据的应用非常广泛，几乎波及各行各业，大数据思维正在颠覆着人们的传统认知，对经济社会影响深远。

---

① 廖建新. 大数据技术的应用现状与展望[J]. 电信科学，2015，31（7）：1-12.

② 结构化数据，简单来说就是数据库，如企业ERP、财务系统；医疗HIS数据库；教育一卡通；政府行政审批；其他核心数据库等。非结构化数据，包括视频、音频、图片、图像、文档、文本等形式。具体到典型案例中，包括医疗影像系统、教育视频点播、视频监控、国土GIS、设计院、文件服务器（PDM/FTP）、媒体资源管理等领域的具体应用。半结构化数据，包括邮件、HTML、报表、资源库等，如邮件系统、WEB集群、教学资源库、数据挖掘系统、档案系统等。

③ 刘英超. 面向分布式的数据挖掘隐私保护方法研究[D]. 哈尔滨工程大学硕士学位论文，2013.

数字蕴含着丰富的数据资源，对于数据的挖掘分析和对数字平台的运营至关重要。目前在大数据分析方面，我们通常会运用到 RapidMiner 数据挖掘分析软件、SAS Data Mining（SAS 数据挖掘软件）。

1. RapidMiner 数据挖掘分析技术

RapidMiner 是用 Java 语言编写的，通过基于模板的框架为用户提供先进的分析技术。它最大的好处就是作为一个服务提供给用户，而不是一款本地软件，用户无须编写任何代码，为用户尤其是精于数据分析但不太懂编程的用户带来了极大的方便。

目前，在数据挖掘方面尤其是对于开源性的数据挖掘工具，RapidMiner 一直位居榜首。RapidMiner 之所以这么受欢迎，主要是由于其强大的功能，它除了提供优秀的数据挖掘功能，还提供数据预处理和可视化、预测分析和统计建模、评估和部署等功能。更为重要的是它还提供来自 WEKA（一种智能分析环境）和 R 脚本的学习方案、模型和算法，让它成为业界的一棵常春藤。

RapidMiner 主要用于解决各种商业关键问题，如营销响应率、客户细分、客户忠诚度及终身价值、资产维护、资源规划、预测性维修、质量管理、社交媒体监测和情感分析等典型商业案例。RapidMiner 应用覆盖了各个领域，包括汽车、银行、保险、生命科学、制造业、石油和天然气、零售业及快消行业、通信业及公用事业等行业。

2. SAS Data Mining（SAS 数据挖掘软件）

SAS 数据挖掘软件是为预测性分析和描述性建模、数据挖掘、文本挖掘、预测、优化、模拟、实验设计等应用提供整合环境的软件。SAS 提供广泛的数据收集、分类、分析和处理的技术与流程，揭示数据模式和异常以及关键变量和关系，帮助企业决策层深入洞察企业信息，做出更好的决策。

SAS 发源于北卡罗来纳州立大学，1976 年 SAS 的成套软件从学校分离出来进入公司。用户可以使用 SAS 数据挖掘软件发掘数据集的模式，其描述性和预测性模型为用户更深入地理解数据奠定了基础。

SAS 数据挖掘软件的运用相对较为简单，用户不需要编写任何代码，它提供易于使用的 GUI（graphical user interface，图形用户接口），并提供从数据处理、集群到最终环节的自动化工具，用户可以从中得出最佳结果，做出正确决策。由于它属于商业数据挖掘软件，所以包含很多高端的工具，包括自动化、密集像算法、建模、数据可视化等。

在充分依靠数据而实现精准营销的大数据时代，能否获得全面而有价值的用户数据对数字平台的长远发展起着关键性作用。数据是基础，技术是手段，从点到面的用户数据收集，无疑为实现数字平台营销的精准化提供了可能性。

第二节　大数据驱动数字平台精准营销

高度信息化的时代，在人们获取信息的渠道越来越多样化和信息爆炸的双重影响下，营销传播已经变得完全碎片化。同时，由于用户辨别信息的能力有限，当面对如此庞大且复杂的信息时往往不知所措，无从下手，真正被用户需要的信息却需要花费大量的成本去寻找，因此，营销决策也自然变得更难，成本变得更高，结果也随之变得更加不可预测。在数字平台营销运营中我们不仅要分析数据的表象，也要分析数据之间的内在关系，从而找到事物之间的本质和规律，更全面地帮助我们进行营销决策。

在互联网时代，一切技术的变化都可谓日新月异，大数据一词对于我们来说早已不再陌生，对数据的深度挖掘和分析使以数据为支撑的精准营销变得越来越受青睐，同时随着人们消费理念和消费方式的不断改变和提升，传统的营销方式已经满足不了用户的个性化消费需求。

一、大数据是精准营销的基础

数据的获取、存储、处理及挖掘等技术的不断进步，为对用户的消费行为和偏好的深入分析和挖掘提供了技术支持。数字平台营销早已不再单纯地追求数据的广度，而是致力于从数据深度上不断挖掘更有价值的用户信息，进而实现从“一对多”营销到“一对一”个性化精准营销。也就是把以往传统的“将一个合适的产品提供给一些合适的客户”的营销思维转变成“将一些合适的产品提供给一个合适的客户”这样的营销思维[①]。因此，对用户数据的挖掘方面也对数字平台提出了更高的要求，不仅要广泛地获取更全面的用户数据，更重要的是要充分利用技术对所获取的用户数据进行深入的挖掘，以获取更有价值的用户信息。

在数字平台营销的日常运营中我们能够利用数据采集技术收集到海量的用户数据，但在对数据的分析和利用方面还存在一些困难。由于数据体量巨大，数据错综复杂，因此在分析的时候我们往往会习惯于从用户某一方面的单项数据和一些用户的主观数据（如性格、价值取向等）来进行用户的行为、偏好、需求和购买可能性的推测，并据此来进行营销决策。但这种数据分析方式并不能准确洞察消费者的需求，一方面，由于用户偏好的预测需要多方面的数据作为支撑，同时不可能在忽略数据之间关联性的情况下准确地分析和解读用户的行为数据；另一方面，由于用户主观性的数据可能会受到一定外在环境和条件的影响，存在一定的局限性，据此分析出来的结果可能会存在很大的误差，再以此用于指导营销可能会更加偏离营销目标。

一般意义上的用户行为数据分析已不能再满足数字平台精准营销的需求，这就需要对用户的行为数据做进一步的分析，找到数据与数据之间的关联性，进行更深层次的数据挖掘。同时，这也是为进一步找出在营销过程中哪些明知道被浪费，但又不知道具体浪费在哪里的那部分营销投入做出更加科学合理的解释，为进一步节约企业的营销投入成本和提高营销效果提供科学的分析依据。

从营销信息推广的角度来看，作为以 CPC（cost per click，按点击付费）、CPT（cost per time，按时长收费）和 CPM（cost per mile，按展示付费）为标准的广告售卖方式已经无法满足企业的需求。这种广告售卖方式对于数字平台来说只需要不断扩大用户量、增加营销推广信息的点击即可获得更多的收益，但对于企业来说大量用户的浏览和点击并不一定都是针对产品的目标消费者。同时，用户的点击量越大也就意味着要付出的成本越高，显然这种营销方式并不能满足企业精准营销的需求。因此，数字平台营销单纯地依靠增加平台的用户量从广度

① 林庆鹏. 基于大数据挖掘的精准营销策略研究[D]. 兰州理工大学硕士学位论文，2016.

上进行用户数据的收集和分析已经无法适应市场的需求和变化，需要进一步利用技术手段从深度上进行数据挖掘和分析，以获取更多有价值的营销线索和用户信息，在营销方式上不仅要广还要精，同时在营销效果上也要通过对用户数据的深度挖掘实现营销效果的可量化，依此来与企业建立更好的合作方式，实现数字平台的长远发展和企业之间的互利共赢。

大数据是帮助数字平台实现精准化营销的基础，数据本身才是最有价值的金矿，作为当下的热门话题，大数据更是数字营销的根本所在[①]。如今在大数据技术的推动下，企业对数据之间关联性的深度挖掘可以带来更有价值的营销推广信息。在小数据范围中，数据之间的关联性也能帮助我们更好地分析用户的行为数据，从而获得更多的从数据表面所不能直接察觉到的有价值的信息。但在大数据时代，数据之间的相关性就显得尤为重要，对数据的深度挖掘就是要进一步分析数据之间的相关关系，相关关系的核心就是量化两个数据值之间的数理关系[②]。通过对数据之间数理关系的分析，我们可以更加方便、快捷、清晰地分析用户行为。

二、基于大数据的用户行为挖掘与分析技术

我们知道对数据的充分挖掘和运用使营销决策越来越科学化，但如何通过技术手段进行数据挖掘，进而帮助数字平台进行更加科学化的营销决策，这在很长一段时间以来一直是一种挑战。

数字平台所呈现的内容和信息往往不是单一的，而是多方面、多层次的。例如，经常用到的电子商务平台基本上涵盖了我们生活中所需要的所有商品。又如，信息类数字平台不仅包含时政类资讯，同时也有体育、经济、文化、娱乐等信息内容。数字平台的数据库几乎每天都要储存大量的用户行为数据，面对如此大量的信息，普遍撒网式的信息推送肯定不能满足用户的真正需求，并且一定程度上还会造成信息的超载，而让用户使用时感到苦恼，那么在营销决

① 吴翠. 以技术和数据为核心的数字营销[J]. 传播与版权，2015，（4）：135-136.

② 舍恩伯格 V M，库克耶 K. 大数据时代——生活、工作与思维的大变革[M]. 盛杨燕，周涛，译，杭州：浙江人民出版社，2013，（4）：135-136.

策时如何才能针对不同的用户推送更有针对性的产品或服务信息呢？答案毫无疑问就是对这些用户行为数据进行挖掘，通过对数据的挖掘分析进而更好地实现精准营销。

在以大数据为支撑的精准营销中，要想使数据库中的用户行为数据得到更充分的利用，真正成为一种不可或缺的资源，只有不断提高技术人员的数据挖掘能力，充分利用数据为营销决策和企业的战略发展提供有力的保障，否则无论有多大的数据库、储存多少数据，最终都可能会成为储存起来的垃圾，甚至是企业不断发展的包袱。

用户行为数据的挖掘是一种决策支持过程，从技术层面上讲，数据挖掘是指从大量数据中提取隐含的、先前未知的并有潜在价值的信息和规律的过程[①]。由此可以看出，它并不是我们表面所理解的通过技术手段获取更多难以得到的数据。用户行为数据的挖掘主要基于计算机、数理统计、云计算等技术手段深入地分析数据库中所储存的用户行为数据，并对数据进行整合、归纳、分析和推理，从中挖掘出潜在的用户行为数据之间的关系，进而预测用户行为和用户的兴趣偏好，帮助企业做出正确的营销决策，实现营销效果的利益最大化。

数据挖掘需要充分利用计算机技术和数据分析工具建立数据模型，从海量的用户行为数据中找到数据之间的关系。目前很多数据技术公司开发的软件为我们提供了一些免费的数据挖掘工具和开源程序，有利于我们更好地进行数据挖掘。用户行为数据的挖掘步骤一般分为用户行为数据的准备、模型的建立和验证、数据分析结果的运用。

首先，用户行为数据的准备。在进行数据挖掘之前我们首先要做的是数据准备工作，这里的数据准备主要包括数据的清洗、分类、抽样和预处理。在前期用户行为数据的挖掘过程中，我们不可能对数据库中的所有用户行为数据全部拿来进行挖掘分析，我们需要抽取少量的样本数据，建立数据模型，然后通过数据模型进行海量的数据挖掘。同时，在数据准备时我们可以根据营销目的对数据结构进行筛选和调整，严格控制数据质量。例如，当我们需要了解不同

① 刘霞. 基于电信通话记录的数据挖掘[J]. 计算机与现代化，2008，（6）：36-38.

年龄段的用户对同一产品的喜好程度时，我们可以从数据库中抽取用户的年龄、性别、浏览次数、停留时长、购买次数等数据而不需要关注用户的访问方式、IP地址等数据，既要合理地过滤不需要的数据又要严格把控数据样本的数据质量。这里之所以要强调数据质量，是因为在建立数据模型的过程中任何数据的误差都可能造成分析结果的不准确，因此，依靠模型建立出来的数据关系规律就会失去其本身的指导意义。

其次，模型的建立和验证。模型的建立是数据挖掘工作的核心环节，关于建立模型，要记住的最重要的事情就是它是一个反复的过程[①]。在模型的建立过程中我们可能会根据不同模型的变化而对现有的数据结构进行调整，有时甚至会改变我们对问题判断的最初假设，一旦决定了选择什么样的数据模型，也就决定了我们需要对数据库中的数据进行怎样的预处理。当所有数据都准备好后，我们就可以用其来进行模型的检验，当然检验模型的最好方式就是运用现有的模型数据样本来对新建立的模型进行检验，看最终的分析结果是否存在误差，如果误差很小，那就说明此模型基本可行，但还需要运用大量的数据样本进行反复检验，同时也需要一定的时间成本进行周期性的检验。

最后，数据分析结果的运用。当模型建立并验证完毕后，我们就可以将其运用到数字平台营销数据分析中。我们可以根据不同的营销目的对数据平台用户的行为数据进行分析，进而帮我们更好地进行营销决策，指导实践。但在数据挖掘的整个过程中，上面的几个步骤并不是很容易就能完成的，这是一个非常繁杂且需要不断重复的过程。例如，在进行数据模型验证的过程中，我们可能需要大量的用户数据样本，同时也有可能随时要根据模型的分析结果来进行数据结构的调整，但这些过程都是不可忽视和省略的，要建立一个良好的有价值的数据分析模型来进行营销决策，我们必须不断地重复、反复地验证。

用户行为数据的挖掘是数字平台营销中必须要进行的环节，数据挖掘是理论化模型和具体实践的完美结合。数据挖掘源于实际生产或生活中的具体需求，挖掘的数据来自于具体应用，同时通过数据挖掘发现的知识又运用到实践中去，辅

① 李大伟. 数据挖掘在用户行为分析中的研究与应用[D]. 北京邮电大学硕士学位论文，2009.

助实际决策[①]。所以，数据挖掘来自于实际应用，同时也服务于我们的实践，帮助我们在营销的过程中更好地进行决策。

三、算法驱动数字平台营销信息精准推送

在信息社会，我们每天都会从各个平台接触到大量的推荐信息。虽然这些数字平台给我们带来了大量的信息，满足了我们在信息时代对各种信息的不同需求，但这也使我们在面对大量信息时，无法从中迅速获得我们想要的或者说是对我们自己真正有用的那部分信息。在这个过程中虽然我们接触到的信息量很大，但我们从个人本身的需求角度出发，对信息的使用效率反而降低了。这种现象无论是从用户体验的角度还是从数字平台营销的角度来说都是一种资源的浪费。因此，在数字平台营销的运营过程中要想解决海量信息对用户的选择带来的苦恼，我们就必须解决数字平台如何进行有效的信息推荐，让用户关注的信息能够最直接地呈现在终端，供用户浏览。

为解决这方面的问题，我们通常会用到两种方式来帮助用户以最快的方式找到其最需要的内容：一是数字平台的搜索功能；二是以计算机算法为支撑的信息推荐系统。搜索功能主要是基于数字平台的站内搜索，将关键词输入搜索框，点击搜索就能够快速地找到所需要的内容，但这就需要用户能够准确描绘出自己需要的关键词。而以算法为支撑的信息推荐系统截然不同，它是数字平台在进行营销时能够自动判别用户兴趣和需求的关键技术，它主要是通过分析用户的历史行为来对用户的兴趣进行建模，从而主动给用户推荐可能满足他们兴趣和需求的信息[②]。由此可以看出数字平台的站内搜索是属于用户被动进行的，而信息的推荐系统则是数字平台的主动行为，但同时二者又互补。

21 世纪以来，随着数字传播技术的不断发展，信息推荐系统在数字平台营销中运用得越来越广泛，尤其是在电子商务领域，如天猫、京东、苏宁等大型电子商务平台。天猫官方数据 2017 年“双十一”当天销售额达到 1 682 亿元，累计

① 李涛，曾春秋，周武柏，等. 大数据时代的数据挖掘——从应用的角度看大数据挖掘[J]. 大数据，2015，(4)：57-80.

② 李翠萍，蓝梦微，邹本友，等. 大数据与推荐系统[J]. 大数据，2015，1(3)：23-35.

商品数量超过 4 000 万件，如此庞大的数据单靠用户提供关键词进行寻找虽然最终可以找到，但搜索结果中的类似产品众多，依然会让用户难以选择。

信息推荐系统能够根据用户历史的行为数据对用户的兴趣和喜好进行判断，直接推送用户感兴趣的商品信息，同时还能对用户的行为习惯进行预判，为用户购物时提供建议，帮助用户以最快的方式找到自己需要的产品。目前，在一些大型的数字平台中信息推荐系统已经得到了广泛的运用，帮助企业进行营销决策。当然，这种营销决策的方式是基于具有一定历史行为数据的用户而言的。在实际的数字平台营销过程中我们除了要对平台固有的用户进行二次营销以外，更重要的是对于新进入平台的用户，如何找到其关注的兴趣点和需求，并对其进行具有针对性的营销内容推荐？其实，这一点主要是基于“算法”。

那么算法是如何在智能化信息推荐系统中进行运用的呢？下面我们就举一个例子——今日头条新闻资讯手机客户端。在日常生活中我们会发现：两个经常使用今日头条浏览资讯的用户，虽然是同一个客户端，但两个用户的首页展现内容却不尽相同，这就是以算法为核心的智能化信息推荐技术。

今日头条的新闻信息推荐系统通过分析受众的历史浏览记录、转发收藏内容、留言消息等，跟踪受众的地理位置、在线时间、浏览习惯，构建专属于用户个人的新闻定制模型①。今日头条之所以能够非常懂用户，精准推荐出用户所喜好的新闻，完全得益于以算法为核心的个性化信息推荐系统。

而正是得益于精准推荐，今日头条在短短两年多的时间内便拥有了 2.2 亿用户，每天有超过 2 000 万用户在今日头条上阅读自己感兴趣的文章。那么今日头条是怎么做到无论是新老用户都能按其兴趣精准推荐新闻的呢？下面我们就简单地举一个例子。

如图 3-1 所示，A、B、C、D 为四个用户，A、B、C 三个用户为已有用户，即可以理解为老用户，D 用户为新用户，他们都是同一类人群，前三个用户具有相同的用户属性，即相同的用户兴趣和喜好，面对三篇不同类型的推广软文时，前三个用户最终的阅读选择如图 3-1 所示，那么轮到作为新进入平台且只能了解

---

① 于黎冰. 从今日头条看个性化新闻推荐系统的优劣[J]. 传媒，2016，（19）：44-45.

到基本属性的 D 用户时，系统应该向 D 用户推荐哪篇文章呢？当然，答案显而易见，肯定是阅读量最大的一篇文章。

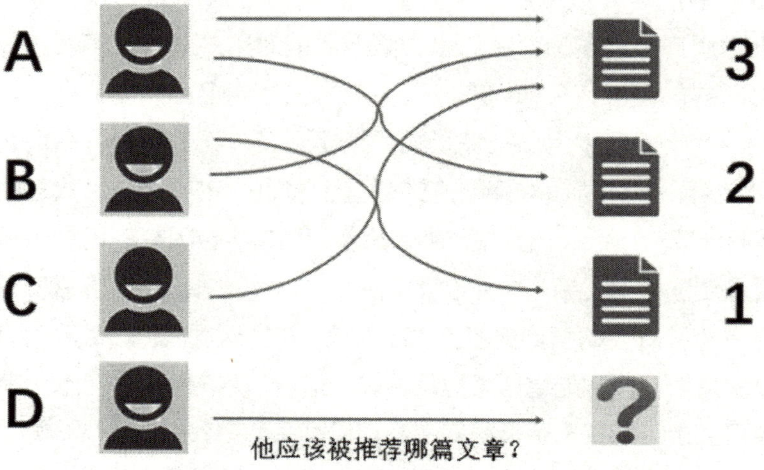

图 3-1　用户信息推荐示意图

虽然这是针对新闻资讯类产品的信息推荐，但在数字平台的营销过程中，同样也是运用算法来进行营销决策的。每一次推荐都是基于算法原理而进行的投票方式，每个用户都是一个“表决器”，当面对不同的营销推广信息时，通过他们的选择性浏览对系统推送的信息进行一次投票，关注和偏好哪类信息就将票投给哪类营销推广信息，最终通过后台的用户行为数据统计和分析，得到的结果在一定程度上就是这类人群最为关注和喜欢的内容，这也为营销决策提供了科学的依据。

实际通过上述的例子我们可以看出，基于算法的信息推荐系统在进行营销决策时并不是通过计算机的程序运行而自行判定的，而是基于对平台用户的深层次分析和海量用户数据的计算而进行的用户之间的互相推荐。这个案例看起很简单，但实际上需要基于海量用户行为数据的记录、储存、挖掘与分析。基于计算机算法的智能化信息推荐系统帮助我们在数字平台营销决策中进一步实现了产品或服务的精准化推荐，使营销更加精准化。

第三节　数字平台营销的反馈技术

营销效果的反馈对于商家来说是至关重要的，因为真实有效的营销效果反馈可以为下一次营销活动的开展提供更加有效的指导。营销效果不仅体现在产品或服务的销售数据上，还体现在客服和售后服务上，商家可以通过客服或售后服务来满足用户的求助、咨询、投诉等不同的需求。传统的营销效果反馈主要通过销售渠道或者客服电话的方式获取，但这种反馈相对比较被动。

数字平台营销在获取用户的反馈方面会更加主动，这种主动不是用户通过客服电话进行的咨询、投诉或者求助等被动的用户反馈，而是利用人机交互技术（human-computer interaction techniques），通过用户在线上与线下进行交互性活动时产生的大量数据进行的分析，对用户兴趣偏好的预判开展主动的营销反馈。

一、人机交互技术提升数字平台营销效果反馈的效率

人机交互技术是指通过计算机的输入设备和相应的输出设备，以最有效的方式实现人与计算机之间进行对话的技术。人机交互技术打开了用户与计算机之间进行信息交换的通路，用户界面则是这一通路传递和交换信息的桥梁[①]。数字平台的交互，其实就是用户和数字平台之间进行的对话，也被称为人机交互，可以简单地理解为数字平台通过输出设备或显示设备为用户提供大量的信息及相应的提示，而用户可以通过相应的输入设备或一定的功能性按键实现信息的录入，回应对应的问题或提示请求等。一般在数字平台营销中会运用新媒体交互技术、VR技术、语音识别技术、多点触控技术（mufTI-touch techniques）等来实现平台与用户之间的交互。

① 张凤军，戴国忠，彭晓兰. 虚拟现实的人机交互综述[J]. 中国科学：信息科学，2016，（12）：1711-1736.

（一）新媒体交互技术

数字技术的迅猛发展不仅改变了传统的信息传播方式，也使人们的媒介使用习惯发生了质的变化。进入数字时代，人们获取信息的方式越来越便捷，也使营销变得越来越激烈化，要想在激烈的市场竞争中脱颖而出，就必须由被动变为主动，获取更多有价值的用户行为数据。与传统的营销手段相比，数字时代的营销已不再是单纯地让用户阅读到更多的内容，而更重要的是实现用户的交互和体验。从被动地展现到主动地互动，而交互的目的就是提升用户对营销信息的接受度，使营销效果最大化。

在数字平台营销的运营中，对新媒体技术和大数据分析技术的运用，使营销传播的方式、环境及规则都被重新定义，数字平台营销出现了不同形态的变化和发展，同时全新的交互式技术形式进一步提高了用户的体验。例如，人机交互式广告、视频引导型广告、3D 广告等。新媒体与传统媒体最大的区别在于处于人机双向传播互动为基础的传播状态，从而由一点对多点转变为多点对多点①。我们在数字平台中进行信息的浏览时，都会发现在信息的结尾处有分享、转发、点赞、评论、收藏等功能性按钮的展现，我们可以通过这些按钮将我们喜欢或觉得有用的内容进行分享、收藏或发表自己的感受和想法。

（二）VR 技术

VR 技术也是目前比较热门的交互方式。VR 是 virtual reality 的缩写，中文的意思就是虚拟现实，它是一种可以创建和体验虚拟世界的计算机系统，它由计算机生成，通过视觉、听觉等作用于用户，为用户产生身临其境的交互式视景仿真②。VR 的概念最早是在 20 世纪 80 年代初被提出的，这种新的交互方式主要是借助计算机及新传感器技术，如显示器、运动传感器、处理器、储存记忆、无线连接等，而创造出来的一种新的人机交互方式。

对用户或消费者而言，他们可以通过头戴式设备、VR 眼镜等设备进入一种

---

① 彭辉. 信息交互背景下线新媒体广告的用户体验设计[J]. 出版广角，2016，（24）：66-68.

② 汪成为，高文，王行仁. 灵境（虚拟现实）技术的理论、实现及应用[M]. 北京：清华大学出版社，1996.

预设好的场景。VR 技术营造一种身临其境的感觉，将用户的视听体验带到一个新高度，用户可以更直观地感受产品或服务，这对于数字平台营销来说无疑是一种很好的体验和沟通方式。

（三）语音识别技术

自动语音识别（automatic speech recognition，ASR）是将人类语音中的词汇内容转换为计算机可读的输入，如按键、二进制编码或者字符序列。语音识别一般有四个步骤：第一，语音信号的预处理；第二，对处理后的数据做端点检测；第三，对检测出的语音段提取特征参数；第四，利用提取出的特征序列与模板库做匹配①。语音交互的优势很明显——简单、直接，日常生活中，语言是人与人交流最常用和直接的方式。

数字营销平台对于语音识别技术的运用，更加适应了互联网时代智能化设备发展的步伐以及用户对智能化体验式消费的需求。因此，自动语音识别也被认为是未来人机交互的最好方式，尤其是针对当下的各种可穿戴式智能设备，通过对话的方式发出命令，然后产生交互无疑是高效可行的。

（四）多点触控技术

多点触控技术是一种新兴的人机交互技术，常见的触控面板技术根据感应原理的不同可以分为表面声波式（surface acoustic wave，SAW）、电阻式（resistance）、表面电容式（surface capacitive）、投射电容式（projectile capacitive）和光学式（optical）等五种②。在同一个应用界面上，没有鼠标、键盘，而是通过人的手势、手指和其他外在物理物直接与数字化平台进行交互，改变了人和信息之间的交互方式，实现了多点、多用户，同一时间直接与虚拟的环境交互，进一步增强了用户体验，同时在获取用户数据方面也变得更加方便和快捷。

当然，在数字平台营销的运行中，这些交互性功能模块的设计和运用不仅

---

① 高雪. 语音是被技术在人机交互中的应用研究[D]. 北方工业大学硕士学位论文，2017.

② 欧敏铨. 手持装置多点触控技术的实现[J]. 电子产品世界，2008，15（4）：70-76.

是站在用户角度，为满足更多的用户需求、提高用户的使用体验而研发的，同时还是数字平台设计者为主动获取用户行为数据而使用的一种有效方式。这种用户信息的收集方式需要在数字平台所呈现的营销信息中不断总结用户的浏览习惯和使用特点，从而使平台和用户之间建立一种共同的认知方式，让数字平台上的用户行为信息成为用户的一种自然浏览行为，让信息变得更加真实有效。

基于用户的体验，一方面，在板块的设计上要充分借助智能化的交互技术，利用软件开发和美学设计提高信息内容呈现的方式和视觉美感，让用户与平台之间进行互动时更加便利、有趣、愉悦，更有获得感和成就感等；另一方面，板块内容的呈现要尽量根据平台所获取到的用户基本信息做最初的预判，实现用户与信息内容沟通间的精准化、普适化，避免不相关信息的过多展现。用户的体验属于个体化行为，因为其知觉反应、文化水平、生活背景存在差异[①]。但从营销的角度来看，在主动获取用户行为数据的过程中我们还是需要从普遍性的角度出发对信息内容的呈现方式及互动功能进行合理化设计，充分利用智能化的交互技术使其更容易被用户所接受和喜爱。

二、数据改善数字平台营销效果反馈的质量

数字平台拥有大量数据，不仅包括用户和平台的交互数据，如交易、评价、转发、点赞、评论等，同时还包括用户的浏览路径、点击频率、用户的 IP 地址等数据。这些数据的积累往往都会被平台记录下来，平台将其进行沉淀与管理，然后通过数据分析技术对其进行分析，监测出数据的属性与类别，最终把从这些数据中分析和提炼出的洞察直接迭代进入下一次的活动执行中，继而在这种迭代的过程中不断改善数字平台的营销效果反馈质量。

（一）数据诉说用户需求变化

在数字平台营销效果反馈的过程中企业仍然离不开数据，因为数据会告诉企

① 彭辉. 信息交互背景下新媒体广告的用户体验设计[J]. 出版广角，2016，（24）：66-68.

业用户需要的变化，指导企业改进产品或服务。

数据之所以会“说话”，主要缘于充分利用大数据分析技术对用户行为数据的深度挖掘。怎么让数据“说话”？目前很多的传统企业甚至是刚起步的互联网企业，根本不知道如何使用自身所拥有的用户数据，因此也就白白浪费掉了产品优化和营销方式改进的好机会，甚至也会有人认为这种大数据只有像阿里巴巴、腾讯、百度这样的互联网巨头才有，一个小网站或APP应用是没有大数据可言的。

事实真的是这样吗？有这样一则案例：法国的一些航空公司推出了免费的APP应用，最初的目的是方便旅客在移动设备上跟踪自己的行李，提高用户的服务体验，但产品上线之后在追踪的数据平台上航空公司发现，一部分商务旅行的客户会在中途的某一城市进行短暂的商业洽谈，由于他们不需入住酒店，所以行李变成了他们的累赘。了解到这些需求后，航空公司便很快推出专人看管全程可追踪的增值服务，此项服务的上线为航空公司每周新创收大概 100 万美元。

这则案例充分说明了数据平台肯定会获取到用户数据，但能否充分利用这些数据来指导营销、帮助营销就另当别论了。航空公司的这种行为正是基于对数据反馈的结果，进而不断优化自身业务而产生出附加价值。大数据时代，对于海量数据的处理和分析主要在于发现和理解数据所代表的内容及数据之间的关系，对数据的掌控，就是对市场的支配，同时也意味着丰厚的投资回报。

因此，会说话的数据主要还是对用户反馈数据的挖掘，在这个过程中我们常会通过一些数据分析软件让数据更加直观地反馈出用户的各种信息。下面简单介绍几款常用的数据分析产品。

第一，数说立方。DataStory（广州数说故事信息科技有限公司）推出的一款面向数据分析师的在线商业智能产品（图 3-2）。数说立方最重要的特点是配备百亿级社交数据库，同时支持全网公开数据实时抓取，从数据源端解决分析师的难点；另外数说立方搭载了分布式搜索、语义分析、数据可视化三大引擎系统的海量计算平台，实现数据处理“探索式分析”和“秒级响应”两个核心功能。同时数说立方与其他两大产品数说聚合和数说雷达实现了从数据源、数据分析到数据展示完整的数据解决方案。

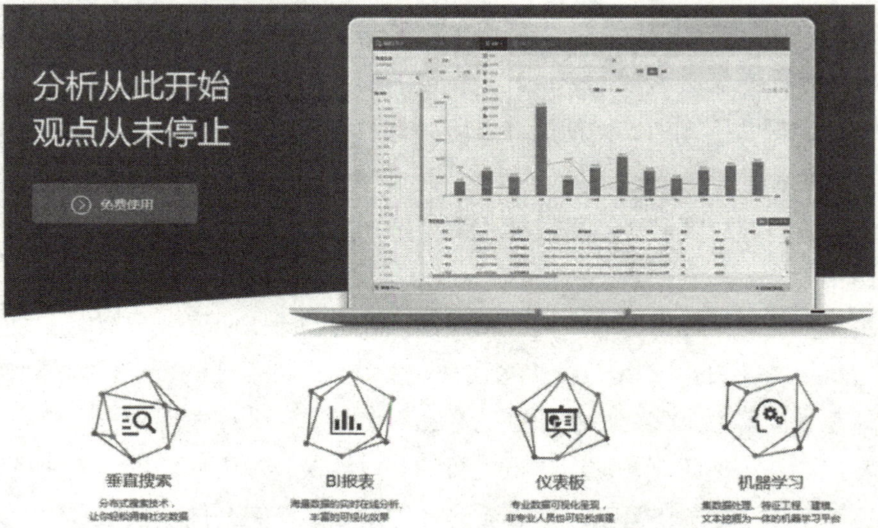

图 3-2 数说立方用户应用界面

数说立方的免费版的功能完善，集数据处理、特征工程、建模、文本挖掘于一体，可以满足大多数人的使用；同时它与自己公司开发的另一款产品“数说聚合”可以无缝接入，支持定向抓取微信、微博数据，还可以实现可视化视图展现、支持 SaaS（software as a service，软件即服务）、私有化部署、有权限管理等。

第二，数加。阿里云发布的一站式大数据平台，可以提供从数据采集、结构化、加工到展示分析这一整套的一站式数据服务。可采集不同系统及物理存储的源头数据，在分布式计算平台上进行数据的深度整合、计算、挖掘，将计算的结果通过可视化的工具进行个性化的数据分析和展现，也可直观地展示分析现有云上业务系统的数据。

数加不仅仅是一个数据分析工具，还具有相对完善的产品规划功能，将分析结果以图形展示，让商家更加直观地看到数据反馈的结果，能够帮助商家一站式解决产品的营销问题。但数加的使用必须与阿里云绑定起来，相对来说对用户会有一定的要求，一般用户还不能够很快地完全、真正地使用起来。

第三，Tableau。Tableau 是目前市面上较为成功的数据分析工具，致力于帮助人们查看并理解数据，帮助用户快速分析、可视化并分享信息。该工具既有针对性，又有普适性，操作简单，数据兼容性强，适用于多种数据文件与数据库，同时也兼容多平台，Windows、Mac、Online 均可使用，将数据运算与美观的图表完美地嫁接在一起。

Tableau 这款软件目前在行业中处于领先地位，主要由于其功能相对完善、操作简单，有较好的图形展现和客户感知，但它也存在一些缺陷，如在处理一些不规范的数据或转化一些复杂模型时比较困难，无法处理大量的数据，因此它也更像一个基于数据查询的数据展示工具。

当然，对于数据分析的工具或软件还有很多，如 Excel、SPSS 分析软件，还有基于 EM 挖掘模块平台整合的 SAS 数据分析软件等。数据分析工具可以让数据“说话”，从而使数字平台营销获得用户反馈的信息，进而帮助企业制定营销决策，促进营销更加合理化、科学化，同时也让数据产生更大的价值。

（二）数据反映用户情绪变化

情绪化是人的一种心理状态，一般是指遇到一些或大或小的因素时发生的情绪波动。那么数据怎么会有情绪化呢？其实，情绪化的数据是指我们通过数据可以感受到用户的各种情绪变化。在数字平台营销的决策过程中我们不得不考虑情绪化数据在我们进行营销决策时所带来的影响。

在数字平台营销中数据的呈现形式多种多样，尤其是随着新媒体技术的不断进步和发展，UGC 内容往往也会被我们所储存和运用。举个例子，当股民购买的某只股票出现严重下滑时，那么其本身的埋怨和牢骚是如何以数据化形式展示的呢？除了耐心等待，最好的方式就是找到与自己同病相怜的人一起发泄一下，缓解因下滑所带来的压力，避免因想不开而做出极端的事情。现实中有人创建了一个这样的网站，在股票的 k 线图上配了弹幕，用来供股民进行吐槽。结果这种形式的展现竟成了股民缓解压力和情绪的主要方式，网站的运营人员通过对弹幕数据的汇集，发现股票 k 线的走势有了时时鲜明的情绪化特征，甚至可以在一定程度上来预估购买某只股票的股民下一步是卖出还是继续持有的动向。

情绪化的数据其实就是用户的反馈数据，这种数据主要是基于数字平台营销过程中用户的行为而产生的。例如，用户通过广告进入相应的推荐界面，进行浏览、咨询或购买，从而产生了一定的用户行为数据，这些数据主要包含如门户网站、垂直网站、电商购物平台的用户购买、评论、转发数据；在社交媒体中如微博、论坛、微信等的用户评论性的文本数据、客服系统的语音数据以及与用户感知有关的评价性数据，这些数据都可以统称为“用户反馈数据”。

情感分析技术是对用户行为数据分析的关键性技术，通过对用户行为数据的情感分析来判断和预测用户的行为，进而帮助企业做出营销决策。情感分析是自然语言处理（natural language processing，NLP）、文本分析和计算语言学中的一个挑战性问题。在情感分析领域，文本可以划分为积极的或消极的类别，或者多种类别，即积极、消极和中性（或不相关）。在这方面相对较成熟的是 Twitter 情感分析技术，针对 Twitter 内容的情感分析技术可以分为词法分析、基于机器学习的分析、混合分析。

（1）词法分析。这种技术主要使用一个由预标记词汇组成的字典。输入文本通过词法分析器被转换为一个个单词。将每一个新的单词与字典中的词汇进行匹配。如果有一个积极的匹配，分数便加到输入文本的分数总池中。例如，如果“戏剧性”在字典中是一个积极的匹配，然后文本的总分数就会递增；相反，如果有一个消极的匹配，输入文本的总分数就会减少，最终文本的分类取决于文本的总得分。

（2）基于机器学习的分析。机器学习技术由于其高适应性和高准确性受到了越来越多的关注。在情感分析中，其主要使用的是监督学习方法。它可以分为三个阶段：数据收集、预处理、训练分类。在训练过程中，需要提供一个语料库作为训练数据。分类器使用一系列特征向量对目标数据进行分类。在机器学习技术中，决定分类器准确率的关键是合适的特征选择。通常来说，unigram（单个短语）、bigrams（两个连续的短语）、trigrams（三个连续的短语）都可以被选为特征向量。当然还有其他的一些特征，如积极词汇的数量、消极词汇的数量、文档的长度、支持向量机（support vector machine，SVM）和朴素贝叶斯（naïve Bayes，NB）算法等。

（3）混合分析。情感分析研究的进展吸引了大量研究者开始探讨将两种方法进行组合的可能性，既可以利用基于机器学习的分析的高准确性，又可以利用词法分析的快速特点。有研究者利用由两个词组成的词汇和一个未标记的数据，将这些由两个词组成的词汇划分为积极的和消极的两种类别。利用被选择的词汇集合中的所有单词产生一些伪文件。然后计算伪文件与未标记文件之间的余弦相似度。根据相似性量度，该文件被划分为积极的或消极的情感。然后这些训练数据集被送入朴素贝叶斯分类器中进行训练。

情绪化数据在企业进行营销决策的过程中确实可以起到一定的积极作用，但情绪化的数据也并非完全准确，企业要从不同的角度去分析和理解它。

首先，学会接受情绪化数据的不准确性。情绪化数据主要是由数据制造主体所产生的，当数据制造主体的数量发生变化时，数据分析的结果自然会有所变化。尤其是在数据样本量越少的情况下，错误数据所带来的影响率就会越大，有时甚至会对整个数据的分析结果造成严重的影响。因此，我们在进行分析时要尽最大努力将出错概率降到最小，我们也能够通过一定的工具和做足功夫去避免解决那些错误的存在，但在很多情况下，与花费大量的时间去避免那些错误相比，学会接受它们反而会给我们带来更多的好处。

其次，对于情绪化数据的分析结果，我们只要知道是什么即可，没必要非要找到为什么。从理论上来说知道用户为什么对这些推送的信息感兴趣可能对企业会有一定帮助，但在激烈的市场竞争中知道用户喜欢什么对于企业来说会更加重要。知道用户想要什么就等于抓住了用户的需求痛点，然后通过推荐来不断满足用户需求，从而不断发现新需求、满足新需求。通过大数据分析，能够很清晰地找到用户兴趣之间的相关关系，但却很难找到其背后的真正原因。

最后，大数据分析的结果是一种概率事件，而并非绝对事件。如今，大数据的运用已经渗透到社会生产和生活的每一个行业和领域，成为企业发展过程中不可或缺的要素。或许我们早已认为通过大数据来指导企业进行精准化营销，这种方式是精准的，是“确凿无疑”的。

但必须指出的是，当我们试图通过越来越多的用户数据进行分析时，我们要清楚地明白， 大量的数据必然会出现数据的混乱；同时，数据分析的结果是否完全正确？这仅仅是从概率的角度给出的预判，而并非确凿无疑。

延伸阅读

一、数据可视化工具

百度 ECharts 是由 ECharts 团队创建，联合公司内外众多数据可视化从业人员组成的技术研究虚拟组织，致力于数据可视化的相关研究、教育普及、产品研发及生态建设。基于可视化规范，依托 ZRender、ClayGL 基础库，实现强大的 ECharts、ECharts GL。整合 MapV 等框架，针对不同的场景需求，开发了图说、Gallery、PPT 插件等应用产品。从基础框架到上层应用，满足一切数据的可视化需求。

企业官网：http://developer.baidu.com/

案例网站：http://echarts.baidu.com/examples/

数字媒体网站：http://echarts.baidu.com/index.html

运用教程网址：http://echarts.baidu.com/tutorial.html

工具下载地址：http://echarts.baidu.com/download.html

二、大数据舆情分析工具

清博大数据舆情系统，以大数据为核心技术支撑，实时监测采集全网舆情信息，通过数据挖掘、可视化分析技术，提供舆情监测、分析报告、危机预警等。

清博大数据官网：http://www.gsdata.cn/

案例网址：http://yuqing.gsdata.cn/demo/schemeView

三、语义分析系统

NLPIR 是大数据搜索与挖掘共享平台，主要基于自然语言处理与信息检索帮助企业更好地解读数据。

官方网站：http://ictclas.nlpir.org/

第四章　数字平台营销运作

了解了数字平台的变革、数字平台营销的理论和技术支撑后，数字平台营销应当如何开展运作呢？无论什么类型的数字平台，要想进行营销，必须知道自己的价值所在，数字平台能够为企业带来什么？是流量？是消费者的注意力？还是能够为企业带来销售转化力？而这所有的一切都离不开最大的核心价值——消费者。因此，吸引和识别消费者成为数字平台营销运作的首要任务。

第一节　消费者画像与应用

随着个体意识觉醒，越来越多的人向往和追求个人理想和个体自由。自五四运动以来，新文化宣传的“鼓手”们将世界的先进思潮带入中国，使人们思考的重心从“群”转向了“已”，宣传个体、呼唤个体的人的意识开始觉醒。严复把穆勒的《论自由》译作《群己权界论》，讨论群与己的关系问题。时至今日，个人意志的觉醒更加突出，个人价值彰显。在互联网、大数据等技术的帮助下，个人的信息采集、编辑、再传播能力大大增强，个人的声音通过互联网、社交媒体等能够达到传统媒体难以想象的地方，个人通过有意识地规划、策划等手段，可以吸引更多人的目光和注意力，通过社会影响力及粉丝群体实现自己的商业价值和社会价值。

一、消费者分析的升级：消费者画像

消费者分析是市场营销活动中重要的环节，传统的消费者分析主要借助于问卷调查、访谈等市场调查手段，采用抽样的方式对消费者进行分析，虽然能了解消费者的一些消费心理与行为，但是并不全面。在数字传播技术背景下，消费者的各种行为都能在数字平台上留下印记，营销人员据此可以进行消费者画像，更加准确地洞察消费者。

（一）传统营销活动中的消费者分析

在传统的市场营销活动中，为了找到与企业产品或服务相匹配的潜在消费者，提高企业营销策划能力及传播效果，企业或市场营销服务公司不得不借助市场调查。

企业或第三方营销服务公司一般会通过定性或定量的调查研究方法来探寻消费者的基本情况，由于定性调查的范围有限，所得到的信息属于个别信息，代表性并不强，由此推导整个消费群体有失偏颇。而定量的市场研究方法，虽然样本数量多了，增加了可信度，但由于市场的情况瞬息万变，消费者的心态和行为也是千变万化，市场调查所得的结论并不能够及时和普遍地反映消费者的状况，所以传统消费者分析存在着一定的滞后性及偏差。例如，当我们在做一个问卷调查时，派发 10 000 份问卷量所回收的数据，最终分析的结果准确率只有 85%。那么当我们用同一个问卷，将问卷量再增加 2 倍时，分析结果的准确率可能就会超过 85%，样本量越大得到的分析结果就越可靠。但在我们的问卷调查中，无论再增加多少数据量，最终数据统计分析软件的分析结果都无法达到 100%，而只能越来越接近。

（二）数字平台营销的消费者画像

数字平台的出现，部分解决了对消费者基本情况调查困难的问题。一般的数字平台都具备数据追踪技术，通过互联网或移动互联网获得服务的消费者，其在网络上的每一个动作都由数字平台的后台记录下来，并进行全面而细致的分析，形成针对每一个用户的具体描述。

其实，消费者画像并不是特别高深的内容，它也不是我们想象的具体的消费者的面像绘画，它是由消费者人口统计学特征、消费偏好、消费行为等共同构成的消费者信息的总和。

一直以来，了解和掌握消费者的信息，然后将企业的产品和服务经由消费者常用的渠道，传播给有需要的消费者，是企业和第三方营销服务公司最常用的方法。经由用户信息收集到消费者洞察，再到现在的结合数字平台技术、大数据技术等提出来的消费者画像，企业紧随技术进步，对消费者的了解一直没有停止。

消费者画像源于用户画像，最早的用户画像的概念由 20 世纪 80 年代的交互设计之父艾伦·库珀提出。用户画像是根据从真实的用户行为中提炼出来的一些特征属性而形成的用户模型，它们代表了不同的用户类型及其所具有的相似态度或行为，这些画像是虚拟的用户形象①。用户画像其实也就是市场营销中的市场细分与定位，将市场细分为几个不同的群体，每个群体都有一些相同或相似的特征或行为，市场细分之后，企业可根据不同群体之间的差异化来进行不同的营销，从而达到较为精准的传播和营销的目的。

消费者画像的核心功能是帮助企业了解消费者购买和使用企业的产品或服务时考虑的主要因素是什么。消费者画像包含的主要元素有人口统计学特征、消费者个人的特征、消费者心理因素、消费者价值观及消费行为等。

二、数字平台消费者画像的优势

得益于互联网的发展和数字技术的应用，数字平台天然能够利用自己的技术优势获得消费者的个人信息。通常情况下，个人在网络上的任何行为都能通过后台数据反映出来，网络后台可以通过 cookie 技术采集到用户详细的上网行为痕迹数据，通过数据挖掘与分析技术对用户数据进行处理，从中了解消费者的需求与动机。与传统的消费者画像相比，数字平台的消费者画像具有以下几个特点。

一是量的区别。传统的消费者画像通过抽样来获取部分消费者的数据，进而来推测整体消费者的情况，而数字平台的消费者画像的数据量很大，几乎是全平

---

① 曹虎，王赛，乔林，等. 数字时代的营销战略[M]. 北京：机械工业出版社，2017.

台的数据，说是全样本数据也不为过。全方位用户数据的准确性比抽样要高，由量的差别所带来的消费者分析评估的差别是毋庸置疑的。

二是呈现方式的差别。传统消费者调查呈现的是虚拟的典型客户模型，而数字平台的消费者画像呈现的是消费者真实的生活全貌，不仅描述消费者的样式或动机，还直接展示消费者正在做什么，它再现了消费者的生活活动[①]。

三是信息获取的方式不同。传统消费者调查是通过一般市场调查的方式：或是定性的个人访谈和焦点小组访谈，或是定量的问卷调查。而数字平台的消费者画像不需要与消费者进行面对面的交流，主要的形式是数据的挖掘与分析。

四是收集的消费者信息的形态不同。传统消费者调查收集的消费者信息是静态的、片面的；而数字平台的消费者画像收集的消费者信息是动态的、全面的，它可以收集到当下的消费者的信息。

三、数字平台消费者画像的流程

消费者画像的基本含义是消费者信息标签化，就是企业通过收集与分析消费者社会属性、生活习惯、消费行为等主要数据之后，完美地抽象出一个消费者的商业全貌，这是企业应用大数据技术的基本方式。消费者画像为企业提供了足够的信息基础，能够帮助企业快速找到精准消费者群体及消费者需求等更为广泛的信息。那么消费者画像是怎样收集信息的？我们接下来描述消费者画像的具体流程。

第一步是数据的采集。根据企业的营销需求，在不同的数字平台间寻找企业需求的消费者数据来源，像客户关系管理数据、销售数据或第三方数据等，然后进行数据的采集。

第二步是数据的整理。数据采集过来之后，并不能立刻应用，很多数据并不是很完整，有的还带有一定的缺陷因此我们要将这些不完整的、带有缺陷的或者有其他问题的数据进行整理，包括删除及完善。

第三步是消费者的识别。一个消费者可能会有多种个人信息和网络昵称，如

---

① 曹虎，王赛，乔林，等. 数字时代的营销战略[M]. 北京：机械工业出版社，2017.

何能够识别出来呢？我们可以根据人口统计学信息、消费者所使用的设备及网络上的数字身份来进行识别，将多个身份“化一”。

第四步是给消费者贴标签。我们可以根据消费者在数字平台上的各种行为来贴标签，从而更加清晰地描述该消费者。例如，一个消费者在数字平台上浏览和订购了某个中等品牌的化妆品，听了某个平台的音乐，又浏览了某个相亲网站，这个消费很有可能是未婚、女性、消费能力中等的人。将这些标签不断地根据消费者数据贴到他们身上，这样消费者的特征就会更加清晰。

第五步是数据建模。对消费者画像进行数据建模，结合消费者实际的需求，找出相关的数据实体，以数据实体为中心规约数据维度类型和关联关系，形成符合消费者实际情况的建模体系[①]。以电商平台为例，通过建模企业可以知道哪个消费者在什么时间、什么网站购买了什么东西，主要的网络浏览行为等。

第六步是形成画像。通过建模分析，我们可以找到消费者某些行为的相关性，企业就可以为目标消费者打上各种标签，解读消费者在数字平台上的各种行为，也了解到某种标签消费者的个人兴趣、商品购买爱好、主要购买渠道等，就可以形成消费者画像，应用于企业精准营销。

四、数字平台消费者画像的作用

数字平台的消费者画像有着比传统消费者调查更高的可靠性和及时性。它可以完美地抽象出一个消费者的信息全貌，为进一步精准、快速地分析消费者的行为特征、消费习惯等重要信息提供足够的数据基础，是精准营销的基石。

（一）准确把握消费者心理

消费者画像最大的优势就是能够准确把握消费者的需求与心理，为精准营销做最基础的准备。相比传统的抽样调查方式，数字平台消费者画像是基于全样本数据的全面调研，对消费者的了解更为彻底。数字平台消费者的行为都是其平时的日常行为，他们在数字平台上的一举一动都是放松的，不像在传统的市场调查中抱有戒

① 你确定你真的懂用户画像？http://www.woshipm.com/it/250043.html.

备心理。数字平台上的数据是比较客观真实的，相比较而言减少了传统消费者调查时的主观性，因此，数字平台上的消费者画像更加精准。

另外，数字平台的数据动态化更加准确地把握了消费者的心理活动。数字平台的消费者数据是实时动态变化的，与消费者的实时状态相吻合。根据数字平台的实时数据所做的营销更加符合当前消费者的心理状态和行为，也就更容易成功。

（二）精准推送营销信息

在营销实践中，有些营销信息经过媒体传播后却发现并没有得到预期的效果，很大一部分原因就是没有找到准确的消费者。消费者画像从根本上解决了这一问题，因为在数字平台上存在着大量、多层次和多维度的消费者数据。基于数字平台的消费者画像更加精准地对消费者进行解读，这与企业的需求更加匹配。利用消费者识别技术，企业可以更加容易地找到一些专门的群体，识别出对企业产品或服务更加感兴趣的群体，只有找对了消费者，才能实现营销的下一步。

当找到了对的消费者之后，接下来就是通过什么样的渠道、什么样的内容来接触对的消费者。

数字平台的消费者画像可以找到消费者是在什么地方，通过哪些工具、网站或 APP 等进行了媒介消费。不同的渠道具有不同的效果，只有在对的时间、对的地点才能抓住消费者的消费，才能够将自己的传播化为营销。在碎片化的时间内，消费者喜欢什么样的传播内容，在什么时间打开文章，是消费者接触到传播信息最重要的一步，阅读率高的文章除了内容具有可读性之外，发布的时机也非常重要。

在传播内容上，数字平台可以和企业联合，共同创造出消费者所需要、所喜欢的传播内容。“内容为王”在这个时代并不过时，一项调查显示，有 34%的人会因为收到了质量较差的传播内容或者是与自己需求并不相关的内容而选择与这个品牌决裂。通过数字平台的消费者画像可以清晰地知道消费者个人的兴趣爱好、阅读习惯、观看内容偏好及更深层次的价值观、动机等。只有深刻理解了消费者的这些信息，企业才能创造出他们真心喜欢的内容，通过这样的创意，企业可以吸引消费者观看甚至转发企业的传播内容，以达到最大的传播效果。

在传播方式上，传统的营销信息的传播方式是单向度的传播，力求“打倒一大片”。而在当下，消费者的个性化非常突出，他们追求的就是与别人不一样，虽然是同样的产品，但是如果在形象宣传方面有些小的改变，将会成为他们进行消费的因素。数字平台的消费者画像可实行营销信息的精准推送。根据消费者浏览的商品信息或重复购买率较高的产品信息，我们可以直接推送相应的产品广告，以提高营销的精准度。

（三）加强预测市场与管理

由于数字平台消费者画像的数据具有大容量、多维度和高精度的特点，更加有助于我们发现一些未来的消费趋势和挖掘新的潜在客户。这是帮助企业形成持续销售及重复销售的重要保证。因此，数字平台的消费者画像应用是越来越多，它也能够形成精准的市场预测，对制定企业更具有前瞻性的营销战略和长期合理的规划非常有帮助。

另外，数字平台的消费者画像有助于管理企业的运营。像一些生产型企业，对于客户关系管理及产品的库存管理有着极大的需求。详细的消费者数据可以帮助企业更加贴近消费者，可以让企业在消费者的重要时刻给予温暖的关怀，从而使消费者对企业的产品或品牌产生亲近感，更加容易接受企业的产品或服务。而在库存方面，数字平台消费者画像可根据消费者的阶段性购买信息精准地预测下一阶段销售的额度，从而提高企业的库存管理水平，提高库存周转率。例如，京东商城作为电商销售企业，通过消费者画像可以对消费者进行归类，帮助京东对消费者进行分类管理，同时可以对商品进行提前预测。除此之外，京东还利用消费者购物数据的相关性分析对货仓的库存商品进行调整，将拆单率（同一订单的拆分发货率）从 14.64％减至 6.86％[①]。

数字平台的消费者画像是数字平台营销的基础，它使数字平台设计规划自己的战略，形成自己的产品和服务，进而帮助企业更好地理解消费者，预测客户行

① 曹虎，王赛，乔林，等. 数字时代的营销战略[M]. 北京：机械工业出版社，2017.

为，是提高企业管理水平和精准营销能力的基石。

第二节　数字平台营销的产品或服务

数字平台营销是基于数字平台开展的各种营销活动。随着数字技术的发展，各种数字平台如雨后春笋般涌现，其所提供的产品或服务有所差异。面对各种各样的数字平台，我们可以根据其共有的属性、特征进行分类，以便更好地利用数字平台进行营销。

一、数字平台的类型

根据不同的分类标准，可以将数字平台分为不同的类别，而不同的类别，其所提供的营销产品或服务是不同的。结合学术界研究成果与业界实践经验，依据数字平台所提供的信息服务差异，我们将数字平台分为搜索型数字平台、信息型数字平台、社交媒体数字平台、电子商务数字平台、视频网站数字平台、网络游戏数字平台等几大类。需要说明的是，每个细分类型可能会延伸至其他领域，甚至还有其他更小的细分类型，本书暂时只讨论以下几种。

（一）搜索型数字平台

搜索型数字平台基于当前海量的数据，解决消费者在面对海量信息时的选择困难问题，通过搜索引擎的处理，消费者可以很快地找到自己需要的答案、产品或信息。

除了众所周知的谷歌、百度外，还有雅虎、搜狗、必应等搜索引擎平台，每家搜索平台都有自己的搜索算法，同一个搜索关键词可能结果会不同。

另外，在不同的网络门户及垂直网站中，搜索引擎的应用都成了平台的标配，没有搜索引擎的数字平台往往让新用户无从下手。搜索引擎的应用，是新用户在搜索信息时的第一选择，也是数字平台营销的主力军。

搜索型数字平台的产品或服务主要是搜索页面结果呈现时进行的竞价排名、

关键词购买及整合营销服务。

（二）信息型数字平台

信息型数字平台是数字平台的初级形式，主要是门户网站及垂直网络，它们所提供的主要是消费者所需要的内容信息，通过这些内容来吸引消费者的注意力，然后将消费者的注意力售卖给企业或广告主。

信息型数字平台既包括早期的门户网站，如新浪、搜狐、网易等，也涵盖近年来兴起的垂直网站，如汽车之家、途牛网等。这些数字平台都有一个共同特征，即以提供信息服务为主。门户网站为用户提供全面的信息，垂直网站为用户提供某一个方面、专业化的信息。信息型数字平台主要的产品或服务是各种不同的广告位展示，除了普通广告位之外，还提供一些整合的营销服务，包括新型的O2O服务。

（三）社交媒体数字平台

社交媒体是21世纪以来比较火热的新兴媒体，它将人们的社会关系通过网络虚拟社会反映出来，并形成关系型的社会圈层。社交媒体指互联网中基于用户关系的内容生产与交换平台。社交媒体是人们彼此之间用来分享意见、见解、经验和观点的工具和平台，现阶段主要包括社交网站、微博、微信、博客、论坛、播客等。社交媒体在互联网的沃土上蓬勃发展，爆发出令人眩目的能量，其传播的信息已成为人们浏览互联网的重要内容，不仅制造了人们社交生活中争相讨论的一个又一个热门话题，而且吸引传统媒体争相跟进。当信息在这些圈层或者关系链条里流动时，会产生意想不到的传播效果。

国内社交媒体现在最为知名的就是新浪微博和腾讯微信，其与传统媒体有着较大的区别。

（1）传播结构。社交媒体和传统媒体，都可以向全球传播。不过，传统媒体多属于中央集权的组织结构、生产、销售。社交媒体通常扁平化、无阶层，依照多元生产或使用的需求，而有不同的形态。

（2）使用能力。能使用传统媒体的，绝大多数都是拥有该媒体的政府或私人业主，如某大报的头条，由该报编辑室决定；某电影的集资拍摄，由政府和民间金主决定。社交媒体可让社会大众少量付费或免费使用，如新浪微博和微信等，人人可免费申请，申请人可任意编辑自己写的内容。

（3）专业要求。进入传统媒体的专业门槛较高，如需设置全职的记者、摄影师、编辑、财务部门、法律部门等，除了具备较高的资讯素养之外，还需要其他学科的专业素养，才能经得起消费市场的检验；尤其是传统媒体的市场竞争激烈、营利压力大，对专业能力的要求可能会更高或更多元。社交媒体的专业门槛相对较低，通常只要中等的资讯素养即可，加上社交媒体为争取更大的注意力经济，倾向于将社交媒体的使用界面设计得更方便、更简单。

（4）即时程度。一般而言，根据节目内容的规模，传统媒体常有几天、几周、几个月的制作时间；社交媒体因为偏好短小的图文发布，所以制作时间减少至一天、几小时、几分钟而已。有些传统媒体正向社交媒体看齐，希望能做到新闻的随时发布。

（5）内容的编辑。传统媒体的内容一旦发布，几乎很难修改，如报纸、广播、电视、电影等，如需修正，往往要等到下一个版本，如第二天的报纸、下次广播、下版电视、重新剪辑的电影版本，牵涉的人力和时间较多。社交媒体则常常随时随地更新变化。

媒体自身的特点也决定了其营销产品或服务的不同。不同于传统媒体，社交型数字平台的营销产品，其基本的要素在于消费者大数据的应用。社交媒体能够知道消费者的一切数据，我们可以通过数据的挖掘来深度分析消费者的价值观、行为等。以微博为例，微博的广告营销主要形式有以下几种。

①微博登录页面广告：位于登录页面左侧。

②微博顶部广告：出现在新鲜事下方，微博内容栏上方。

③快讯置顶栏目条：锁定固定账号，对微博内容进行置顶推送。

④底部广告：位于微博最底端。

⑤右侧活动广告：位于微博右上方。

⑥右侧话题广告：位于活动广告下方。

⑦微博名称后面的 icon 广告：如 361° 奥运期间的全民记者团彩色五边形 icon。

⑧模板广告：商业性模板，如韩庚演唱会模板。

⑨APP 游戏植入广告：如全民运动会游戏中的品牌。

⑩客户端开屏广告：启动应用时出现。

相比于其他社交媒体平台，新浪微博的媒体属性更重，而这也让用户对微博产品营销及微博广告比较敏感。新浪微博官方也意识到，在微博营销中，应尊重用户的意愿与体验，而非强制性推广。

（四）电子商务数字平台

电子商务数字平台是一个让企业或个人在网上交易洽谈的平台。企业电子商务数字平台是建立在互联网上进行商务活动的虚拟网络空间和保障商务顺利运营的管理环境；是协调、整合信息流、货物流、资金流有序、关联、高效流动的重要场所。企业、商家可充分利用电子商务数字平台提供的网络基础设施、支付平台、安全平台、管理平台等共享资源有效地、低成本地开展自己的商业活动。

电子商务数字平台由于汇聚了众多的商家或店铺，在面对众多消费者时，商家或店铺也就有了营销传播的需求。因此，大型的电子商务数字平台，都会提供相应的营销推广服务。以阿里巴巴为例，其营销推广业务是其收入的一大来源。与信息型数字平台按照展示时长或版面收费不同，电子商务数字平台的营销推广收费模式主要是按照效果收费。阿里巴巴的营销推广业务发展历程共包括四个阶段。

①起步阶段。2007 年，推出阿里妈妈，搭建广告交易平台。

②整合探索阶段。2008 年阿里妈妈与淘宝合并，转向以淘宝商家为主的联盟推广业务。2010 年在“淘宝客”的基础上推出淘宝联盟（阿里妈妈改名为淘宝联盟）。

③高速发展阶段。2009 年底推出直通车业务（包括淘宝直通车和之后拆分出来的天猫直通车），为卖家提供竞价推广服务。

④创新突破阶段。2013 年重新启用阿里妈妈品牌，陆续推出 Tanx 和无线联盟、一淘直通车并将其与淘宝联盟及原有广告业务整合在阿里妈妈旗下，同时将原淘宝联盟下属的橱窗推广剥离并升级为 Tanx SSP 橱窗推广，成为面向全网广

告主的广告交易平台，打造营销生态圈。

（五）视频网站数字平台

视频网站是指在完善的技术平台支持下，让互联网用户在线流畅地发布、浏览和分享视频作品的网络媒体。其大致可分为视频门户网站、视频分享网站及其他类型的视频网站。视频网站提供的内容格式包括 RM、RMVB、FLV、WMV 及 MOV 等，在流媒体格式中，FLV 格式由于文件小、占用客户端资源少等优点成为网络视频的主要文件格式。视频网站一般都有自己的客户端，用户通过下载不同网站的客户端来播放自己喜爱的文件内容。国内主要的视频网站包括优酷网、腾讯视频、搜狐视频、乐视网、奇艺网、酷 6 网、PPTV 等。观看视频是当前人们网络消费的主要方式，据统计，我国网络视频用户约为 6 亿人，海量的用户必然带来大量的注意力，企业在视频网站的曝光也就有了价值。因此，在视频网站营销也成为当前企业的一个重要选择。

（六）网络游戏数字平台

网络游戏数字平台是以网络为支撑、以单机或在线游戏为主要内容的游戏平台。中国网络游戏的市场规模不断扩大，2016 年达到 1789 亿元，首次超越美国，成为世界最大的游戏市场①。经过 1980 年到 1994 年的红白机时代、1994 年到 2001 年的 PC 机时代以及 2001 年到 2008 年的互联网时代，当前中国的网络游戏已经发展到移动互联网时代。较为著名的盛大游戏、腾讯游戏、网易游戏等游戏平台都推出了自己的移动互联网作品，并提供以游戏为主线的相关产品和服务。网络游戏吸引了大量的游戏玩家，已经成为一个重要的数字平台。哪里有用户，哪里就有商机，因此，网络游戏数字平台逐渐成为企业营销活动主战场。

二、数字平台营销的服务类型

产品或服务是营销活动的核心要素。数字平台营销业务既包括传统营销活

① 2016 年中国首次超越美国成为全球最大的游戏市场[EB/OL]. http://market.chinabaogao.com/it/0S2910A2017.html, 2017-08-03.

动，也有一些创新型的营销产品或服务。

（一）广告位展示服务

广告位展示服务源自传统的广告展示服务，以信息型数字平台为主，包括门户网站和垂直类网站，当然，电子商务数字平台、社交型数字平台也会有此类广告形式，只不过不是主要的形式，只是辅助产品或服务。

广告位展示服务是最为基础的数字平台营销产品，它通过企业或广告主的广告展示来达到吸引用户观看或参与互动，最终提升企业知名度与销量的目的。

各个数字平台的广告位展示服务具有不同的广告形式和规格，广告位尺寸大小不一，形式以图文为主，有的则是动画。

（二）搜索业务

搜索业务是搜索型数字平台的主要营销服务，在海量数据的基础上，解决消费者选择困难的问题，当消费者递交搜索请求时，由技术引擎做处理，反馈给消费者一个搜索结果的页面，在这个页面内，有广告服务的空间，包括广告位展示、企业信息的竞价排名、关键词的购买及隐藏在搜索结果中的广告信息等。

另外，在不同的网络门户及垂直网站中，搜索引擎的应用都成了平台的标配。通过搜索引擎的应用，用户在搜索信息时，可以将其导流至企业官网，也可以提供信息引渡服务。

（三）流量服务

流量服务也称导流服务，数字平台依靠自己平台的海量用户优势，通过不同渠道的引导，让用户进入企业或广告主的网站，形成有效果的流量变现服务。这种按照广告的点击量、导流的人数及购买的效果来付费是流量服务的一大特点，也是基于大数据消费者画像的精准推送的基本特征。这种营销推广形式常见于搜索型数字平台和电子商务数字平台。由于聚集了大量的企业和消费者，电子商务数字平台天然具有营销推广服务的能力。在追求效果的今天，企业需要的是消费者实实在在的消费，因此，在电子商务数字平台，我们可以看到：由淘宝、京东等平台进行的导流服务是企业最为需要的推广方式，而这种方式是以真实效果为保证的。以淘宝为例，我们可以看到的按照效果付费的五大营销推广业务形态：钻石展位、Tanx 营销平台、P4P（直通车业务）、淘宝联盟（以淘客为主）和无线联盟。

（四）信息分发服务

信息分发服务是数字平台的一项较有特色的服务。在当前消费者的生活轨迹中，由衣食住行所引申出来的需求越来越多。相应地，信息分发服务也就成长开来。由信息分发平台所承担的信息分发服务包括不同类型的信息展示、企业的信息竞价排名等。在移动互联网时代，各信息分发平台都打造了自己的移动客户端，获得下载用户的基本信息后，信息分发可以变得更加精准，各信息分发平台将用户浏览后的相关信息分条发送给用户，实现精准营销推广服务。

（五）其他付费业务

除了上述常见的服务形式，数字平台还能够根据企业的不同需求，提供一些创新性的产品或服务，其他付费传播服务就成为一种新的突破。

一是个人会员或企业会员付费模式。包括电子商务类、社交类数字平台，它们根据自己产品或服务的特征，结合用户的需求，提供包月的收费服务。

二是 O2O 模式。数字平台可以整合线上线下资源，进行打包服务，或是统一收费，或是分成收费。由数字平台提供线上的展示或优惠信息，直接找到企业潜在的消费者，在得到消费者的关注后，完成线上数字平台的购买，然后至线下进行消费，这种模式大大提升了消费者的购物体验，也为企业带来了更好的重复消费，最早由团购网站倡导并发展起来，现在越来越普遍，成为数字平台大力推广的一种创新服务。

第三节　数字平台的精准传播

在传统的营销传播活动运作中，完成创意产品制作之后，下一步的流程就是传播，通常我们用“Reach”来表达信息的到达，这一步也是传统的营销传播中的媒介策略。数字平台的媒介策略与传统时代在准确度、到达速度及互动性方面有着较大的区别。

一、数字平台传播的特征

与传统的营销传播不一样，数字平台的传播具有更快的到达速率、以消费者为核心、互动性强、信息内容的多样性等特征。

（一）更快的到达速率

传统的广告传播，从获知传播需求，到制订传播计划，再与传统媒体进行购买协议，直到最后的上刊，一套流程下来，所需时日不少。而数字平台的传播速度很快，由于对消费者的信息所知较多，企业与数字平台之间的沟通较为简洁，而且当企业在数字平台传播信息后，用户会在较短的时间内获得信息，整个流程也比较快捷。

（二）以消费者为核心

从传统广告传播的运作流程可知，其传播以企业所传播的信息为主，企业有什么样的信息推送，才会有什么样的传播。而数字平台的传播，先要清晰地了解和掌握消费者的信息，他们喜欢什么样的信息，他们一般在什么时间、什么地点接受信息，这是典型的从受众到传播的过程。而且，当小范围内的受众在获得了信息之后，他们会按照自己喜欢的方式加以改编、点评、评论，从而进行再传播。在这个传播过程中，企业对信息二次传播的过程控制较弱，有时候传播的范围、效果都超出了企业要掌控的范围。但这也从一个侧面说明了数字平台传播的消费者核心地位。

（三）互动性强

传统广告传播的单向度是由大众传媒的单向度决定的，在这一传播过程中，受众对广告传播即使有一些看法和评论，企业也很难直接看得到，缺乏对传播过程的互动行为是传统广告传播最让企业诟病的一点，而数字平台的广告传播从一开始就注重消费者，有的传播信息就是由消费者参与创造和制作的，而在传播过程中，一些舆论领袖或业界大 V，会加上自己对传播信息的评论和看法，由此引发二次传播，这个传播过程就是多方互动，其互动性更强。

（四）信息内容的多样性

传统营销传播多由图文、视频构成，而数字平台的营销传播内容更加多样化，除了由数据引导的文本宣传外，数字平台还会有互动、H5、动画及 VR 等多种方式，这些方式无一例外都以消费者为核心，其出发点都是以消费者乐于接受和易于接受的方式来传播。

二、数字平台的精准传播类型

传统的广告传播是典型的“一扫一大片”，广告传播信息由媒介传播发送出去，到达的是一大片没有加以区别的消费者。而数字平台由于大数据的利用，每个消费者都有较为清晰的画像，其传播也就较为精准。依据消费者对广告传播信息接收的方式，我们可以将数字平台的精准传播划分为以下三种类型。

（一）精准推送型

这种方式脱胎于传统的广告传播，但是运用了大数据的技术，更加清晰地知道要推送的是什么样的信息，要到达的是什么样的个人而不是人群。本章第一节中已经讲到，数字平台营销的第一步就是收集大量消费者的信息，并进一步地甄别和贴标签，为每一个消费者建立自己的数据库。因此，当消费者在网上有进一步的行动时，平台便知道他的身份、爱好及可能的消费行为，就会为其推送相应的广告传播信息，这种广告的操作方式也是目前比较活跃的网络广告的程序化购买，由大数据后台计算推荐给消费者可能需要的广告信息，这是精准推送的类型。

（二）精准拉动型

传统的广告传播信息在内容设置时也可能会因为信息的趣味性产生主动的拉动作用，吸引用户去寻找自己产品或服务的信息。而数字平台的广告传播信息则可以直接设置成拉动型。当用户在网络上寻找相应的产品或服务时，企业可以通过优化、完善相应的工具或内容来影响客户的态度和行为。这类拉动型一般是指搜索引擎的优化，让用户在搜索时能够更好更快地找到企业的信息。还可以通过社交媒体营销，设置有趣味的信息让大家传播，以拉动消费者关注，还可以通过移动互联网形态下的LBS营销，当消费者处于某一地理位置时，通过社交应用将产品或服务推送给消费者，拉动和吸引消费者进行消费。

（三）精准意见领袖

有的明星或大V对自己粉丝的影响力无与伦比，他们的一言一行都会对粉丝产生巨大的影响。因此，数字平台的传播中还有一种是针对明星或大V，通过影响意见领袖进而影响消费者。通过数字平台，我们可以识别出对目标消费群体有影响力的关键意见领袖（key opinion leader，KOL），通过大V或者明星制造信息，或转发相关信息来影响消费者也是一种重要的精准传播类型。

三、数字平台精准传播方法

不同的数字平台具有不同的传播信息的方法，而且随着新技术的发展，很快也会带来更新的工具和传播方法。通过对主要数字平台的精准传播方法的介绍，我们可以了解到数字平台营销的要义。

（一）搜索引擎的精准传播

SEO是一种通过了解搜索引擎的运作规则来调整网站、对网站内外资源进行优化整合，以及提高网站在有关搜索引擎内的排名，从而最终提高网络访问量的战略/策略/技术方法论。研究发现，用户使用搜索引擎往往只会查看排在最前面的若干条目或结果首页，因此，很多企业、商家或网站都努力通过各种方式来优化自身的搜索排名①。

就搜索引擎平台来说，优化有两部分：一是网站技术本身的优化；二是内容方面的优化。网站技术方面可以从网站架构、计算权重等方法上解决。内容方面可以由企业承担关键词、创意等方面的优化。

---

① 曹虎，王赛，乔林，等. 数字时代的营销战略[M]. 北京：机械工业出版社，2017.

1. 竞价排名的优化

百度竞价排名，是一种按照效果付费的网络推广方式，是百度推广的一部分。如果能够很好地利用竞价排名，可以用较少的投入为企业带来大量的潜在消费者更加有效地提升企业网站的流量、咨询量、预约量、访问量及品牌的知名度。百度竞价推广具有多种优势，百度是全球最大的中文网络营销平台，覆盖面广，日均搜索请求达到 60 亿次；其目标精准、针对性强，能为企业带来直接的客户。它按效果付费，无效的没有费用，获得新客户的平均成本较低。而且后台管理也比较灵活，具有专业的推广管理系统，功能丰富。

潜在消费者通过百度搜索找到自己想要的产品或服务，而处在搜索结果页面第一页的产品或服务往往成为消费者关注的重点。因此，当消费者搜索关键词时，企业通过优化自己的关键词，可以将自己的排名提升，更加容易让消费者看到。

如何提升？我们首先要知道几个问题：一是消费者是从哪里来的？二是他们要到哪里去？三是访问者在网站做了些什么？四是他们是否进行了转化，也就是是否购买了企业的产品或服务？

优化就是从以上问题出发，将上述问题形成一系列的指标，然后针对每一个指标进行优化。企业可以将上述问题根据消费者到达企业网站前及到达企业网站时划分为两个阶段，每个阶段的指标不同，优化重点也就不同。例如，消费者在到达企业网站前，企业要知道消费者是谁？他们的一般性指标包括个人信息、人均搜索量、消费者搜索了什么关键词。然后企业就可以设置关键词，以获得相应的广告展现的机会（包括广告词的创意、投放范围等）。消费者很有可能点击企业设置的关键词，这就有了一定的点击率，企业可以根据平均点击率来设置广告预算并给出相应的价格。消费者点击广告之后，企业可以算出到达率及跳出率，还有销售的转化率。这些指标都是可以优化的指标，企业可以找出哪些是表现得较差的，有针对性地进行优化。

2. 搜索引擎内容创意的优化

内容创意的优化可遵循以下流程来进行：第一步是企业检查自己的账户。在搜索引擎的企业，都会有自己的广告推广账户，可以查看账户的结构及设置的合理性，也可以看到整体数据指标的趋势表现。第二步是找出优化样本，确定要分析的样本，然后找出有问题的指标。第三步则是数据分析，针对品牌诉求类或效果诉求类的内容进行分析。

（二）社交媒体的病毒式传播

社交媒体可以说是将人类的社会关系较为完美地移植到虚拟网络上的媒体，维基百科认为社会化媒体是人们用来创作、分享、交流意见、观点及经验的虚拟社区和网络平台。在社交媒体中，用户可以自行产生内容，让人们有权利进行编辑和传播。

社交媒体的传播一般是在自己熟悉的圈子内流传，然后扩散至陌生人、更大范围内的大众人群。这样的传播更具有扩展性和可信性。由于网络化的特点，社交媒体的内容传播具备病毒式传播的特性，可以快捷地形成一个传播大网，让一些事件得以迅速传播与扩散。因此，社交媒体的产品或服务的传播也成为企业的一个重要阵地。社交媒体目前主要是微博和微信。

（1）微博营销。在 2017 年 V 影响力峰会上，微博宣布，2017 年自媒体通过微博赋能而获得的收入超过 207 亿元，其中内容付费收入 13.3 亿元，较 2016 年增长明显。从用户规模上看，微博第三季度财报显示，微博月度活跃用户数已达 3.76 亿人，较 2016 年新增活跃用户 7 929 万人，其中移动端占比达 92%。从内容规模上看，图片、文本和视频是微博内容的主要呈现形式，其中视频领域增长明显，微博用户发布视频内容日均已超过 100 万条，直播开播场次超过 30 万次①。

通过微博进行的营销效果显著，2014 年夏天，可口可乐在全国掀起了一场换装热潮。可口可乐利用互联网上的热门词汇推出了一系列“昵称瓶”新装，“文艺青年”“小清新”“学霸”“闺蜜”“喵星人”等几十个极具个性又符合特定人群定位的有趣昵称被印在可口可乐的瓶标上。

在新浪微博上，可口可乐最初借助媒体明星、草根大号等意见领袖进行内容的预热阶段，赠送了印有他们名字的昵称瓶，于是他们都纷纷在社交网络上晒出

---

① 赵新培. 2017 年微博自媒体收入 207 亿！活跃用户达 3.76 亿[N]. 北京青年报，2017-12-06.

自己独一无二的可口可乐定制昵称瓶，一时之间，各个明星的粉丝和普通消费者纷纷在微博上求可口可乐定制昵称瓶，表示要过一下“明星瘾”或自己留作收藏等，更有部分网民表示希望用来向自己的暗恋对象表白。

可口可乐与新浪微博微钱包一起合作推广可口可乐昵称瓶定制版，让更多普通的消费者也可以定制属于自己的可口可乐昵称瓶。

第一天，300 瓶可口可乐 1 小时被抢光。

第二天，500 瓶可口可乐 30 分钟被抢光。

第三天，500 瓶可口可乐 5 分钟被抢光。

接下来几天，都是在 1 分钟内秒杀完毕。这是让人震惊的数字，而且呈现出越来越快的趋势。前三天 1 000 多瓶的销量，已经产生新浪微博 5 000 多条的分享与讨论。于是有更多的网友知晓并且参与到活动中来，如同滚雪球一样，知道和参与的人越来越多，抢购一空的时间也越来越短。这也正是微博营销真正吸引人之处，依靠病毒式传播带动品牌与产品影响力的几何级递增。

（2）微信营销。与微博平台更多的陌生人关系不同，微信更多的是一种熟人关系，更多认识的人属于人们平时在生活中的朋友。这是一个相对较为封闭的社交平台。由于是朋友圈子，其传播可信度就更高。微信营销通常的方式是公众号和朋友圈营销。

公众号是专门为企业定制的一种官方传播方式。2017 年 7 月 31 日上午，来自 2017 微信智慧工坊 PRO 版“无现金日”活动现场的数据，微信+WeChat 合并月活跃账户数超 9 亿，腾讯移动支付月活账户和日均支付笔数超过 6 亿，公众号数量超过 2 000 万个。典型用户日均发送消息次数超过 70 次。微信公众号不仅可以发布官方信息、进行客户关系管理，还可以通过优质的内容输出来增加用户黏性，提升品牌吸引力。

而朋友圈营销则属于一种自媒体的形式，它是用户将自己的生活方式和内容，或者是见闻及评论通过朋友圈发布出去的一种形式。朋友圈是可以关注自己朋友近况的一种有效方式，获得较多的注意力。因此，在朋友圈中突然加入企业的广告信息，更像是一个朋友的信息，因此，其广告效果更佳，消费者会根据自己的兴趣、喜好对广告内容进行评论，这也会引发朋友们的关注。

（三）视频营销

视频数字平台多为视频播放平台、分享平台。平台上贮备了大量的视频内容，由此吸引了大量的视频观看爱好者，视频数字平台的消费者多、杂，而不同的视频内容也会吸引不同的消费者来观看。因此，在视频数字平台营销方面，平台亦根据自己的用户状况，结合企业的潜在消费者对比，然后为企业进行不同的营销策略和组合，以达到帮助企业营销的目的。

视频数字平台营销的精准传播亦是基于消费者的大数据而来。在不同类型的视频播出内容中，平台可根据企业的需求在片前、片中及片尾插入企业的视频广告，以吸引企业的潜在消费者。

（四）SoLoMo 营销

SoLoMo 是 social（社会的）、local（本地的）、mobile（移动的）三个英文单词的缩写，由美国著名风投及 KPCB 风险投资公司合伙人约翰·杜尔在 2011 年 2 月第一次提出。此概念一经提出，就受到了全球业界和学术界的认可，在商业模式上有不少的 SoLoMo 应用，这也是当前移动互联网生态中较为认可的营销模式之一。

有些产品或服务是在线上无法进行消费的，如美食等。移动化的应用，使我们随时随地可以进行活动和交易，当我们走到一个陌生的空间，我们想要找到当地的美食，可以通过社交化媒体来进行询问，通过移动化的寻找和支付，然后在本地进行消费。这三大重要元素的组合，让消费者在一种新的场景下进行了消费，可以说是在新的技术条件下，将几种不同数字平台的业务进行整合，然后促进交易的产生。在这其中，数字平台的精准传播达到了非常精确的程度。首先是在地理位置上，当消费者进入一个新的空间时，我们通过定位知道了消费者的位置，然后通过社交媒体了解到其具体需求，这个时候我们就可以推送具体的、更加接近消费者需求的营销信息。

（五）电子商务数字平台营销

艾瑞咨询数据显示，2016 年中国电子商务市场交易规模 20.2 万亿元，同比增长 23.6%。其中，B2B 电子商务占比最高，其次是网络购物、在线旅游和本地生活服务 O2O。2016 年，中国网络购物市场交易规模为 4.7 万亿元，在整个电子商务交易市场中占比为 23.3%，相比 2015 年占比升高。国内网购市场已经进入移动消费时代。2016 年中国移动网购在整体网络购物交易规模中占比达到 68.2%，比 2015 年增长 22.8%，移动端已超过 PC 端成为网购市场中主要的消费场景①。

市场研究公司 eMarketer 的数据显示，中国电商巨头阿里巴巴集团 2016 年的移动广告收入达 110 亿美元，占据中国移动广告市场 40.3%的份额。

淘宝广告业务主要的经营来自阿里妈妈，它为整个阿里平台提供商业解决方案，狭义上是为阿里商家服务，广义上更是让整个互联网平台的商业价值最大化。阿里妈妈在短时间内成为电商卖家推广的首选，第一款应运而生的产品就是淘宝直通车。直通车的尝试无论对于卖家还是平台本身来说，都找到了商业和效果的最佳平衡点，同时更让处于发展期的阿里平台找到了商业的爆点。同时，阿里妈妈不断生出各种新的产品和应用，包括钻石展位、淘宝客、TANX、达摩盘等产品和服务。

电子商务数字平台的营销推广基于海量消费者的购买数据，其推出的相关产品具有非常强的针对性，当企业的广告出现在钻石展位、淘宝客时，相应的消费者看到广告即可点击进入商家店铺，形成高效的导流，而且通过点击付费也节省了商家的广告成本。

第四节　数字平台营销的效果测量与管理

数字平台营销效果显著，甚至部分数字平台的广告是按照效果来收费的。那么数字平台营销比较常用的测量指标有哪些？数字平台营销的测量指标与传统营销的测量指标有什么不同？

① 2016 年中国电子商务市场规模超 20 万亿元　同比增长 23.6%[EB/OL]. http://www.askci/com/news/hlw/20170502/16102897188.shtml，2017-05-02.

一、数字平台的营销效果

数字平台的营销效果是指在数字平台上开展的营销推广活动是否达成了营销传播目标，它也是营销推广信息在数字平台传播过程中所引起的直接或间接变化的总和，即包括营销推广的经济效益、心理效益和社会效益。不过，我们一般测量时倾向于营销推广的经济效益。根据数字平台营销推广活动所引发的市场以及消费者反应的变化，可以设定数字平台营销效果的测量指标，针对这些指标的测算和计量就是数字平台营销的效果测量。

数字平台的测量指标按照不同的标准可以分为不同的类型。如果按照主体不同，可以分为以数字平台方为中心和以企业为中心的指标。以平台方为中心的指标包括销售额、销售增长率、利润率、品牌价值及市场份额等。而以企业为中心，则是企业在数字平台进行相关营销推广活动后需要获知的结果，包括到达率、点击率、跳出率、销售转化率等。

数字平台的测量指标一般是为企业服务的，所以后一种测量的指标需求是数字平台应该尽量满足的。

二、数字平台营销效果的评价指标

按照一般的数字平台营销流程，我们可以设计出相应的测量指标。以搜索引擎为例，在进行营销推广中，我们需要知道目标消费者对关键词的检索量，而相应地，企业在自己的推广账户中也可以设置展现次数、点击量、消费。由于数字平台可自动计算出点击率及平均点击价值，当导流到企业自己的网站后，就会有相应的消费者访问指标，包括访问次数、访客数、跳出率、平均访问数、平均访问页数等指标。随后，企业最为关注的销售指标也会出现，包括转化次数、转化率、平均转化成本、投资回报率、收益和利润等。

（一）点击次数与点击率

网民点击网页与广告的次数称为点击次数。点击次数可以客观准确地反映营销推广信息的传递效果。点击率是指网站页面上某一内容被点击的次数与被显示的次数之比，即clicks/views，它是一个百分比，反映了网页上某一内容的受关注程度，通常用来衡量营销信息的吸引程度。点击率是营销推广信息最基本的评价指标，也是反映营销效果最直接、最有说服力的量化指标，因为一旦浏览者点击了某个营销推广信息，说明他（她）已经对广告中的产品产生了兴趣。和单纯的曝光次数相比，这个指标对企业的意义更大。

（二）转化次数与转化率

营销推广的最终目的是促进产品的销售，而点击次数与点击率指标并不能真正反映营销推广信息对产品销售情况的影响，于是，转化次数与转化率的指标应运而生。转化率最早由美国的网络调查公司 ADKonwledge 提出，转化是指受营销推广信息影响而形成的注册、购买。转化次数就是受营销推广信息影响所产生的购买、注册或信息需求行为的次数，而转化次数除以曝光次数，即转化率。

数字平台上的营销推广信息的转化次数包括两部分：一部分是浏览并且点击营销推广信息所产生的转化行为的次数；另一部分是仅仅浏览而没有点击营销推广信息所产生的转化行为的次数。转化次数和转化率可以反映那些被浏览而没有被点击的营销推广信息所产生的效果，点击率与转化率不存在明显的线性关系，所以才会出现转化率高于点击率的情况。

（三）阅读量与传播量

数字平台传播的营销推广信息有多少人阅读与观看？一篇好的营销推广文章和一个精彩的营销推广视频，会在很长时间内被反复阅读与观看。在一个确定的时间段内，统计其传播量是比较重要的。观看量是指消费者看到营销推广视频的数量。例如，一个营销推广视频访问量达到几十万、几百万，那么可以粗略地判断所投放的视频广告或者植入的视频广告的展示情况。

浏览量是用户点击阅读或观看营销推广信息的数据。在推广活动中，总会着重设计和组织一些热帖，单一文章的浏览量可以达到 10 万+。社交媒体上的营销信息一般都会有阅读量、点赞量统计，在营销信息标题的旁边，或者在内容的下方都能看到这个数据。

营销推广信息需要通过各种媒体渠道传播。传播量主要衡量营销信息，在所确定的媒体渠道上投放了多少？转载了多少？一般来讲，有时候一篇媒体文章确定投放5家，又吸引了10家转发，那么媒体传播量就是15条。这些媒体渠道主要包括哪些营销信息放在什么频道、什么位置、推荐到了什么地方、是否是热文、是否有评论等，都是营销信息传播效果测量的具体指标。

（四）活动参与量与互动率

参与量主要针对数字平台推出的营销传播主题，在实施推广后，预计实现的参与人数，如几百、几千或者几万的指标。参与量指标的测量主要依据两个方面：一方面是活动的对象；另一方面是参与的难度。如果只是点击一下鼠标就可以参与，那么这个活动就比较轻松，做到几万人也比较正常；如果一项活动需要提交一些作品，那么几千人的参与已经很不易了。

互动率指消费者与营销推广内容进行互动的数量与观看量之间的比率，互动包括重播、点击、评论、下载及转发。当消费者与营销信息有一定互动时，营销效果将会大大增强。目前，一般的视频广告互动率在5%，当视频内容非常有趣，并且组织了一定的推广后，最高可以提高到30%以上，即10个观众中，会产生3个转发者评论者。

三、数字平台营销效果的测量

传统的营销效果测量方法有实验法、问卷法等，而数字平台的营销效果测量则是由后台数据直接生成，这也是大数据的具体应用之一。

我们可以将数字平台营销效果的测量分为两个方面：一方面，在搜索引擎上设置关键词导流到企业网站；另一方面，消费者通过搜索引擎导流至企业网站。

企业首先需要知道一些消费者的基本指标，如消费者的日均搜索量，选择的关键词都有哪些？而我们可以根据这些基本指标来设置自己的推广指标，企业可以出多少钱、进行多少次出价、每天出价的总额及次数等，然后系统可以计算出具体的消费者点击量、点击率、单个点击花费等数据指标。当消费者被导流至企业网站后，相关的运营性指标也就出来了，具体包括到达率、跳出率，转化次数、转化率、平均转化成本、投资回报率、收益和利润等，这些都可以根据数字平台后台程序计算得出，如图 4-1 所示。

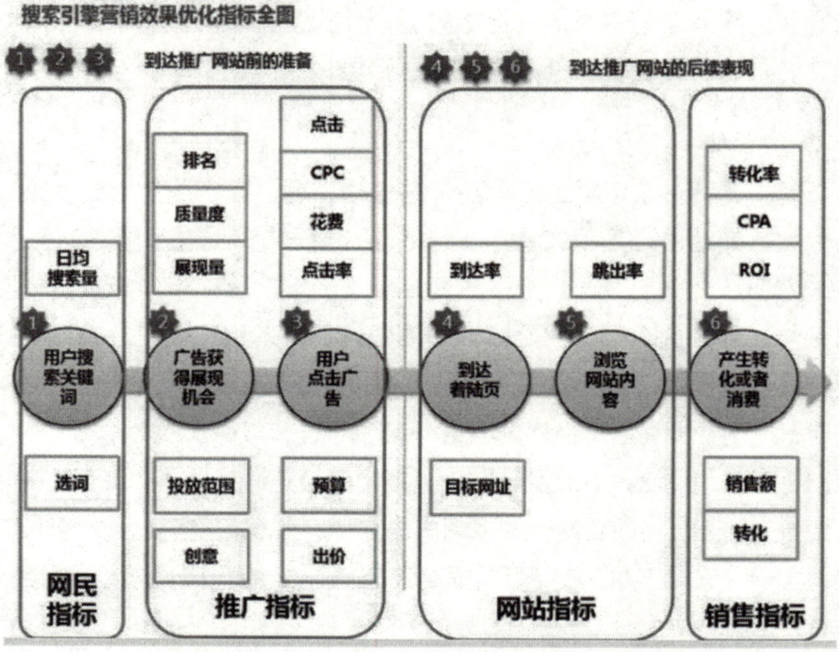

图 4-1 搜索引擎营销效果优化指标全图

延伸阅读

一：鹿晗，我们除了知道你掉了多少粉，还知道她们是谁，http://www.miaozhen.com/index.php/Index/newsxq/id/1022.html

二：2017 年中国移动游戏行业研究报告，http://report.iresearch.cn/report/201708/3043.shtml

三：如何合理运用多维数据，做出正确市场决策，http://www.miaozhen.com/index.php/Index/newsxq.html?id=51

第五章　搜索引擎平台营销

随着数字传播技术的迅猛发展，信息的传播方式也发生了巨大的变化，人们接受信息的渠道也越来越多。虽然我们可以足不出户了解到各方面的信息，但大量的信息也让我们为找到自己真正需要的信息所花费的时间成本越来越高。因此，搜索引擎技术的出现很好地解决了这一问题，至今搜索引擎仍然是人们最为喜欢的信息查找方式。

第一节　搜索引擎平台的发展

随着互联网的不断普及，我们每个人都能越来越多地接触到互联网，并开始不断深入地利用互联网，而当我们需要寻找或了解一些信息或资讯的时候，只需要接入互联网，打开百度浏览器或谷歌浏览器，将我们需要寻找或想了解的信息输入搜索框里，轻轻一点，便可以瞬间查询到很多结果，这个被我们经常用到的工具就是搜索引擎平台，那么如此方便快捷的工具是如何发展起来的呢？

一、PC 端网页搜索

最初的搜索引擎主要是基于个人电脑的 PC 端搜索。在互联网发展的初期，各类网站相对较少，信息的查询相对来说比较容易，然而伴随着互联网的迅速发展及信息的增多，普通的网络用户在查询信息时就变得不再那么容易。因此，为满足更多用户的信息查询需求，搜索引擎应运而生。

从功能性来讲，最初的搜索引擎主要是基于网址的分类式网站，从最初的FTP（file transfer protocol，文件传输协议）到后来的万维网（World Wide Web，WWW），网址就是最初的搜索引擎的代表。这一代的搜索引擎类似于一个导航网站，也可以说是一个目录网站，我们可以在里面找到互联网中的所有网站，最为典型的就是1994年底在美国兴起的门户类网站——雅虎。雅虎的出现使搜索引擎的商业模式更加深入人心，它也成为当时最为成功的门户类网站，然而这样的成功并没有让雅虎对于搜索引擎技术做进一步的延伸和发展，而是将这部分业务进行了外包。

虽然最初的搜索引擎主要是以目录搜索形式的门户类网站存在，但除了有目录搜索功能以外，最初的搜索引擎同样可以进行全文搜索，也就是以文件名的方式进行搜索。早期的搜索引擎主要是使用基于文档内容信息的匹配和排序算法，较为典型的包括布尔模型、向量空间模型、概率检索模型、模糊集合模型、扩展布尔检索模型等[①]。这些模型的运用大大提高了搜索引擎检索结果的数量，但由于最初的搜索引擎注重的是对文件名称的匹配，因此搜索结果多少就成了判定搜索引擎好坏的主要依据，可想而知，这样的搜索结果显然无法满足普通网络用户最初的搜索目的。同时最初的搜索引擎与搜索结果之间缺乏一定的相关性，搜索结果的排序规则也相对不是很合理，在呈现的搜索结果里，用户很难找到真正需要且与所输入的检索内容相匹配的搜索结果。

二、关键词搜索

随着数字技术的发展和网络用户对搜索需求的日益增长，现有搜索引擎的分类式查询和以文件名进行的简单查询已无法满足用户的需求。1998年成立的谷歌推出了采用关键词进行的页面搜索方式，其搜索内容几乎可以覆盖互联网中的大部分内容，因此也再一次重新定义了搜索引擎。

---

① 张立彬，杨军花，杨琴茹. 第三代搜索引擎的研究现状及其发展趋向探析[J]. 情报理论与实践，2008，31（5）：785-789.

依据关键词而进行的信息检索方法则是通过用户所输入的查询信息提交给网站的服务器，服务器接到指令后开始对相关的信息进行查阅，然后根据查询结果反馈给用户一些与关键词相关度较高的信息。检索过程中主要依靠机器抓取，建立在超链接分析基础之上，提高了“查准率”，检索的思想、方法和目标有了根本性的改变①。因此，根据关键词进行检索的方式与最初的搜索引擎相比，单从检索结果上来看更加准确，更能够接近网络用户的真正需求。但这种检索形式依然存在不少局限性，如信息丢失、反馈过多无用信息等②。为进一步提高搜索引擎的检索结果，优化以关键词进行搜索所呈现出来的结果与用户之间的关联性，人机交互技术的运用使现有的搜索引擎得到了进一步的升级。

人机交互技术使搜索引擎的发展开始从以搜索结果为中心转向为以用户为中心。这一代的搜索引擎技术也就是我们现在互联网上经常使用的，它不仅在性能上提升了搜索引擎的检索能力，为用户提供了更为便捷、精准的搜索体验，同时还不断向人工智能的方向发展，实现了人机结合以及信息服务的智能化和个性化发展。当一个普通用户使用搜索引擎进行检索时，信息的检索具有一定的推理能力，它能够结合用户的检索痕迹对用户的检索结果进行判断和取舍，从而改善检索的路径并完善检索的效率。例如，网络用户在搜索框里输入相应的查询请求时，虽然是同一个查询请求，即同一个查询关键词，但在不同的客户背后查询需求可能就会完全不一样。当一个搜索引擎接收到关键词“手机”的搜索请求时，那么对于一个想买手机的人和一个想了解手机资讯的人来说，搜索结果可能就大不一样。即便是同一个用户，发送其所需要查询的关键词时，搜索引擎同样需要根据用户查询的时间、地点、访问的方式及所用的终端设备等不同因素做出判断，最终反馈出不同的结果。其实，对于这一代的搜索引擎来讲主要就是解决一个问题：如果才能更加有效、精准地根据用户所输入的关键词来判定用户的真实查询需求。

---

① 马莉婷. 我国搜索引擎市场发展研究[D]. 厦门大学硕士学位论文，2009.

② 黄卫平. 个性化搜索引擎的研究与实现[D]. 武汉理工大学硕士学位论文，2007.

三、移动端搜索

在互联网发展进程中，我国网民在 PC 端的保有量已日渐饱和，随着移动终端设备的普及，移动互联网呈现井喷式增长。数据显示：截至 2018 年 12 月，我国网民规模达 8.29 亿，互联网普及率为 59.6%，手机网民达 8.17 亿，网民通过手机接入互联网的比例高达 98.6%，网民手机上网比例进一步攀升[①]。因此，搜索又进入了一个新的时代，即移动搜索时代。

手机网民规模的扩大推动了移动搜索的进一步发展。一方面，移动搜索的时代不再受任何时间、地点和场合的限制，随时随地都可以搜索信息；另一方面，也正是由于移动搜索的到来，网络用户不需要向互联网授权任何信息，可以直接利用移动终端设备进行相关内容的搜索。同时也正是移动设备的普及，搜索引擎可以利用用户在使用移动终端设备进行搜索时获取到大量的用户特征信息，如用户的上网时间、地点、操作习惯、检索内容等，进而通过这些信息勾画出用户的行为习惯和特征，进一步实现搜索结果的精准化。

移动搜索技术的进步也正是得益于移动设备自身所具备的特征，移动设备特别是手机终端，基本都是人手一部，随身携带，这就使得搜索引擎所记录的用户特征信息更加自然而真实，依此而进行的智能化推测就会更加符合用户的真实需求。这就好比我们可以通过一个人的微信朋友圈去推测这个人的职业、兴趣爱好、生活习惯等，搜索引擎中留下的用户行为数据，都将是搜索引擎平台不断进步和实现商业化的巨大宝藏。

第二节　搜索引擎平台营销的原理

互联网已成为当今全球最大的信息资源库，每天都有海量的用户通过互联网检索和发布信息，随时随地享受到互联网带来的方便与快捷。而搜索引擎作为用

① 中国互联网络信息中心．第 43 次《中国互联网发展状况统计报告》[EB/OL]．http://www.cnnic.net.cn/hlwfzyj/hlwxzbg/hlwtjbg/201902/t20190228_70645.htm，2019-02-28.

户访问互联网的入口，拥有无比巨大的用户流量，这也使搜索引擎成为数字平台营销主要的方式之一。

在互联网信息时代，搜索引擎为用户在海量的互联网信息中找到自己所需要的信息提供了便利的服务，搜索引擎平台的营销正是利用网络用户使用搜索引擎检索信息的机会尽可能地将营销信息呈现给目标用户。在这个过程中既完成了用户对目标信息的检索，同时也实现了产品或服务的营销。

一、搜索引擎营销

在当今的网络经济时代，搜索引擎作为用户检索信息的重要平台，信息的检索功能已成为消费者在进行线上消费时一种重要的方式，也逐渐成为众多消费者消费行为模式中一个重要的环节。搜索引擎技术越来越完善和人性化，不仅大大降低了消费者搜索信息的成本，同时也为搜索引擎平台营销提供了诸多可能性。当消费者在搜索引擎中输入相应的关键字进行搜索时，就意味着以消费者需求为导向的消费行为已经生成，搜索引擎就可以根据消费者的需求推荐相应的产品和服务，从而实现搜索引擎平台的营销。同时，搜索引擎营销（search engine marketing，SEM）在控制成本、品牌推广、挖掘潜在用户、针对目标客户群等方面拥有得天独厚的优势[①]。因此，在诸多的网络营销方式中搜索平台营销一直是最为重要的营销方式和渠道。

搜索引擎营销，简单地来讲就是基于搜索引擎平台开展的营销活动，利用人们在搜索信息时对搜索引擎的依赖，在搜索的过程中尽可能地通过技术手段将营销信息呈现给用户，以此来最大可能地获取信息的曝光、点击、浏览和产品的销售。目前，在数字营销中搜索引擎平台营销一直是一个重要的板块，搜索引擎平台的应用也越来越广泛和普及，国内流量最为巨大的搜索引擎平台就是百度和 360，其营销效果也得到了很多企业的认可，同时也成为企业营销推广的首选方式。

① 李凯，邓智文，严建援. 搜索引擎营销研究综述及展望[J]. 外国经济与管理，2014，36（10）：13-21.

二、搜索引擎平台营销的工作机理

搜索引擎平台营销是通过搜索技术应用而实现的，首先，企业或个人将信息发布到互联网上，同时搜索引擎平台会随时对发布的相关信息进行收录、提取并建立相应的索引数据库；其次，当用户在搜索引擎平台进行关键词搜索时，检索器就会根据用户发出的搜索请求，通过链接网址在信息库中进行信息检索，同时将检索结果与用户输入的关键词进行相关度匹配；最后，根据相关度的高低将查询到的信息进行排序后反馈给用户。

对于营销人员来说，没有必要掌握搜索引擎的技术，但是只有了解和掌握了搜索引擎的工作机理和运作方法，才能更好地结合企业自身的业务来充分利用搜索引擎平台进行营销决策的制定。从现有的搜索引擎的搜索技术模式来看，搜索引擎平台营销的工作机理主要有两种：一种是基于搜索引擎技术的免费自然搜索模式；另一种是搜索引擎的搜索结果返回时的付费设置模式。简单地来看，这两种模式只不过一个是免费的另一个是需要付费的，但这两种搜索引擎平台营销的工作机理完全不一样。

（一）自然搜索

自然搜索就是用户根据相应的关键词在搜索引擎平台中对企业销售人员发布到互联网上的相关营销信息进行的一种自然形式的检索。在这个过程中作为一个普通的网络用户或消费者需要做的就是根据自己的需要想出最为符合自己意愿的关键词，然后通过搜索引擎平台直接进行检索即可。对于搜索引擎所反馈的所有信息，他们并不关心这些信息是如何排列的，具体是哪个企业的营销信息，以及是不是营销信息等，他们只是根据展现的结果找到自己最想要的信息。但对于需要借助自然搜索进行营销的企业来说，用户的喜好、关注点、营销信息的展现方式、排列顺序、展现位置等都尤为重要，因为这决定了企业的产品或服务的营销信息能否被互联网上的目标消费者所看到，进而产生交易。

因此，在自然搜索中作为企业，首先要建立健全自己公司的网站，当然在这个过程中需要拥有属于自己的域名（www）和服务器用于网站的运营。域名就相当于人的身份证，有了它就等于有了一个互联网的专门合法的识别号，网络用户或消费者可以直接通过该域名对公司的官网进行访问。当拥有这些以后，就需要建立相关的索引库，也可以称为营销信息的关键词库以及这些关键词的链接页面。当然，这个搜索的索引库并不是企业自己建立的，而是得益于一种特殊的搜索引擎程序，即搜索引擎蜘蛛 Spider，蜘蛛只是这个搜索引擎程序的一个形象比喻，它是根据网站的网址而进行的网络页面搜索，在搜索的过程中它会通过互联网的 HTTP 协议不断地进行下一个网络页面的请求和下载，然后将爬行过的 URL 保存到互联网的缓存数据库中。搜索引擎平台中的页面解析模块会对从 URL 中提出来的 HTML（hyper text markup language，超文本标记语言）进行解析，包括网页标题、网页正文、链出 URL 地址、链接标签文本、Metadata 等数据①。根据最终的解析结果，搜索引擎平台的页面评价模块会在搜索关键词与搜索结果之间进行评估，自动过滤掉那些相关度很低的或者根本没有相关性的页面，并将最终的结果储存到搜索索引库里面。因此，作为企业的营销人员需要做的就是尽可能地在各个搜索引擎上增加与企业相关的营销信息，以便网络蜘蛛爬取时收集和储存，使用户或消费者在检索时能呈现出更多的营销信息。

搜索引擎的索引库能够很好地帮助用户在自然搜索过程中快速地找到与自己需求相关的内容，但搜索引擎的索引库在自然搜索的过程中并不是固定不变的，索引库里面存储的网页也需要维护，当然维护是通过软件自动实现的，并非人为的手动操作。索引库的维护主要有两个基本的方式：一是定期搜集；二是增量搜集。

定期搜集，通常又称为"批量搜集"，由于互联网每天更新的数据量巨大，对于搜索引擎来说，要抓取互联网上每天更新的所有网页几乎是不可能的，容量最大的搜索引擎也不过是抓取了整个网页数量的 40%左右。定期搜集就是指搜索引擎从某一个时间点开始对互联网上的页面进行一次大规模的搜集，同时每一次的搜集基本上都替换掉上一次搜集的全部内容，在比较理想的网络环境和硬件条

① 王明国，胡敬仓. 主题搜索引擎中网络蜘蛛搜索策略的研究[J]. 微处理机，2011，（4）：34-37.

件下，经过足够长的搜索时间，基本上可以搜集到一定规模的网页数量。定期搜索的好处是在系统功能的实现上相对比较简单、花费的成本较低，但这种搜索和储存方式也会耗费很长时间，有时甚至是几周或一个月。同时，由于搜索过程较长，被抓取的 URL 的时间点各不相同，各个页面的更新也就截然不同，对于储存内容的“时新性”就无法进行保障，索引数据库中储存的网页与实际网络环境中的网页数据可能就会出现不一致的现象。

与定期搜集不同，增量搜集的前提是索引库要先具有一定规模的网页储存数据，并且记录每一个网页储存的时间，然后根据储存时间进行不断的更新抓取，以保证储存的数据能够与互联网中的网络数据保持足够的接近。增量搜集有几个主要特点：第一是只搜集新出现的网页；第二是对上次搜集过但有改动的页面进行重新搜集；第三是对搜集过但已无法进行正常访问的网页进行删除，同时根据算法对匹配度极低的网页进行替换。在国内的互联网信息库中，除了一些新闻类网站会进行较为频繁的更新外，许多网站的内容更新和变化并不是十分频繁。因此，通过增量搜集每次进行搜索的网页数量相较于定期搜索的网页数量要少很多，搜索速度也会提高很多，网页信息的时新性也会更有保障。但这种增量搜索的系统实现相对比较复杂，花费的成本较高，同时这种难度不仅在于搜索的过程，对于搜索索引的建立也需要做进一步的研究。

（二）付费设置

付费设置和自然搜索相比，最大区别并不是一个需要付费一个免费，而是搜索引擎在进行检索时所搜索的数据库不一样。自然搜索是按照输入的关键词对搜索引擎所反馈的结果按照一定相关性进行排序，在这个过程中所有流程的操作都是利用搜索引擎技术而自动完成的，没有人为的干预。而对于付费设置，搜索引擎在搜索的过程中并不是在索引库里面已储存的数据中寻找与用户或消费者提出的请求内容相匹配的网页，而是在企业营销人员根据营销信息预先建立的关键词列表数据库里面进行的搜索和匹配，人为的可操控性就非常大了。

对于搜索结果，自然搜索按照内容的相关性进行排序，而付费设置则根据“竞价排名”的规则进行排序。同时，这种排序的方式对于同一关键词而言，哪个广告主给出的价钱最高，哪个广告主的信息就会排在搜索结果的最前面。这种搜索方式对于互联网用户或消费者来说显然就不是那么的友好了。一方面，检索出来的结果可能会和预期的真实需求相差很大，有时甚至一些不相关的内容也会出现在搜索结果的最前面，使用户需要花费更多的时间去检索自己真正需要的信息。另一方面，由于付费设置的模式是需要付费的，且价格也是根据关键词的热度而不断变化的，作为企业只有两种选择，要么是让自己的营销信息淹没在浩瀚的信息海洋里，任其自由发挥；要么就要花费更高的营销成本让企业的营销信息独占鳌头，显然对于企业来说这两种结果都不是最好的选择。

当然，为满足更多企业的需求，让企业不再因为价格的问题而对搜索引擎平台营销望而却步，搜索引擎平台营销又针对付费设置的工作原理做了进一步的优化，引进了“混合竞价”的方式，即在排序时除了考虑价格方面的因素，还同时考虑点击率的高低①。这样不仅搜索引擎的使用者能够快速地找到与之相关性较强的信息，而且企业可以通过高价格换来较高点击量，从而使企业的营销信息获得更大的曝光率，进而获取到更多的利益，对于搜索引擎平台自身来说也可以吸引更多的企业进行营销信息的推广。

混合型竞价模式其实也是根据市场的需求而逐渐形成的。混合竞价模式下的搜索引擎平台营销信息的呈现方式出现了变化，其实这也和互联网广告的售卖形式从最开始的“粗放型”投放向“精细化”投放转化有关。混合竞价使得企业在进行搜索引擎营销信息的发布时有了更多的选择，目前最为常见的方式有 CPT、CPM、CPC、CPA（cost per action，按效果付费）、CPS（cost per sales，按销售额付费）这五种，这些投放方式看起来很复杂，其实运作原理大同小异。

第一种方式 CPT。CPT 是按时长来计费的一种营销推广方式。例如，在搜索引擎平台上，企业针对提供商所给出的营销位置，竞价购买营销信息所展现的时长付费，在国内这种推广方式一般是按月收费的。由于这种营销信息的展现形式相对固定，作为搜索引擎平台的供应商只需要提供相应的位置即可，当用户或消费者检索相应信息时，无论检索出来的结果如何变化，营销位置的信息都是不变

① 方英. 搜索引擎营销模式及其商业价值分析[J]. 商业时代，2009，（3）：32-33.

的。因此，这种推广形式相对较为粗放，但对于搜索引擎平台来说不需要提供太多的技术支撑，仅仅需要提供一个固定的位置即可。

第二种方式CPM。CPM是一种按展示付费的营销推广方式，一般是以千次为单位进行计算的。举一个简单的例子，假如某个搜索引擎网站的一个页面上有一个广告，那么在这个页面无论这个广告放置多久都不会计费，但只要有用户进入这个页面就算一次，退出再进又算一次，也就是只要刷新一下页面就算一次展示，就要收费。因此，这种形式对于搜索引擎平台来说只需要记录这个页面刷新的次数即可。

第三种是CPC。它是一种点击付费的营销推广方式，根据推广信息被点击的次数收费。这个比较典型的就是百度的竞价广告，根据用户输入的关键词检索后展现相应的营销信息，然后根据用户对该营销信息的点击量进行收费。

第四种是CPA。它是一种按照实际效果计价的营销推广方式，即按回应的有效问卷或订单来计费，而不是按广告的投放量来计费。这种计费方式对搜索引擎平台的要求会更高一些，需要对广告从展示到达成计费的整个过程进行判断和记录。这种方式对于搜索引擎平台来说存在一定的风险，毕竟不是每一个广告都会得到大量消费者的青睐，每次的单价也会高于前三种，一旦投放成功对于搜索引擎的提供方来说收益也会更高。

第五种是CPS。这种方式以实际销售产品的数量来计算营销推广费用，因此搜索引擎平台不仅需要将广告展现出来，还需要引导用户点击进去，进而产生购买。由于此种方式的要求相对较高，对于搜索引擎平台来说也存在很多不可控的因素，因此存在的风险更大。但这种方式比较适合购物类、网址导航类搜索引擎，需要大量且较为精准的流量才能带来更多的收益。

根据搜索引擎平台的工作原理，我们可以看出搜索引擎平台的营销主要在自然搜索和付费设置两个环节进行。在自然搜索环节由于整个检索的过程基本上都是通过搜索引擎技术而自动实现的，人为干预因素很少，都是用户的自然行为和搜索结果的自然展现，因此，搜索平台营销在此环节的营销模式主要是针对搜索引擎进行的优化并通过外部链接而实现的。在付费设置环节，搜索引擎根据用户输入的关键词进行检索时，所检索的数据库是企业根据营销的关键词建立的网页数据库，而不是搜索引擎根据网页链接抓取并进行相关度筛选后形成的索引数据库。

随着搜索引擎技术的不断进步和市场需求的不断变化，目前的搜索引擎平台为满足企业更深层次的需求，通常在进行平台营销时会采用自然搜索和付费设置两种模式共同进行，然后将搜索结果进行分开显示，我们现在看到的大多数搜索引擎平台的布局基本都是左侧是图文类信息的分布区，右侧是较为固定的图片式内容展示区。

三、搜索引擎平台营销的模式

在信息爆炸的时代，很多网民早已习惯了使用搜索引擎平台来帮助自己查找和检索信息，同时由于互联网的开放性和搜索引擎平台的免费性，搜索引擎平台拥有巨大的用户流量。中国互联网络信息中心的调查报告显示：搜索引擎是用户得知新网站的最主要途径，网站访问量 82.12%来源于搜索引擎，而排在搜索结果前 30 名的网页被访问的机会占全部网页的 80%以上。因此企业都希望通过搜索引擎平台让自己产品或服务的营销信息能够在浩瀚的互联网信息海洋里露一露脸。

目前在搜索引擎平台营销模式中比较受企业喜欢的营销模式主要有分类目录、SEO、固定排名、关键词竞价排名等几种。由于不同搜索引擎平台的营销模式都各有其优缺点，因此企业也会根据自身的实际情况来选择不同的搜索引擎营销模式。

（一）分类目录

分类目录是指搜索引擎平台为用户提供的供用户直接进行登录访问的目录，这是最早的网站营销推广模式。由于最开始搜索引擎的重点是使用户从海量信息中方便、快捷地找到自己需要的信息，因此最开始的分类目录是为了便于用户直接检索和访问，是完全免费开放的。随着互联网搜索引擎市场的发展，大多搜索引擎为提高自身的经济效益都已开始逐步进行收费，但仍有少数搜索引擎可以免费登录。对于这些分类目录的网站，网站访问量的主要来源只是几个少数流量比较大的搜索引擎，一些流量少的搜索引擎，对企业营销的效果也没有多大意义，因此免费搜索引擎登录的方式已经逐步退出网络营销舞台。

随后出现了付费形式的分类目录，当网站缴纳一定费用之后，才能获得一定的资格进而被搜索引擎所收录。虽然有一些搜索引擎平台为了增加收益会提供固定排名服务，但这也仅限于：需要被收录的网站在缴纳一定费用后可以在搜索引擎平台上展示。

分类目录模式的搜索引擎营销与网站本身的建设和设计并没有太大的关系，能否被收录和登录完全取决于是否付费，只要根据相应的价格缴纳一定的费用，一般情况下大部分网站都可以登录。搜索引擎收录网站和网页数量的增加，增加了用户通过分类目录检索信息的难度，同时，大量的信息没有登录到搜索引擎，也使得一些有价值的信息无法被检索到，这也使得分类目录型搜索引擎的营销效果在不断降低，即使付费登录也避免不了这种状况。

（二）SEO

SEO 是目前较为流行的通过网站自身的运营人员就可以进行的网络营销模式，这种营销模式的主要目的是增加营销网站的特定关键字，利用搜索引擎蜘蛛的爬行规律不断增加网站的曝光率和能见度，进而增加销售机会。SEO 主要是根据搜索引擎蜘蛛的爬行规律，通过对营销网站的设计结果和网站上呈现的内容等基本要素进行的优化设计，使其网站中尽可能多的网页被搜索引擎收录，并且在搜索引擎自然检索结果中获得较好的排名效果，从而通过搜索引擎的自然检索获得尽可能多的潜在用户。

SEO 主要分为两种，一种是站内 SEO，一种是站外 SEO。站内 SEO 主要是从网站的标签、导航和站内各页面的 URL 三个方面进行，如网站的标签、网站的主导航、次导航、位置导航以及站内网页 URL 的标准化、静态化、首选域名等。在进行站内优化时要注意几点：第一，域名的选择，作为网站的一个重要标识，域名的选择是非常重要的，尽量选择较短的包括关键词的域名，因为搜索引擎蜘蛛是通过网站的网址进行抓取的，短的域名和带有关键词的域名更容易被搜索引擎所抓取；第二，查看这个域名之前是否注册过，如果之前有高质量的站点和它做反向链接，那么对于新注册网站来说就会很受益。对于站外的SEO，可以说是脱离站点的搜索引擎技术，源自外部站点对网站在搜索引擎排名的影响，这些外部的因素是超出网站控制的。最好的站外优化是利用强大的外部站点，即反向链接也就是我们说的外部链接。外部链接可以为网站带来更多的流量，使流量入口不局限在搜索引擎平台上，增加网站的曝光率和访问率。

SEO 是如今最重要的搜索引擎营销模式之一。一些没有专门进行 SEO 的网站也可能被搜索引擎收录，因而也可能通过搜索引擎获得一定的访问量。这种优化属于网站的自然适应性优化，但最终也只能通过系统的网站优化才可以获得长久的理想效果。

（三）固定排名

固定排名就是当用户在进行关键词检索时，搜索引擎平台会根据营销网站提供的关键词把与之主题相关的营销信息展现在用户搜索结果的固定位置上。

搜索引擎平台上的固定位置是由各个广告主通过竞价的方式来进行购买和决定的，也就是谁出的价格高谁的广告位置自然就最好。但在大多数搜索引擎固定位置竞价购买的过程中，如果广告主所购买位置之前的更好的广告位没有人购买，那么最终会根据已购买的广告主进行排名，依次往前推移。例如，某广告主买了第五名的广告位，但在此过程中前四名没有人购买或者是第四名的广告合同已经到期，那么该广告主虽然出的价格是第五个广告位的价格，但它的广告位也会自然向前推移。

这种固定排名的广告位在购买的时候需要广告主预先设定好几个相应的关键词，这些关键词一旦设定好了之后就很难再改动，修改或增加新的关键词，均需要重新签订合同，除非合同到期，进行二次购买。因此，这种营销模式的缺陷就是关键词一旦定好后就不容易更改，广告主需要事先对营销信息的关键字做充分的选择。

（四）竞价排名

1998 年，Overture 在商业模式上实现了突破，首次推出了付费搜索引擎服务，即竞价排名[①]。竞价排名也是搜索引擎关键词广告的一种形式，按照付费最高者排名靠前的原则，对购买了同一关键词的网站进行排名的一种方式，这种竞价排名一般采取按点击收费的方式。

竞价排名可以很方便地根据用户对网站的点击情况进行统计和分析，同时可以根据营销状况随时更换营销信息的关键词。当然，广告主通过竞价排名进行营销时，对搜索引擎平台的选择也是有一定技巧的，对于同等价格下的关键词应尽量选择用户数量比较多的搜索引擎，这样被检索和浏览的效率会高一些，但如果同一关键词参与竞价的网站数量较多，排名靠后，反而会降低营销效果，因此还应综合考虑多种因素来决定性价比最高的搜索引擎。在可能的情况下，也可以同时在若干个搜索引擎同时开展竞价排名，这样更容易比较各个搜索引擎的效果。

从通过竞价排名搜索出来的显示结果看，一般都是比较简单的文字型网页标题，需要点击之后才能连接到相应的营销网站。因此竞价排名比较适用于具有独立网站的企业或公司，同时这种方式是按点击收费的，竞价本身并不能直接实现企业产品或服务交易，它仅仅是为企业提供了一个曝光的机会和渠道，这之间也需要一定的转化。因此，企业网站建设是竞价排名取得成效的基础，没有扎实的基本功，任何先进的营销手段都不会产生明显的效果。

第三节　搜索引擎平台营销的应用

搜索引擎平台营销已被大多数公司所接受，特别是互联网的快速发展和普及使搜索引擎平台上的内容包罗万象，几乎涉及了人们生产和生活的方方面面，这也使搜索引擎平台营销的运用领域越来越广泛，逐渐成为众多企业参与线上争夺的主要方式之一。

① 蔡红. 搜索引擎营销模式的分析及其发展趋势[J]. 图书馆论坛，2006，26（1）：95-97.

一、搜索引擎平台营销运用领域

搜索引擎平台营销就是当用户使用搜索引擎平台进行信息检索时平台方尽可能将相关营销信息传递给目标用户，从而达到营销的目的。我国搜索引擎的发展时间并不长，从最开始的搜狐搜索平台到 2000 年成立的百度，搜索引擎平台才开始逐渐走向商业化的运营。搜索引擎平台营销的应用非常广泛，包括线上搜索服务、电子商务等诸多方面。

（一）搜索引擎平台营销在信息搜索方面的应用

信息搜索服务是搜索引擎平台为用户提供的最主要的基础性服务，用户可以随时随地通过移动设备或电脑进行网络信息的检索，在网上搜索自己需要的知识和信息，而营销往往就在这个过程中得以实现。例如，在搜索框中输入“英语”两个关键字，当我们点击搜索按钮后，浏览器下方就会出现很多有关考试的信息，这时我们就会发现某些信息的后面会有“广告”字样的标识，这就说明这条信息是某商家在搜索引擎中投放的广告，该商家将“英语”两个字设为其营销推广关键字，当普通用户在搜索引擎平台中搜索“英语”时，搜索引擎平台就会自动将该商家的营销信息展示在最前面，当然展示位置是由商家购买这个关键字的价格的高低决定的，这也是搜索引擎平台营销模式的一种，即关键词竞价排名。

除了通过付费的竞价排名以外，还有自然排名，也称为 SEO，它是通过商家充分结合搜索引擎平台的运行规律，不断优化自己的网站或者发送与自己所需推广内容相关的信息等形式进行的。虽然自然排名相对于竞价排名来说能够帮助企业节省很多营销费用，但是自然排名需要懂 SEO 的计算机专业人员才能够操作。同时，自然排名的优化需要一定的时间积累，是一个长期坚持的过程，并不能立竿见影，迅速达到企业想要的效果，这对于部分想要快速获得营销效果的企业来说就没有竞价排名那么迅速。

（二）搜索引擎平台营销在电子商务中的运用

电子商务的发展以互联网为基础，这也意味着拥有巨大线上流量的搜索引擎平台必将为电子商务的快速发展提供强大的动力。首先，搜索引擎平台营销具有针对性，能够为企业提供精准的用户，帮助企业实现精准营销，这和传统靠广告的投放量和投放时长而获取用户的粗放式营销方式相比更具有优势，不仅能够帮助企业节省不必要的广告费用，还可以让企业快速实现营销目的。其次，搜索引擎平台本身具有海量的用户信息，企业可以充分利用搜索引擎平台获取到大量的精准用户的信息，进而通过数据分析帮助企业更好地了解市场、了解用户，从而不断提高企业自身的产品竞争力，获得更大的经济效益。最后，搜索引擎平台的信息传播速度快、范围广，按效果服务的推广模式也使很多企业越来越愿意接受这种营销方式。因此，搜索引擎平台营销在电子商务领域的运用越来越普遍，同时电子商务也不断地借助这种营销方式帮助其实现更加快速的发展。

搜索引擎平台营销具有传统营销手段无可比拟的优势，但在应用的过程中也存在很多缺陷。例如，营销推广竞价排名的费用越来越高；竞价排名的推荐方式使很多有价值的信息被淹没；监管力度薄弱致使虚假营销信息出现，不利于企业间的正当竞争，同时也侵犯了消费者的合法权益。当然，搜索引擎平台的发展历程相对较短，在发展的过程中存在一些缺陷在所难免，随着技术的不断进步，相信这些问题也会逐步得到解决。

二、搜索引擎平台营销应用实例：百度

作为全球最大的中文搜索引擎平台，百度在国内占据着搜索引擎平台市场的半壁江山，同时也是最大的搜索引擎技术提供商。

百度每天处理来自 138 个国家超过数亿次的搜索请求，每天有超过 7 万用户将百度设为首页，用户通过百度搜索引擎可以搜到世界上最新、最全的中文信息。因此，“有问题，百度一下”也逐渐成了百度搜索的代名词，成了人们的口头禅。同时，作为一家巨大的搜索引擎平台，百度的产品非常丰富，其中有大家经常使用的百度搜索、百度地图、百度团购、百度百科、百度新闻、百度音乐、百度贴吧、百度文库、百度知道等。对于拥有这么多资源的搜索引擎平台来说，百度是如何进行营销的？我们从百度的服务策略、推广策略及价格策略三个方面对百度

搜索引擎平台营销进行分析。

（一）服务策略

在国内百度一直致力于开发最适合国人使用习惯的搜索引擎平台，并以此为己任进行不断的研发和技术创新。最终经过多年努力，目前百度搜索引擎已成为全球最为强大的中文搜索引擎，百度提供的服务涵盖了用户需求的方方面面，在中文搜索引擎中具有很强的代表性和先进性。

百度营销的服务策略主要基于三个层面开展。

在技术层面，百度拥有国内最先进的搜索技术，通过技术输入的方式为各类企业提供软件、竞价排名及关联广告等技术服务，帮助其他企业建立一个能够获得潜在消费者的营销平台，补全企业在营销推广上的技术短板。同时，百度还与大型的企业和政府机构合作，通过技术扶持帮助企事业单位和政府建立自己的海量信息检索和管理服务。

在产品层面，基于自己庞大的用户群体，百度一直致力于了解、倾听和挖掘普通用户的真实需求，进而不断改进服务，满足用户的需求。百度注重提供个性化的搜索服务，个性化对于用户来说更有针对性，百度搜索引擎可以根据不同的用户自动采取不同的服务策略，主要体现在搜索服务的个性化内容和互动。首先，在充分满足不同用户的信息需求时，百度搜索引擎还根据用户的特点提供不同的个性化检索界面，用户可以根据自己的检索习惯，设置符合自己需求的界面。其次，百度搜索的主界面不仅简单明了、使用方便，同时也充分考虑到用户对搜索引擎的使用习惯，始终呈现符合用户需求的人机界面。

在搜索层面，百度搜索一般都是基于关键词的检索，因此百度针对搜索也设置了关键词自动提示功能，利用浏览器用户日志记录用户搜索过的关键词，并按搜索的时间进行排序。当用户输入拼音时，浏览器就会自动识别用户的真实意图，对其进行检索。同时，百度还具有自动纠错和模糊查询的功能，当用户输入的内容出现错别字或者无法精准地描绘所要搜索内容的关键词时，百度会自动对其纠错，并给出正确的提示，同时会根据输入的关键词反馈与之相近的检索内容供用户选择。

当然，百度除了为广大用户提供个性化的检索服务外，还创新了很多个性化的服务内容，如提供图库、文库、音乐等资源的搜索和下载，并率先创造了百度贴吧、百度知道、百度百科、百度地图、百度文库等产品，进一步秉承“用户至上”的服务理念，为用户提供了一个多样化的搜索社区，将无数用户的智慧融入搜索中，让用户帮助用户，让知识和智慧共享。

（二）推广策略

百度拥有国内最大的搜索引擎平台，对于企业来说是一个巨大的用户流量入口，因此百度也推出了百度推广。百度推广就是企业在购买该项服务后，在百度推广平台上完成注册，然后提交一定数量的营销信息关键词，当网民通过百度搜索进行检索时，预先设定好的关键词链接页面就会率先出现在与用户关键词对应的搜索结果界面。百度推广主要有搜索推广、移动推广、品牌推广、网盟推广四种形式。

搜索推广主要是企业通过购买相应的关键词，当用户在搜索引擎中输入该关键词进行检索时，百度就会根据关键词在检索结果的页面中展示广告主预先设定好的关键词链接页面，从而帮助企业将搜索引擎中的用户转化为企业的客户。例如，企业购买某个关键词时可以设定这个关键词的营销推广页面所展现的地域、时间，关键词所展现的内容只有在设定的地域和时间段内被搜索和点击时才计费，超出该范围内的点击不算费用，因此这也节省了很大一笔营销费用，同时也让企业更加有针对性地进行营销。

移动推广是百度针对目前巨大的移动搜索市场而推出的一种按点击收费的搜索推广方式。随着现在智能手机的普及，凭借其方便快捷无地域限制的优势，智能手机已经成为使用频率最高的互联网接入方式，因此这也意味着移动端的搜索市场也将越来越大。移动推广的方式和原理其实与搜索推广基本一致，只是会根据用户使用的终端不同而略有改变。

品牌推广是百度为满足企业对自身品牌形象的塑造、提升品牌知名度、提高广大消费者认同度的需求而推出的一种推广方式。百度主要通过百度图片、视频、新闻、知道等板块，在各版块设置一个专门的广告位置供企业进行品牌的展示和推广，在运行方式和原理上与前两种形式基本相同。

网盟推广是百度利用搜索引擎技术对用户上网行为的分析和判断，主动在每个网民的上网时间、页面空间、移动设备上实施精准、多频次的展示推广，形成客户认知和品牌影响力，从而使企业的营销更主动、更有效、更完整，取得更大的营销效果。例如，当用户在检索某个关键词时，检索结果页面就可能出现有关这个关键词的各种推广信息。

（三）价格策略

百度的价格策略主要是基于搜索引擎的关键词竞价排名而进行的一种营销推广策略。简单地说，就是企业通过竞价的方式购买百度的关键词，当用户检索关键词时，搜索引擎会对购买关键词按价格和相关度进行排序后返回到结果界面。这里主要注意两点：第一是竞价排名；第二是关键词。

竞价排名是搜索引擎关键词广告的一种形式，它遵循付费最高者排名靠前的原则[①]。竞价排名的收费方式是 CPC，当用户检索相应的关键词后，推广信息会根据广告主所付费用的高低进行排序后展现在输入的结果界面（一般是价格越高越靠前），在点击的过程中如果没有被用户点击，那么无论展示多少次、展示多久都不会收取费用。但随着搜索引擎技术的不断改善和市场需求的不断变化，出现了“混合竞价”的方式，这种竞价方式不仅关注价格，还关注点击效果，这样便更好地实现了竞价排名方式的合理化。

由于竞价排名是一种按效果付费的营销推广方式，因此对于企业来说这种方式的推广会有更多的优势，这主要体现在：第一，按效果付费，用少量的投入就可以给企业带来大量潜在客户，有效提升企业销售额和品牌知名度；第二，参与竞价的营销信息会出现在搜索结果页面的靠前位置，更容易引起用户的关注和点击，相对来说效果会更好；第三，对于自然排名效果不好的网站，采用竞价排名可以很好地弥补这种劣势；第四，企业可以根据自己的预算和效果来控制推广费用；第五，排名竞价是根据点击收费的，因此企业

---

① 朱中平. 搜索引擎营销的原理与模式分析[J]. 中国市场，2009，（45）：93-94.

可以对用户点击情况进行统计分析，根据点击情况随时调整相应的关键词，提高营销效果。

关键词就是一个字、词或短句，这些字、词或短句与客户的业务相关。当用户在百度进行关键词检索时能够通过该关键词所展现的页面了解企业产品或服务的相关信息。例如，某培训机构买了“考研”这个关键词，当用户通过搜索引擎搜索该关键词时，搜索引擎就会将该培训机构的信息展现到搜索结果页面，但具体时间出现在哪个位置除了和关键词的匹配度有关以外，就是价格。

关键词的匹配方式也需要一定的策略，它的匹配方式将直接决定能否被搜索引擎检索到。因此在选择关键词时，一方面，要简短，关键词的密度要和页面字数的比例相适中，一般占到页面字数的 6%左右，百度搜索引擎会通过算法来统计页面中每个词的重要性；另一方面，关键词一定要和网站的内容相关，最好能保持高度相关，语句一定要符合正常的词语组合和语法，同时要把握好关键词的热度，过热的关键词对新建网站的推广并不会太好，毕竟搜索引擎蜘蛛的抓取也需要一定的过程。

延伸阅读

一、搜索推广 360 点睛实效平台

360 点睛实效平台搜索推广是基于 360 搜索平台，通过 360 特有的匹配技术，对网民的搜索词进行匹配，定位目标用户从而精确展现企业推广信息的营销产品。

平台官网：http://e.360.cn/

推广案例：http://e.360.cn/static/case/

360 点睛营销开放平台：http://open.e.360.cn/

二、神马搜索推广

神马搜索是 UC 和阿里 2013 年成立合资公司后推出的移动搜索引擎，专注于移动搜索用户的刚需满足和痛点解决，致力于创造有用、有趣的全新移动搜索体验。

神马搜索官网：http://m.sm.cn/

神马广告投放服务平台网址：http://www.shenmadsp.com/col.jsp?id=103

神马站长平台网址：http://zhanzhang.sm.cn/

第六章　电子商务平台营销

电子商务的出现对我们日常的生活和工作方式造成了巨大的影响，从面对面谈判、纸上交流的管理与商务活动方式逐步变成了计算机远距离操作完成的数字化活动方式，在信息获取、信息传输、多类型的服务活动、付款方式、送货方式等商务活动方面都有了根本性的变化。今天任何合法组织和公司甚至个人通过在国际互联网络上建立自己的站点都可以成为全球化的信息发布者，信息的获取具有了广泛的内容和选择性。商务活动中的商品认识、合同谈判、交易都通过国际互联网信息和网络软件完成，电子商务发展演变成重要的营销平台。

第一节　电子商务平台发展概述

电子商务是一种新兴的、处于发展过程中的现代商务方式。自 1995 年开始迅速发展，发展过程中彰显了其巨大的现代商业价值。1997 年，欧洲国家、美国和新加坡等诸多国家的政府发表了电子商务发展纲要，旨在引导全球电子商务的自由竞争和健康发展，大力推动电子商务的实践。

一、电子商务平台及其发展

电子商务的出现改变了销售模式与交易方式，电子商务没有时间和空间的限制，让更多的人可以在家中处理业务，无论公司规模大还是小，都可以实现全球在线订货，完成世界性商务活动。

（一）电子商务的兴起

电子商务平台是一个为企业或个人提供网上交易洽谈的平台。企业电子商务平台是建立在互联网上进行商务活动的虚拟网络空间和保障商务顺利运营的管理环境；是协调、整合信息流、货物流、资金流有序、关联、高效流动的重要场所。企业、商家可充分利用电子商务平台提供的网络基础设施、支付平台、安全平台、管理平台等共享资源，有效、低成本地开展自己的商业活动。

全球电子商务的迅速发展，涌现出很多具有代表性的电子商务平台。在国外，亚马逊 1995 年就开始了电子商务平台的发展；在国内，阿里巴巴集团 2003 年投资创办了淘宝网，同年 10 月，淘宝网推出了第三方支付工具“支付宝”，以“担保交易模式”使消费者对淘宝网产生信任，而后的若干年，淘宝网迅速发展，2017 年“双十一天猫国际购物节”，淘宝的成交额达 1 682 亿元，增长速度和参与的人数创历史新高。

（二）电子商务平台管理渐趋规范

21 世纪进入电子商务时代，是社会发展的必然，我们将别无选择地生活在电子商务时代。如何面对电子商务方式、如何适应数字化生存并积极参与电子商务时代的国际竞争，是涉及每个人、每个企业、每个部门及国家发展与生存的重大问题，也是国家管理部门现在应该规划并促进其发展的战略问题。

由平台自身规范制度到政府起草法案，标志着我国电子商务平台管理趋于规范。2013 年 12 月 27 日全国人民代表大会常务委员会召开电子商务法第一次起草会议，到 2016 年 12 月 25 日该法进入一审；经过二审、三审、四审；2018 年 8 月 31 日第十三届全国人民代表大会常务委员会第五次会议通过审议，《中华人民共和国电子商务法》于 2019 年 1 月 1 日正式生效。《中华人民共和国电子商务法》在保障消费者获得公平交易、保护消费者隐私、维护消费者利益以及降低买家交易风险等方面起到了重要作用。《中华人民共和国电子商务法》的出台，展示了电子商务在社会发展过程中的重要地位，电子商务将逐渐成为社会生活的主要方式，也将成为数字化社会的基础。

（三）电子商务平台建设加速

企业电子商务平台的建设，是从现实社会到网络社会的真正体现，为广大网上商家及网络客户提供了一个符合中国国情的电子商务生存环境和商业运作空间。企业电子商务平台的建设，不仅仅是网上购物的实现，它还能够有效地在互联网上建立安全的和易于扩展的业务框架体系，实现 B2B、B2C、C2C、O2O、B2M（business to marketing，企业对市场）、M2C（manufacturer to consumer，生产制造商对消费者）等业务模式，推动电子商务在中国的发展。电子商务平台通过互联网展示、宣传或者销售自身产品越来越趋于平常化。电子商务平台扩展的另外一种途径——互联网营销，让用户多了一种途径来了解、认知或者购买企业的商品。

电子商务帮助企业实现销售渠道的拓展，极大地方便了消费者的购买。电子商务平台也可以帮助中小企业甚至个人自主创业，独立营销，建立互联网商城，达到快速赢利的目的，而且只需要很低的成本就可以实现这一愿望。电子商务不是一两家公司就能够推动的产业，需要更多专业人士共同参与和奋斗，共同发展。电子商务平台建设在不断地更新换代、不断地蜕变，发展速度迅猛。

二、电子商务平台类型

根据买卖双方的性质及运行方式的不同，我们可以把电子商务平台分为 B2C 平台、B2B 平台、C2C 平台、O2O 平台、第三方电子商务与独立商城等类型。

（一）B2C 平台

B2C 是国内最早产生的电子商务模式，就是企业通过网络销售产品或服务给个人消费者。B2C 电子商务平台的付款方式是货到付款与网上支付相结合，而大多数企业选择物流外包第三方配送的方式以节约运营成本。随着用户消费习惯的改变及优秀企业示范效应的作用，网上购物的用户数量不断增加。此外，一些大型考试如公务员考试也开始实行 B2C 模式。虽然自 2013 年以来网上平台注册流量增速减缓，但是依然阻挡不了 B2C 的发展态势。B2C 平台依然是多数企业选择网上销售平台的首要目标，如天猫、京东、一号店、苏宁等。

在 B2C 平台上，企业厂商直接将产品或服务推上平台，并提供充足的资讯与便利的接口吸引消费者选购，这也是目前最常见的运作方式，如网络购物、证券公司网络下单、一般网站的资料查询等，都属于企业直接接触顾客的运作方式。B2C 电子商务平台运作流程如下。

步骤一：消费者通过入口网站找寻到特定的目的网站后，会接收到来自目的网站（或称店家）的商品资料。

步骤二：消费者将个人资料交给店家，而店家会将消费者资料加以储存，当消费者要在某店家消费时会输入订单资料及付款资料。

步骤三：店家将消费者的电子认证资料、订单资料及付款资料一并送到商店端的交易平台，店家保留订单资讯，其他的送到银行认证。

步骤四：银行授权，并完成认证。

步骤五：完成认证后，店家将资料传送到物流平台，最后完成物流的配送。

（二）B2B 平台

B2B 平台即企业与企业之间通过互联网进行产品（服务）的交换，主要是针对企业内部及企业与上下游厂商之间的资讯整合，并在互联网上进行的企业与企业间交易。借由企业内部网络（Intranet）建构资讯流通的基础，以及外部网络（Extranet）结合产业的上中下游厂商，达到供应链的整合。B2B 平台不仅可以简化企业内部资讯流通的成本，更可使企业与企业之间的交易流程更快速，从而减少成本的耗损。B2B 平台让整个企业与其他企业间的“供应链”与“配销商”管理自动化，不但节省成本增加效率，更有开发新市场的机会。

B2B 平台的运作流程如下。

步骤一：企业间商业交易资讯交换，如采购单、商业发票及确认通知等。

步骤二：资讯交换的协定称为电子资料交换（electronic data interchange，EDI），将电子表格的每一个字段，以一对一的方式，对应于商业交易书面表格中的每一部分，就像所有的采购单及交易记录都记录在数据库中。

步骤三：电子资金转移，如银行与其往来企业间资金的自动转账。

步骤四：所有的出货需求在经过数据库处理后会自动完成物流配送的要求。

（三）C2C 平台

C2C 平台是采用了 C2C 经营模式的网站，指直接为个人间提供电子商务活动平台的网站，是现代电子商务的一种。C2C 平台就是为买卖双方交易提供的互联网平台，卖家可以在网站上登出其想出售的商品的信息，买家可以从中选择并购买自己需要的物品。例如，拍卖网站就属此类，最著名的是 eBay 网站。另外，一些二手货交易网站也应属于此类。

C2C 是指消费者与消费者之间的互动交易行为，这种交易方式是多变的。例如，消费者可同在某一竞标网站或拍卖网站中，共同在线上出价而由价高者得标。或由消费者自行在网络论坛或 BBS 上张贴布告以出售物品，诸如此类因消费者间的互动而完成的交易，就是 C2C 交易。

目前竞标拍卖已经成为决定稀有物价格最有效率的方法之一，举凡古董、名人物品、稀有邮票……只要是需求面大于供给面的物品，就可以使用拍卖的模式决定最佳市场价格。拍卖会上商品的价格因为欲购者的彼此竞价而逐渐升高，最后由最想买到商品的买家用最高价买到商品，而卖家则以市场所能接受的最高价格卖掉商品，这就是传统的 C2C 竞标模式。

全世界最早的C2C 网站是由耶尔·奥米迪亚在 1995 年开创的拍卖网站——eBay。此后，科学技术飞速发展，网络走进了千家万户，C2C 网站也跟着这股热浪得到了大众的热捧。随着互联网在中国的不断普及，越来越多的人选择网络购物这一新型的购物模式。艾瑞咨询公司的调查显示，中国网络购物总体交易额 2003 年仅为 39.6 亿元，到 2008 年就达到了 1 281.9 亿元，而 C2C 总体交易额占网络购物交易额的比例则由 2003 年的 29.3%增长到 2008 年的 98.6%①。由此可见，国内 C2C 网络购物市场处于飞速发展时期，其市场前景是十分广阔的。

C2C 平台运作流程如下。

步骤一：卖方将欲卖的货品登记在平台服务器上。

步骤二：买方通过入口网页服务器得到货品资料。

步骤三：买方通过检查卖方的信用度后，选择欲购买的货品。

---

① C2C 电子商务网站的盈利之路[EB/OL]. http://www.sootoo.com/content/2887.shtml，2009-07-20.

步骤四：双方通过管理交易的平台，分别完成资料记录。

步骤五：买方的付款认证。

步骤六：买方付款给卖方。

步骤七：卖方通过网站的物流运送机制，将货品送到买方手中。

（四）O2O 平台

O2O 电子商务即 Online 线上网店 Offline 线下消费，也即将线下商务的机会与互联网结合在了一起，让互联网成为线下交易的前台。商家通过免费开网店将商家信息、商品信息等展现给消费者，消费者在线上进行筛选服务并支付，线下进行消费验证和消费体验。这样线下服务就可以在线上揽客，消费者可以在线上筛选服务，成交可以在线结算，很快达到规模，既能极大地满足消费者个性化的需求，也节省了消费者因在线支付而没有去消费的费用。

商家通过线上信息传播得更快、更远、更广，可以瞬间聚集强大的消费能力。该模式的主要特点是商家和消费者都通过 O2O 平台满足双方的需要，即推广效果可查、每笔交易可跟踪。

O2O 平台运作流程如下。

步骤一：线上发布品牌商家的选址需求、展示项目详情。

步骤二：线下导入商家及项目相关资料进行匹配。

步骤三：随后带领有意向合作的商家进行线下看铺团，实地踩盘。

步骤四：最终达成合作的意向。

（五）第三方电子商务

B2T2B（business to third party to business）模式，其实质就是中小企业依赖第三方提供的公共平台来开展电子商务（如阿里巴巴、环球资源、Directindustry）。真正的电子商务应该是专业化、具有很强的服务功能、具有“公用性”和“公平性”的第三方服务平台。对信息流、资金流、物流三个核心流程能够很好地运转。平台的目标是为企业搭建一个高效的信息交流平台，创建一个良好的商业信用环境。

第三方电子商务泛指独立于产品或服务的提供者与需求者，通过网络服务平台，按照特定的交易与服务规范，为双方提供包括认证、交易、支付、物流、信息增值业务等过程服务。

（六）独立商城

独立商城是凭借商城系统打造含有顶级域名的独立网店，通过网店系统、商城系统等网上购物系统构建的商城。

开独立网店的好处有：顶级域名、自有品牌、企业形象、节约成本、自主管理、不受约束。

独立商城就像现实生活中的大型商场，拥有自己独立的店标、品牌、企业形象。企业能对自己的网上商城进行专业的“装修”，也能完全拥有用户的详细资料，同时也可以针对用户开展各种营销活动。独立商城能为用户提供热情、周到的服务，商品的价格也因类似这种附加值的提供而表现出差异化，如经营观念、促销活动等附加值。

独立商城可以设定自己的规则，减少对开店平台的依赖，数据更加安全，更容易提升企业形象。根据构建语言，独立商城可以分为.asp①、php②、net③以及jsp④几种类型。

---

① asp是一种服务器端脚本编写环境，可以用来创建和运行动态网页或Web应用程序。ASP网页可以包含HTML标记、普通文本、脚本命令及COM组件等。利用ASP可以向网页中添加交互式内容（如在线表单），也可以创建使用HTML网页作为用户界面的Web应用程序。ASP商城系统的代表有：Q88完全自助系统 HiShop 、乐度网店系统 、常人购物系统等。

② php独特的语法混合了C、Java、Perl及PHP自创新的语法。它可以比CGI或Perl更快速地执行动态网页。用PHP做出的动态页面与其他的编程语言相比,PHP是将程序嵌入HTML文档中去执行,执行效率比完全生成HTML标记的CGI要高许多；PHP还可以执行编译后代码，编译可以达到加密和优化代码运行，使代码运行更快。PHP的代表则有：V5Shop、EcShop 、MvMmall 等。

③ net是微软下一代的操作平台，它允许人们在其上构建各种应用方式，使人们尽可能通过简单的方式，多样化地、最大限度地从网站获取信息，解决网站之间的协同工作，并打破目前计算机、设备、网站、各大机构和工业界间的障碍——即“数字孤岛”，从而实现互联网的全部潜能，搭建起第三代互联网平台。.net技术商城系统有：HISHOP\IESHOP等。

④ jsp（Java Server Pages）是一种基于Java的脚本技术。在JSP的众多优点之中，其中之一是它能将HTML编码从Web页面的业务逻辑中有效地分离出来。用JSP访问可重用的组件，如Servlet、JavaBean和基于Java的Web应用程序。JSP还支持在Web页面中直接嵌入Java代码。可用两种方法访问JSP文件：浏览器发送JSP文件请求、发送至Servlet的请求。

第二节 电子商务平台营销模式

在竞争激烈的电子商务市场想要生存下来，必须拟定出可行的经营模式。综合许多电子商务平台的经营形态，我们可以归纳出以下四种主要的经营模式。

一、广告模式：提供网页空间刊登广告，收取广告费

在当代产品营销中，广告的地位一直占据着很大比例。企业从早期强硬地将产品通过经销商、终端主动推销给消费者，到现在通过广告、促销活动让消费者对产品有充分的认识，引导消费者主动和企业建立关系，在激烈的产品竞争中，电子商务平台营销模式给了中小企业更多的机会，让它们有更多的渠道推广自己的产品，有更直接的渠道和消费者拥有频繁的互动，从而达到最好的交易状态。让广告成为商家增加市场份额的主要辅助手段，让广告在商家产品与竞品的竞争中成为焦点，都是广告模式在电子商务平台营销中需要达到的目的。

电子商务平台营销中的广告模式主要依赖于平台的网页空间，商户需要为自己的商铺做广告宣传，就需要购买某一块网页上的空间，支付一定数额的广告费用后，获得平台为其推送的广告机会。有的平台采取的是商户自行编辑广告内容、视频或者静态图片文字，平台仅提供网页空间；有的平台采取的是一次性收取商户一定额度的费用，有专职做广告策划的部门对商户的广告进行创意，并进行网页空间广告的投放；有的平台会对其他网站或者网页进行网页空间版权的购买，进而再对商户进行宣传，为有意向的商户提供更多的网页空间，起到中介的作用。

随着互联网技术和电子商务的迅速发展，传统的商务活动已经无法满足人民对美好生活的向往，同样，电子商务平台营销借助传统的广告模式已经不能满足消费者的需求。广告模式是传统的商务活动最常采取的营销方式，不论是在电视荧屏投放产品广告，还是在报纸上投放产品广告，都有着较高的成本，而且取得的效果也不尽如商户的预期。在线用户数量的爆炸式增长促进了电子商务平台的

发展，也为电子商务平台营销模式提供了更为有益的方式。

电子商务平台中营销的广告模式会给商家和消费者都提供相应的服务，在互联网环境中，将商家和消费者聚在一个平台，并进行供需匹配，最终达成商品的买卖行为。为了达到这样的效果，电子商务平台需要提供足够的网页空间，满足商家对产品的介绍，同时要制作具有足够吸引力的广告内容，让消费者愿意为该产品买单。简言之，电子商务平台营销的广告模式需要提供三个服务：一是为商户提供网页空间刊登产品广告；二是为商家产品进行广告设计；三是让消费者了解产品的咨询服务。

广告模式涉及的重点是平台和商户，运行方式主要分为两种：一是平台自行开展商户产品的广告活动，由平台的核心中枢部门来协调各个环节进行运营；二是商户主动开展产品广告内容的创意，只是借助电子商务平台的网页空间进行展示。

在电子商务平台自行开展商户产品的广告宣传活动下，需要商户为此次广告的投入做出预算并支付一定费用，平台的专业团队根据产品的特征和商户的需求制作广告内容，在平台的网页空间进行广告投放，获取的消费者反馈及时地通知商户，在互动的过程中完成信息的收集与整合，电子商务平台依靠广告制作费用、网页空间的租金、整合资源的劳务费用进行平台的运作管理。在这样的运行方式中，广告的主题通常由商户来自行选择和确定，然后，需要平台的广告部门围绕着所选的主题进行产品广告的创意和制作，最后在平台网页空间特定的广告时段或者平台租用的某个特定网页空间上播出创作完成的产品广告。平台和商户之间就完成了广告模式下的电子商务平台营销的运作。

在商户主动开展产品广告内容的创意，只是借助电子商务平台的网页空间进行展示的运作模式下，商户只需要支付平台网页空间的租赁费用。这一类型的广告模式运行较为简单，商家自行策划好需要展示的广告内容，文字、语音或者视频，将一定时长的内容提供给平台，平台审核内容是否符合广告法的标准后，将符合标准的广告进行平台的投放，针对商户投入的租金费用，协商投放时长。在广告投放后，需要将后台对该广告的监测数据与商户进行分享，同时也为商户提供咨询服务。

广告模式的优势在于电子商务平台为商户提供了足够的网页空间，让产品的特征能够有更多的机会出现在消费者眼前。广告为企业的品牌形象做出了不可磨灭的贡献，网页空间投放的广告内容将产品与目标受众在生活、工作中的某些事物、某些事件巧妙地联系在一起，让他们可以更好地感知彼此的存在，考虑如何行动才能更符合彼此的需求。产品优质内容顺畅地传达、产品的好感度持续存在是一项需要长期接受挑战的任务，这需要电子商务平台按照一定的原则、采取一定的手段、通过一定的方法，进行全方位的营销推广。广告是商户的产品面向大众的窗口，广告的作用是使消费者受其影响，潜移默化地改变对商户、产品的认知。所以，电子商务平台的发展，需要重视广告模式所能带来的机遇。

二、零售模式：在网络上开设虚拟店面，销售商品

电子商务平台营销中的零售模式是指在网络上开设虚拟店面，进行商品的售卖，如今代表性的平台有淘宝网、京东等。零售模式主要是由平台建立起具有较大影响力的网站，同时协调好物流和第三方支付平台。电子商务平台需要对商户收取一定的管理费或者信息费，对客户进行营销信息的推送，同时要求平台通过大数据来统计消费者的购物喜好，更加准确地为商户提供产品的供货信息。零售模式主要依靠收取的店铺租金费用作为主要的收入来源。

传统的零售模式是商户需找到符合自己需求的店面，为店面支付费用后，将产品在店面进行售卖，吸引消费者的注意，同时建立起产品的忠实客户。电子商务平台的零售模式与此有着异曲同工之妙，只是依托日益兴旺的互联网，在网络平台上租用虚拟店铺，从而对商品进行交易。阿里巴巴和京东等电子商务平台就是采取的这种方式：建立一个较大的平台，吸引商户在平台中开设虚拟商铺，从商户处收取一定的租金管理费用，同时为消费者提供产品信息服务，让商户和消费者在虚拟店铺中，最终达成商品的买卖行为。在这样一个过程中，需要电子商务平台为商户和消费者提供对应的服务：一是为商户提供虚拟店铺的网页空间；二是为消费者提供产品信息的服务。

电子商务平台营销零售模式的运行方式是借用传统的零售模式，传统零

售模式的运行方式是由商户、房东和消费者共同组成的，其中主要的角色是商户和房东的存在，传统零售模式的运行，需要有固定的店铺，商户根据产品的特征定位适宜自身产品销售的地理位置，租用房东的店铺进行产品展示，当然，也有全额买下店铺的商户，但就多数情况而言，都是采取租赁他人的店铺进行产品展示，商户选择好场地后，需要对店铺进行符合产品风格的装修，在正式进行产品销售前，就已经涉及寻找店铺、租用店铺、装修店铺等事项，完成了前期工作才可以招聘员工进行店铺管理，在实体店里展示产品吸引消费者的注意。

电子商务平台营销零售模式的运行方式同样存在于店铺中，但这是在平台上进行租赁的虚拟店铺，店铺的费用远低于实体店的租赁费用。在店铺的选择中，商户不需要像对待实体店的选址一样，进行步骤烦琐的市场调查，可以直接选择较大的零售平台，寻找虚拟店铺即可，足不出户就完成了前期的筹备工作。电子商务平台营销中零售模式的运行涉及的主要环节是平台的选择、店铺网页空间大小的抉择、员工的招聘、物流公司的合作、第三方支付平台的合约签订、售后事宜的详尽安排。主要的运行流程是由商户选定适合产品的平台后，租用虚拟店铺的位置，为虚拟店铺支付定额的管理费用，招聘少量的员工进行网上沟通，为一对一的消费者进行服务，由商户直接面对客户，待到消费者确定需要的产品后，再通过平台提供的第三方支付平台进行交易，商户通过自己或者平台合作的物流公司进行产品的运输，消费者对商品满意后确认收货，第三方支付平台再将产品的销售费用转入商家的账户。在整个运行过程中，每一个环节都有着特定的收费标准和主要操作单位，每一个环节都是电子商务不可或缺的一部分，它们紧密联系在一起，是一个完整的系统。

三、中介模式：撮合买卖双方完成交易，抽取佣金

电子商务平台的中介模式和传统营销的中介一样，都是以撮合买卖双方完成交易为主，从中获取佣金，在中介模式中，平台可以以收取单方面的佣金为主，也可以以双向收取佣金为主。电子商务平台可以向商户收取一定数额的服务费用，同时也可以向消费者收取高于商品一定价格的费用，从中赚取差价，达到赢利的

目的。

中介是指在不同事物或同一事物内部对立两极之间起居间联系作用的环节，对立的两极通过中介连成一体。中介是一种向客户提供中间代理服务的机构，它本身并不能直接提供相应的服务和物品，但是它能够替客户寻找并安排这些服务和物品，供客户选择。传统的中介机构有很多，主要有贸易中介（提供贸易所需的资料、客户等相关信息）、服务中介（提供第三产业信息，如家政公司）、网络中介（通过网络形式提供服务的中介机构）、物流中介、房地产中介（包括租售）、二手车中介（各种二手车服务信息）、婚姻中介（安排相亲撮合婚姻）等。从词面上来看，中介是指“在中间起媒介作用”。电子商务平台营销的中介模式离不开传统中介的定义，它就是利用互联网的联通作用，让商户和消费者建立联系，电子商务平台本身不具备生产相应产品的能力，不能直接为消费者提供产品或服务，但是中介模式有效地结合其平台优势，积累商户资源，拥有商户的信息，帮助消费者在搜索引擎中寻找到其需要的产品或服务。

中介模式为商户提供的服务主要有：提供平台，为商户的产品提供文本、声音和图像的呈现方式；为商户提供电子交易的服务，为其将虚拟店铺的产品转化为线下的实质性交易；为商户提供消费者消费习惯的大数据，利用数据的整合帮助商户与消费者更好地建立联系；采用电子信息技术来解决商户对原材料的查询、采购问题，第一时间对产品所需的原材料进行展示；为商户提供从订购到出品、储存及运输的资源服务。中介模式为消费者提供的服务主要有：为消费者提供所需商品的查询服务，并对产品的必要信息进行审核后的公示；为消费者提供第三方支付平台的保障服务，为其购买产品的交易方式提供担保；为消费者提供信息沟通的渠道服务，让其可以针对产品提出自己的质疑或者退换货，保障消费者的投诉权益。

电子商务平台营销中介模式的运行方式主要是依靠信息的收集和整理实现其价值。传统市场营销中的中介模式是通过收集卖家和买家的信息，掌握大量的信息源后，通过售卖资源而存活在市场中，前文针对中介模式的工作机理和提供的产品或服务进行了详尽的解释，其中对传统营销模式下的中介模式进行了举例说明。通过前文的叙述，我们知道传统市场营销中的中介模式运行，依赖的是大量的市场信息收集，然后整理市场信息，有针对性地寻找买家，从中赚取介绍信息源的费用，运行中有双向收费和单向收费。

在电子商务平台营销中介模式里，平台就是一个信息的中转站。平台收集商户和消费者的购买习惯，利用大数据的优势，有机整合了资源，可以让买卖双方在平台中获取所需的信息，达成具体的交易。电子商务平台中介模式的运行，需要由卖方提供产品信息，并付费地选择该平台作为寻找买方的介质，平台利用其宣传速度快、受众多的优势，针对产品的特征为卖方寻找忠诚消费者，不同的电子商务平台根据其规定选择是否向卖方和买方的交易收取中介费用，在整个交易的行为中，平台担任了担保人的角色，同时也占据了整个交易运行的主导地位。

四、服务模式：提供在线服务，收取服务费

电子商务平台营销的服务模式是提供在线咨询等服务，或者提供资源服务，收取相应的服务费。一些平台会在前期不收取商家任何费用，通过平台让受众购买商品，当消费者购买商品后，才会再从商家产品的售卖费用中提取一定数额的服务费用。

电子商务平台营销的服务模式主要是针对商户提供定制化的服务，商户的产品从设计到入市，一般需要经历较为漫长的市场调查，为了更好地拓展销售的渠道，除了在实体店进行广告销售外，电子商务平台也成为很好的营销选择。

电子商务平台发展迅速，营销方式多样，商户虽然也在成长，但是对于电子商务营销总是需要更为专业的人才提供有针对性的服务，针对商户的产品进行定制化的服务。当一些中小型企业初期进军电子商务平台进行产品营销时，需要有具备服务模式的平台为其提供信息咨询服务，帮助企业发展、助力产品推广。

除了平台为商户提供在线信息咨询服务，平台也会根据商户的需求，提供代销服务，规模较小的企业在前期发展时，往往存在销售渠道窄、发展速度慢的特点，此时，借助较好的电子商务平台制定营销模式，就可以让中小企业获得更大

的发展空间。

服务模式中的另一种服务是由平台提供足够的销售渠道，为商户的产品提供销售平台，但不会在前期收取任何服务费用，帮助中小企业节约发展成本，在消费者认可产品并进行购买行为后，再从交易费用中扣取一定比例的服务费用。简而言之，就是平台为商户产品提供前期的免费推广服务，让平台受到更多中小型企业的青睐。

电子商务平台营销服务模式的运行方式主要分为两种：一种是商户直接向平台支付一定的咨询服务费用；另一种是平台承接商户的商品，零库存地代销该产品，前期双方不用支付任何费用，直至消费者通过电子商务平台购买产品后，根据相应的产品销售提成收取费用。第一种相对简单，也很容易理解，服务模式的运行就是依靠商户向平台支付信息咨询费用，平台为商户提供可行性分析或者其需要的数据信息，维持平台的发展，该运行方式中对平台的知名度要求较高，需要拥有良好的公众认知度才能获取商户的主动咨询。第二种运行方式分两类：第一类是商户直接将产品信息告知电子商务平台，平台自行制定营销策略，吸引消费者后，按照商户对产品的定价进行销售，最后由商户按照协商的提成占比分取利润；第二类是平台从商户那里获取产品信息后，不仅自行对产品进行平台的投放，同时对价格也会做出调整，平台会提前和商户沟通最低的价格，在市场进行销售时根据市场需求及时地做出价格调整，在消费者购买产品后，收取的费用可能高于商户原本制定的销售价格，也可能低于其市面的销售价格，但是平台只需要按照协商的底价支付给商家，从中赚取差额费用。

第三节　电子商务平台营销应用

企业借电子商务平台之势发展，主要有四种营销模式：广告模式、零售模式、中介模式、服务模式。企业因电子商务平台的广告刊登费用较低、审核所需时间更短，常常选择由平台提供页面播放展示与企业相关的信息，达到自身宣传、销售的目的。当广大企业意识到电子商务平台营销的重要性时，各大中小企业便纷纷建设自己的网站，纷纷到各电子商务平台发布商业信息，甚至到各全国性或地方性综合门户网站做网络广告，互联网中同类产品数以万计，能够从事同类产品生产的企业多如牛毛，因为互联网的存在企业之间的竞争更加激烈，这种竞争已经没有了地域与国界，企业之间的竞争已经从现实的厂房、营业场所、办公室转移到企业网站的建设水平高低和电子商务平台营销的运用是否适当的竞争中来。

一、电子商务平台营销的应用价值

电子商务平台可以为企业提供网上交易和管理等全过程的服务，因此它具有广告宣传、在线展会、虚拟展会、咨询洽谈、网上订购、网上支付、电子账户、服务传递、意见征询、交易管理等各项功能。电子商务平台营销既具有传统营销的所有优点，又具有传统营销无法比拟的优势，并已经被越来越多的企业所认可。

二、电子商务平台营销实例

（一）支付宝《账单日记》的广告模式

在新媒体时代的快速发展中，电子商务平台已经成为大多数人生活中必不可少的一部分。这不是追求时尚和新鲜，而是现在生活中更为便利的必备方式。随着与日俱增的电子商务平台的出现，不具备自己的特色，便会被快速地淹没在这股洪流中，所以在进入市场壁垒甚低的电子商务市场中想要生存下来，必须拟定出可行的经营模式。在电子商务平台营销中，始终要思考一个问题——为什么企业会选择电子商务平台进行营销推广？答案很简单，因为可以用最少的投入获取最大的利润。

为了满足不同企业的营销推广需求，电子商务平台需要为企业提供战略性的支持，突出入驻企业的特色，利用平台的各种资源，以营销为纽带，使企业和平台的利益关系牢牢捆绑在一起，增加消费者忠诚度，为企业和消费者创造更多互动和交流的机会。电子商务平台营销需要借助产品与消费者的共同回忆引起消费者的共鸣，才能获得消费者的反馈，及时地帮助企业收集信息。电子商务平台上的大数据可以获取消费者的行为习惯，进一步地帮助企业建立与消费者的纽带。电子商务平台营销中要充分考虑消费者的娱乐需求、好奇心、情感需求等某种特定的需求，让企业和消费者的黏性更强，当企业和消费者各自获得满足时，电子商务平台的营销价值得以实现。

数字传播技术的飞速发展给传统的营销模式带来了冲击，衍生出电子商务平台营销，这给我国社会经济的发展注入了新的活力。为了达到营销推广的目的，电子商务平台需要提供更多的网页空间和营销创意，搭建企业与消费者沟通的桥梁，最大限度地刺激现实消费者去对企业产品或服务进行更深层次的探索，刺激潜在消费者体内的好奇心，满足他们的求知欲。电子商务平台营销有效地改变中小型企业在发展过程中的瓶颈，为中小型企业发展提供了平台与空间。电子商务平台不仅仅是企业营销的重要载体，也是企业在激烈的市场竞争中取胜的重要法宝。随着技术的发展与社会的进步，电子商务平台的营销价值更加突出，建立起平台、企业和消费者的黏性，让电子商务平台营销朝着更好的方向发展。

支付宝（中国）网络技术有限公司是国内领先的第三方支付平台，致力于提供“简单、安全、快速”的支付解决方案。支付宝公司从 2004 年建立开始，始终以“信任”作为产品和服务的核心。旗下有“支付宝”与“支付宝钱包”两个独立品牌。自 2014 年第二季度开始成为当前全球最大的移动支付厂商。支付宝主要提供支付及理财服务。包括网购担保交易、网络支付、转账、信用卡还款、手机充值、水电煤缴费、个人理财等多个领域。在进入移动支付领域后，为零售百货、电影院线、连锁商超和出租车等多个行业提供服务。此支付宝还推出了余额宝等理财服务。支付宝与国内外 180 多家银行以及 VISA、MasterCard 国际组织等机构建立战略合作关系，成为金融机构在电子支付领域最为信任的合作伙伴。2016 年 1 月 12 日，蚂蚁金服对外发布 2015 年支付宝年账单。账单显示，2015 年互联网经济继续保持高速增长。按省级行政区划分来看，上海人均支付金额排名全国首位，达到 104 155 元，这标志着网上人均支付开始迈入“10 万时代”①。

2014 年，在支付宝成立 10 周年，支付宝推出了《账单日记》作为十周年广

① 支付宝发布 2015 年全民账单 上海用户人均年支付超 10 万元[EB/OL]. http://politics.people.com/n1/2016/0113/c70731-28044838.html，2016-01-13.

告内容，借助多个网页空间推出暖心的年度广告，因广告在网页空间的推广，获取了良好的社会反响。《账单日记》的广告内容阐述的是一位女性客户通过支付宝的账单记录，展现出她十年来的成长和经历，旨在回馈支付宝客户十年来的相伴，同时也宣传公司“知托付”的理念。

在电子商务平台营销中，产品的营销占据主要的地位，如何借助广告模式脱颖而出，是平台和商家共同思考的问题。支付宝首先考虑了其自身的互联网特性；其次考虑了其广告受众多为新媒体的忠实粉丝，那么利用网络传播推广企业形象成为首要选择；最后回顾了支付宝十年来的变化，广告的时间跨度较大，传统媒体广告的播放成本太高。综合考虑后，自然是利用自身的电子商务平台优势，投放网页广告，同时也将广告投放到其他网络平台。

支付宝采用电子商务平台进行广告的传播，通过网民主动转载，快速地提高了广告被点击的次数。通过搜索引擎进行搜索，会发现每个视频的网友点击量少则几千次，多则达几百万次，而且广告设置的评论区的互动频率非常高，许多网友互动频繁，进行广泛的话题讨论、对广告创意和感受进行分享和交流，表达自己对支付宝的观点，这样的行为进一步扩大了《账单日记》中支付宝企业的品牌社会影响力。支付宝十周年广告的选择是在其自己的电子商务平台和较有影响力的电子商务平台以及社交网络媒体上，通过网络传达企业的理念，不是冲动的选择，是顺应市场的发展。

在支付宝的十周年广告《账单日记》中，较小的成本投入收获了良好的效益，这也是受益于电子商务平台的发展。支付宝的《账单日记》在广告营销中保证了广告传达给受众的信息是全面的，而且保障了受众可以多渠道地了解广告视频，为电子商务平台营销中的广告模式提供了最佳的范例。广告的表现效果不只在于其内容形式和艺术形式，良好的平台推广可以事半功倍。这也对其他企业具有一定的借鉴意义，尤其是现如今大多数的中小企业，在实体经济发展的同时，需要把握住电子商务平台发展的契机，融入电子商务平台的发展中，合理地借鉴平台发展的优势，低成本、高收益是最佳的发展模式，避免零和博弈，要实现企业、商户与平台的共同成长。

（二）三只松鼠的零售模式

三只松鼠的全称是三只松鼠（中外合资）电子商务有限公司，是一家身处三线城市安徽芜湖的电商新秀，是中国第一家定位于纯互联网食品品牌的公司，同时也是目前我国销售规模最大的食品电商。三只松鼠于2012年6月19日正式上线，品牌上线第65天，便在“天猫商城”坚果类销售中排名跃居第1位。而后，三只松鼠获得了投资公司的青睐，为其后期发展提供了更多的资金基础。三只松鼠以互联网技术为依托，利用B2C平台实行线上销售，凭借这样的销售模式，三只松鼠迅速缩短了企业与消费者的距离，确保让客户享受到新鲜、可口的食物。截至2017年，三只松鼠网络渠道覆盖了多个电子商务平台，天猫、淘宝、京东、1号店、QQ网购、唯品会和聚美优品等各个平台都进驻了三只松鼠。目前，三只松鼠已经建成了华南区、华北区和华东区三大物流中心，可以实现日处理10万单的订单量，并实现了全国60%区域的消费者次日送达产品的极致服务。三只松鼠借助电子商务平台，获得了良好的发展机遇，为自己树立了更为远大的目标，并朝着目标扬帆起航。

三只松鼠在2012年面世之初，确立“红海中挖掘蓝海”战略，率先在淘宝平台占领制高点，随后紧急制定新的营销策略，以“率先抢占流量入口”为重心，开展系列电子商务平台营销活动。三只松鼠采取“整合营销+钻展+SEM”的方式向当时占据主导地位的新农哥和百草味等品牌宣战。2012年11月11日凌晨，三只松鼠推出了多样化的产品组合，全面参与半价活动。客户不断涌入店铺，天亮的时候逐渐进入高峰。三只松鼠放弃传统食品行业的销售方式，将目光着眼于电子商务平台，采取平台零售模式发展公司的业务，正因如此，才能在传统的“零售大鳄们”的夹击之下寻求到生存的空间，并有了后起之秀的标签。

在三只松鼠的发展过程中，电子商务平台营销是其助推力，为它的成功提供了无限的可能。其选择在各大电子商务平台成立虚拟店铺，直接借助平台与消费者建立联系，节省了在实体店造势推广的成本。在三只松鼠之前，坚果行业的营销模式大多是以实体店的零售为主，很少有通过网络购买的。但是，随着社会的发展，人们早已不再满足于单一的购物渠道，受限于某一种生活方式，网络购物应运而生，这是互联网时代的大势所趋，三只松鼠便是这趋势的受益者。

现在的上班族，尤其是年轻女性喜欢购买坚果，单一的实体店购买很难满足她们的消费需求。三只松鼠的诞生，为消费者们提供了便捷的购物渠道，加上直接由商户与消费者建立联系，省去了中间的经销成本、省去了实体店面高额的租金，使三只松鼠的价格较实体店价格更为低廉。在以第三方支付平台作为担保的基础上，低廉的价格、有保障的产品促使众多消费者热衷于购买该品牌的产品，大大地刺激了消费者的购买欲望。三只松鼠充分抓住电子商务的发展机遇，通过各大电子商务平台上的虚拟店铺，很快地让大批消费者了解了该产品并愿意主动地为该产品买单，获得了巨大成功。

延伸阅读

一、淘宝热卖，http://uland.taobao.com/sem/tbsearch?Keyword=%E6%B7%98%E5%AE%9Dwang&refpid=mm_26632360_8858797_29866178&clk1=b7f7073ece9ec240450ddc95b2b1d98f&upsid=b7f7073ece9ec240450ddc95b2b1d98f

二、支付宝商家中心，https://b.alipay.com/?ynsrc=zhuzhanB

三、京东商城，https://www.jd.com/?cu=true&utm_source=haosou-pinzhuan&utm_medium=cpc&utm_campaign=t_288551095_haosoupinzhuan&utm_term=0a875d61c5fe47d8bc48679132932d23_0_ed5ac034a40f4b81afa8ddeb3217a735

四、1688 热销市场，http://re.1688.com/?trackid=885688802228654535 4935&cosite=360jj

第七章 社交媒体平台营销

随着社交媒体的深入发展，营销的功能越来越突出，社交媒体营销已成为一种新趋势、新商业模式。越来越多的商家开始利用社交媒体进行营销，也催生出更多细分的营销模式，如网红直播打赏、微博电商营销等。社交媒体作为一种营销平台，丰富了营销的形式和内涵，引发了一系列营销变革，今天基于社交媒体平台的营销活动可以说无处不在。目前社交媒体平台的发展如何？有哪些主要的社交媒体平台？社交媒体平台的营销模式是如何运行的？这些是本章要讨论的主要问题。

第一节 社交媒体平台概述

在网络设施逐步完善、互联网不断普及的背景下，我国网民规模不断扩大。根据中国互联网络信息中心的统计数据，截至 2018 年 12 月，中国网民规模达 8.29 亿，普及率达 59.6%。其中即时通信用户达到 7.92 亿，网民使用比例为 95.6%；手机即时通信用户达 7.80 亿，占手机网民的 95.5%。微信朋友圈、QQ 空间、微博用户使用率分别为 83.4%、58.8%、42.3%[①]。从各类社交媒体的用户使用情况

① 中国互联网络信息中心. 第 43 次《中国互联网发展状况统计报告》[EB/OL]. http://www.cnnic.net.cn/hlwfzyj/hlwxzbg/hlwtjbg/201902/t20190228_70645.htm，2019-02-28..

和增长趋势可以看出，社交媒体平台已成为中国互联网的重要组成部分。

一、社交媒体及其发展

社交媒体也称社会化媒体，2007 年最早出现在一本叫作 *What is Social Media* 的电子书中，作者 Antony Mayfield 给出了简单的定义：“社交媒体是一种给予用户极大参与空间的新型在线媒体。”①

互动性是社交媒体区别于传统媒体最为显著的特点，在社交媒体上个人或组织可以自主进行内容生产和交换。“它的思想与技术核心是互动，内容主题为 UGC，关键结构是关系网络，表现为一种组织方式。简单地说，它就是用户信息分享和社交活动的平台，或者可以定义为基于用户关系的内容生产与交换平台。”②

中国社交媒体诞生的标志是 1994 年曙光 BBS 站的建立，它是中国的第一个论坛。从 1994 年到 2003 年，论坛、点评网站和即时通信工具相继涌现，极大地丰富了网民的生活。该阶段以百度贴吧、腾讯 QQ、大众点评网等为代表的社交媒体的出现，打破了仅由少数个人和组织群体控制媒体的格局，扩大了用户传播信息、沟通交流的渠道。“自 2004 年以来，博客、在线视频、社交网站、问答百科、微博、LBS（基于位置的服务）、团购等渐渐如雨后春笋般出现，社会化媒体格局日趋复杂，网民对社交媒体的认识逐步加深。”①该阶段形成了“用户创造内容”的特点，使网民有了“自媒体”平台，推动了网民多平台知识互动、协同创造、多媒体形式表达的积极性。自 2011 年开始，社交媒体进入融合发展时代，跨界整合开始成为新的尝试。通过不断地完善功能、改进社交体验，社交媒体逐渐成为开放的平台。

中国互联网络信息中心发布的《2015 年中国社交应用用户行为研究报告》中，将国内的社交应用类型主要分为即时通信工具、综合社交应用、图片/视频社交应用、社区社交应用、婚恋/交友社交应用和职场社交应用等六大类。2015 年

---

① 游恒振. 社会化媒体的演进研究[D]. 北京邮电大学硕士学位论文，2012.

② 阳翼. 数字营销：6 堂课教你玩转新媒体营销[M]. 北京：中国人民大学出版社，2015.

六大类应用中，即时通信工具的使用率最大，占手机网民的 90.7%；综合社交应用的使用率为 69.7%；工具性较强的图片/视频社交应用使用率为 45.4%，排在第三；社区社交应用使用率为 32.2%，排在第四；其他两类社交应用的使用率相对较小，均在 10%以下①。

2017 年 7 月 12 日，Kantar Media CIC 发布了中国社交媒体格局图。可以看出，社交媒体已不同于传统意义上的媒体，从以微信为代表的即时通信到淘宝等电子商务服务，甚至爱奇艺等视频应用，都具备了社交属性，成为社交媒体的一部分。

二、社交媒体营销

社交媒体不仅仅是用户交流互动的平台，其具有的媒体属性与特征也使社交媒体成为企业重要的营销工具与手段，因而也是企业重要的营销平台。社交媒体营销“是指依赖或者基于社交媒体上用户形成的相互连接的人际关系，来进行品牌或者商品的营销。一般社会化媒体的营销工具包括论坛、微博、微信、博客、SNS 社区、图片和视频分享等。通过社交媒体营销，企业和消费者之间的沟通更加实时、双向、直接”②。

社交媒体营销从 2009 年微博诞生，中国的 Web 2.0 时代拉开序幕；到 2011 年微博营销开始发酵，并在随后的一两年内火爆异常；到 2012 年 8 月微信公众平台上线，微信营销逆势而起，并在随后逐渐盖过了微博营销的风头；到大概 2013 年，“双微运营”（微博和微信运营）成为中国社会化营销的标配，大部分社会化营销都围绕微博微信及其形成的 KOL 生态进行，这种情况持续了多年③。

然而随着移动互联网的发展，中国的社交网络开始呈现多元化、复杂化的特点。中国社交媒体营销的“双微运营”开始转向全平台营销发展，主要包括长文章、短文章、图片、问答、短视频、长视频、直播等主要形式，涵盖微博、微信

① 中国互联网络信息中心. 2015 年中国社交应用用户行为研究保护[EB/OL]. http://www.cnnic.cn/hlwfzyj/hlwxzbg/sqbg/201604/t20160408_53518.htm，2016-04-08.

② 社会化媒体营销操作指南[EB/OL]. http://report.iresearch.cn/report/201405/2169.shtml，2014-05-27.艾瑞网，2014-05-27.

③ 双微运营已死，全社交平台营销才是下一个趋势. http://www.tmtpost.com/2681509.html.

社交网站、网络论坛、直播平台、垂直平台等全平台营销矩阵。

三、社交媒体营销的优势

社交媒体作为一种重要的营销平台，相对于传统网络营销具有非常明显的优势，在增加企业曝光度、客户经营管理、树立品牌形象、成本预算等方面都有所体现，传播的速度、深度与精准度也远远高于传统媒体。

（一）创造企业的曝光量，增加网站流量和发展潜在客户

企业社交媒体平台上发布相关的服务信息和产品资讯，并与用户之间进行广泛、持续、即时的人性化沟通，可以引发社交媒体平台上粉丝的关注、转发，进一步产生社群效应，大大增加企业信息在社交平台上的曝光量。当粉丝和社群达到一定程度后，就会产生滚雪球效应，实现从量变到质变的效果。通过社交媒体平台不仅可以直接将社交媒体上的用户流量转化为企业官方端口的流量，还可以通过多种表现形式进行一系列营销活动传达品牌信息吸引客户，起到维持老用户和发展潜在客户的作用。

（二）增强消费者互动，树立良好的企业口碑

社交媒体具有双向传递、互动交流与平等对话的特点，使社交媒体在挖掘客户潜在需求、获取客户反馈信息、评估企业声誉等方面有着显著的优势。一方面，企业通过与客户交流和从客户在社交媒体上生产的数据中挖掘出消费者的潜在需求，比传统的问卷调查结果更具有科学性和真实性，有利于企业更准确地抓住消费者痛点，不断提升服务质量。另一方面，企业通过社交媒体搭建与客户平等对话的网络社区，并以短、频、快的形式内容迎合用户碎片化的闲暇需求，在社交媒体上即时更新发布营销推广信息，增加用户在企业营销活动中的体验感和参与感，“聆听”用户的想法和意见反馈，即时评估企业的网络声誉，系统化地了解和评估企业或品牌的知名度和美誉度，针对潜在的舆论危机进行预测，并及时采取公关活动，能更好地发挥社交媒体的互动营销效果，为企业树立良好的形象。

（三）获取行业资讯，助力企业不断发展

企业对行业的市场分析，不再仅从新闻报道、线下调研或行业协会的统计报告中来搜集市场信息，也开始对社交媒体上的各类消息进行大数据分析来监测和追踪市场和行业的最新资讯，能够提供比搜索引擎更加全面和完善的资讯，多方位了解竞争对手的动态，并找准机遇运用社交媒体平台进行营销推广活动。社交媒体平台在为企业提供营销推广的同时，也给许多企业提供了寻求合作的机会，帮助企业判断合作伙伴的经验和能力，定位更合适的合作伙伴，为企业带来更多的潜在发展机会。

（四）精准定位目标消费者，减少企业营销成本

企业可以通过大数据技术快速定位社交媒体上的目标消费者，满足目标消费者的个性化需求，即时投放企业的营销推广信息，并通过对数据的实时监测分析，进一步完善营销效果，进而为下一次的营销活动提供参考。企业通过精准定位目标消费者，不断提高营销推广信息的精准度，相比在传统媒体上大范围覆盖、持续广告投放的媒介预算，大大节约了营销成本。如果企业能够很好地将社交媒体与意见领袖营销、病毒式营销结合起来，还能以较低的成本取得意想不到的营销效果。许多零售企业通过社交媒体发布优惠活动信息，在官方微博、公众号、论坛等平台发起与产品有关的话题，用户通过参与活动获取优惠券，同时监控感兴趣的客户行为，满足用户个性化需求，不仅能给企业树立良好的品牌形象，还可以提升销量。可口可乐在 2013 年夏季推出的“快乐昵称瓶”活动，成功地运用社交媒体营销传播，在微博、微信等多平台互动，晒图分享，并有微博大咖和意见领袖加入活动中，触发了大家参与到活动中的热情，以极低的投入带动了可口可乐昵称瓶的销量，并获得了目标群体共鸣的最大化，巩固了企业的市场地位。

第二节　主要的社交媒体平台及其特点

社交媒体已经成为企业营销的重要平台，企业根据营销目的、产品特点等因

素选择不同的社交媒体平台，发布营销推广信息，吸引目标消费者。想要达到预期的营销效果，选择合适的平台尤为重要，这就需要企业了解各社交媒体平台的营销特点。

一、微信

微信是腾讯公司于 2011 年初推出的一款快速发送图片和文字、支持多人语音对讲的即时通信软件，是腾讯业务中拥有用户基数最多的一个社交媒体平台，并且已全面融入人们的日常生活。微信朋友圈已经成为社交使用率排名第一的社交应用。

微信实现了用户之间日常沟通和生活便利的需求，支持公众平台、朋友圈、消息推送、小程序、线上支付等功能，用户通过“摇一摇”“看一看”“附近的人”“扫二维码”等方式添加好友和关注公众平台，同时也可以将内容分享给好友或朋友圈。微信具有传播高效、私密安全、低成本、功能便捷的特点和庞大的用户量，因此其占据了社交媒体的领军地位，成为企业进行社交媒体营销必不可少的活动阵地。微信平台的主要特点如下。

（一）成本低廉

传统的营销方式（如电视广告）通常要耗费大量的人力、物力、财力，一则几十秒钟的电视广告可能需要几十万元到上百万元的费用，中小企业只能望而却步。而微信广告的宣传成本很低廉，它平台上的 LBS 定位、漂流瓶、摇一摇、二维码识别等各项功能都可供用户免费使用，不管是企业还是个人营销，都可以将广告内容推送到公众平台、朋友圈或消息群中与受众互动。很多“个体户”通过微信的持续营销，都大幅度提高了业绩。微信不仅为企业和商家提供了一个相对公平的营销竞争平台，还大幅地节省了它们的营销费用，使用过程中仅仅产生少量的流量费用，营销成本几乎为零。

（二）传播的精准性、互动性和即时性

在微信平台中，企业可以对用户进行分组，针对用户特点进行不同类别信息的一对一的推送，可以很好地满足受众的个性化需求，实现精准性传播。商家还

可以利用微信的 LBS 定位功能通过“附近的人”向周边用户推送营销信息，并鼓励用户到店购买，减少不必要的、无明确目标的大范围传播。

企业还可以邀请明星或意见领袖进驻公众号，通过文字或语音向粉丝推送相关产品及营销活动信息，通过与粉丝的互动聚集大量的粉丝，从而提高用户对企业的喜爱度、依赖度，使用户变成品牌的忠实拥护者。同时企业还可以建立自己的客户数据库，在遇到问题时能更人性化地解决问题并即时沟通，维持企业的美誉度，使微信成为有效的客户关系管理系统。

（三）信息传播的有效性、多样性和私密性

到达率是营销信息传播的重要衡量指标，反映营销信息能被多少消费者多看到或听到。微信公众平台的信息到达率非常高，这就保证了企业向用户推送信息的效果。很多企业会根据用户点开推送信息的点击率或通过信息跳转到购买页面的转化率来衡量一条活动信息的有效性。另外，扫描企业二维码或输入账号添加官方微信是用户的主动行为，说明用户对产品或企业是感兴趣的，因此，当接收到来自企业官方微信推送的信息时，他们能有效地关注所接收的信息。

企业可以充分地利用微信漂流瓶、位置签名、二维码、小程序、朋友圈、微信公众平台等功能，以文字、图片、语音、视频、H5 等多种表现形式传达不同营销推广信息。而且不同于在微博发布消息所有人可见的特性，微信平台上的信息交流是具有私密性的，体现了社交媒体的强关系性，实现企业与用户的全方位沟通，进一步了解用户的潜在需求，增加用户对企业品牌的忠诚度。

二、微博

从 2009 年 8 月新浪推出“新浪微博”内测版开始，微博正式进入人们的视野，新浪成为门户网站中第一家提供微博服务的门户网站，之后，搜狐、腾讯也相继推出微博服务。微博上的大 V、行业专家、网红等意见领袖产生的名人效应和热点话题讨论成为带动粉丝用户的营销利器。

微博是一个基于用户关系的信息分享、传播及获取平台，用户可以通过 Web、

WAP 及各种客户端组件个人社区，以不超过 140 字左右的文字更新，并实现即时分享[①]。主要的交流功能包括信息发布、转发、评论、私信等。作为一个用户基数强大的社交媒体平台，低成本、开放性、名人效应等特点使博主可以与其受众进行高度互动传播，发出的信息可以在用户之间快速地形成病毒式扩散，引发用户二级传播，达到传播目的。微博平台的主要特点有。

（一）操作简单，形式多样

微博的功能操作很简单，一键转发、评论非常方便，而且 140 字的字数限制要求企业用精炼的语句在极有限的空间内将所要发布的信息表达出来，一方面节省了企业进行长篇大论的编写精力：另一方面也迎合了“碎片化”时代受众信息交流的特点。这种形式对企业的实力也提出了挑战，需要以简短的创意内容吸引受众的眼球，毕竟快节奏的生活步伐，人们的时间是很宝贵的。

微博支持多种表现形式，并不局限于文字，它可以以图片、声音、视频、H5、扫码链接等多种形式呈现出来。企业可以发挥创意，融入产品的特点和信息，使内容更加生动有趣，增强用户的参与体验度，避免受众产生审美疲劳，从而使潜在消费者更加容易接受信息，更好地树立企业形象。

（二）成本低，互动性强

微博营销的传播成本低廉且可以与受众进行高频次、即时、双向的信息互动。企业不仅可以通过微博即时发布企业的产品信息，还可以与受众进行双向的即时沟通，从用户的反馈意见中获取用户的潜在需求，及时调整产品策略、增强服务，消费者因为这种互动得到更好的消费体验，会增加参与热情。而在这一次完整的营销过程中花费的成本消耗与传统的营销模式相比，可以节省一大半的费用支出并得到用户较高的反响，为企业减少了营销预算。

（三）明星大咖聚集地，传播效果明显

多年的岁月沉淀使微博已经成为人们谈论明星大咖、热点新闻的聚集地，每

① 龚燕飞，王明宇．企业微博营销的特点与策略探析[J]．中国商贸，2013，（18）：22-23.

个明星大咖都有上千万的微博粉丝，名人效应使他们发布的每条微博和相关新闻在短时间内就会触发可观的转发量和评论量，使事件的传播范围以几何级数扩散，形成“病毒式”效应，传播效率很高，同时话题的讨论也增加了用户的黏度，提高了话题的曝光量和热度。企业与微博上的明星大咖、网红的合作能够在短时间内取得粉丝的响应和反馈，并能通过明星大咖带来的流量实现营销信息的传递，甚至能带来直接的销售。

三、博客

博客，又称为网络日志，分为个人博客和企业博客，也分为独立博客和 BSP（blog service provider，博客托管服务商），但本质上都是通过个人管理、不定期发布更新文章、图片、其他博客或网站的链接及另外的媒体，分享信息或抒发个人情感观点，并与读者产生互动的一种社交媒体交流平台。目前主要的博客平台有新浪、搜狐、网易、LOFTER 等。由于博客具有知识性、自主性、互动性等基本特征，其已成为企业社交媒体营销矩阵中不可或缺的营销平台，它的主要特点如下。

（一）SEO 权重高，为网站带来流量

SEO 权重，通俗来讲就是指搜索引擎给网站赋予一定的权威值，对网站的权威性进行评估评价，这个权重值就代表这个网站在 SEO 中的重要性、权威性。网站权重越高，在搜索引擎中的排名就越靠前，整站的曝光率就越大，获得的流量也就越大。而新浪博客、百度空间等这种具有强大公司背景和市场份额的博客平台，在博客收录和排名上就会具有明显的优势，博客更新后会受到各大搜索引擎的青睐。因此企业可以利用各大博客平台注册账号发布文章信息，来增加被搜索引擎收录的网页数量，提高 SEO 权重值，增加企业网站流量。

（二）自主传播，低成本推广

通过网络广告和新闻进行推广的形式，不仅在信息传播的内容和方式上都受到较大的限制，在费用上还会产生较高的投入。而博客这种传播推广方式是以博主个人的行为和观点为基础，具有很大的自主性，博主可以用“中立”的观点融

入企业和产品的信息。而且企业发布的博客内容被搜索引擎收录所带来的免费效果至少可以替代部分在搜索引擎广告中的预算，减少直接广告支出。如果企业持续经营博客账号，企业所发布的收集的各种读者感兴趣的文章、网站链接、实用工具等信息资源将为企业带来可观的访问量，在站内形成良性循环。

（三）精准的目标群体，传播范围广

博客具有相对稳定的阅读人群，传播范围不受时空限制。以新浪微博为例，分为娱乐、女性、旅游、时尚等很多垂直内容版块，每个版块还有细分版块，所以营销博客的目标受众群体就很精准。而且在垂直市场分析研究方面也有优势，企业可以在细分版块中发布调查表的链接文章，有兴趣的细分读者群体可以参与调查，这样扩大了在线调查表的投放范围，也提高了调查结果的精度，同时还可以直接就调查中的问题与读者进行交流，使在线调查更有交互性。

博客的一键转载、评论、分享、同步到微博等互动功能利于受众群体进行评论或发表自己的看法，增强受众人群与博客之间的黏性；方便受众群体一键分享同步自己感兴趣的文章到微信、豆瓣和QQ空间等其他社交平台上，形成很好的二次传播。

四、论坛

论坛，也称为电子公告板，是最早出现的社交媒体平台之一，是利用网络手段开展的一种多对多的、围绕话题与用户产生互动的在线交流平台。由于话题的针对性，论坛可以对信息进行充分整合、分类与深入分析，所以有很多垂直领域的意见领袖常驻论坛并能发挥自身价值，使信息得到有效传播，这也是论坛区别于其他社交媒体的特点。目前主要的论坛平台有百度贴吧、知乎、天涯社区等，特点有以下几方面。

（一）具有很强的针对性且氛围好

论坛的种类非常丰富，既有综合性的大众化社区论坛，也有专注于各个领域的垂直论坛，每个社区聚集着具有共同话题的用户群体，所以论坛的用户群体分类也非常集中与精准，用户的话题讨论针对性也更强。通过论坛社区的有

效互动，交流氛围非常浓厚，如果你是论坛的活跃用户，论坛的后台或其他用户看到你的发帖也会很热情地互动回帖，共同的话题讨论会很快地加深用户之间的感情与黏性，在心理上引起共鸣。如果在这种氛围深厚的社区做宣传，由于论坛用户之间的信任感，传播的信息也更容易被大家接受和认同，传播的效果也会更好。

（二）口碑宣传

论坛最大的特点就是用户产生内容，所有内容都是由用户编辑发布的，如果企业传递的营销信息能够成功引起用户的讨论，就会在用户的口口相传之下，产生良好的口碑效应。例如，我们在论坛贴中经常会看到很多人分享各种化妆品或其他产品的“种草贴”，用户会交流自己亲身体会的购物心得，对某产品进行深度的评价，进而推荐或建议某种品牌的产品等。如果企业通过这样的帖子引起网友注意，就会不断地带动更多的网友参与讨论，无形中就宣传了商品和品牌形象，也就达到了企业营销或宣传推广的目的。

（三）成本低且见效快

很多公共论坛都是免费的，发布信息只需用户注册账号登录即可。信息的发布除了内容编辑策划的人力支出，传播上基本不需要其他费用，所以在论坛上的营销活动预算也不是很高，在一定程度上能够缓解营销预算的压力，是中小企业营销的极佳阵地。而且由于论坛发布信息的即时性，如果用户对此很感兴趣，就会快速响应，那我们就可以第一时间掌握用户的反馈信息，了解用户的潜在需求与消费心理，而当我们掌握到用户的这些消费趋势后，就可以及时调整宣传策略及战术，避免走弯路，使方案或计划执行得更顺畅，见效更快。

五、社交网络服务

SNS 包括社交软件和社交网站。其理论依据是六度分隔理论，即任何两个陌生人之间建立联系，所间隔的人不会超过六个。社交网络平台有着庞大的用户基数，可以将所有网站用户凝聚在网络关系链中，用户通过信息生产和互动，会与陌生人发生联系，就有可能彼此相识，使用户的个人关系网络不断延伸，从而使一个用户与另一个用户“朋友的朋友”产生沟通与联系。SNS 的特点有以下几方面。

（一）用户群体化，意见领袖影响力较大

SNS 的社区主题可以聚集和吸引与主题有关联的具有共同特征的用户，如共同身份——学生、白领、公务员，或共同爱好——舞蹈、音乐等，以共同属性为基础组建的社区具有更好的用户黏性。社区群体内的用户通常拥有更多的共同语言，SNS 为群体用户交流提供了良好的平台。而这种网络群体之间的传播基本等同于现实的人际传播，只是跨越了空间限制，并且比现实人际传播开放度更高。用户在具有共同兴趣的社区发布消息动态，群体接受程度会更高，并且社区内很容易形成对某个话题参与度较高的讨论，从而扩散影响到其他用户的想法，所以在社区传播中意见领袖的影响力是关键性的。

（二）传播效率高，互动性、体验性强

SNS 的用户群体化特征使社区内的信息传播具有快速引爆的特点，能够在很短时间内聚集大批用户的关注；同时，由于社区用户的参与度和分享度都比较高，再加上意见领袖的影响，社区热点事件往往能够借助各种渠道和方式得以大范围传播。因此，SNS 借助网络虚拟社区进行信息传播的效率很高。另外，用户的上网行为是主动的，所以用户在社区的社交行为都显示出高度的参与性、分享性与互动性。如果某用户在 SNS 社区发布新的动态，其社区内的朋友一定会在第一时间收到更新的动态信息并与之进行评论互动。而且社区的订阅、收藏、筛选、标签等功能，会将最有价值和最热门的信息推送至页面顶部，使用户能快速寻找到站内的优质资源，对自己所需信息整合管理，体现了 SNS 平台以人为本的功能设计理念。随着平台技术的进阶，用户的体验性会不断得到优化。

（三）精准营销

SNS 采取实名注册制，想要登录平台需要填入一些个人基本信息，一方面是为了网络安全管制，使用户有一个和谐安全的上网环境；另一方面也为网站精准

营销提供了数据基础。SNS 网站通过注册信息搜集到每一个用户的基本属性，再结合用户在平台发布的可以映射出真实生活中的人际关系和生活情况的信息，从中分析出用户的兴趣、经历、朋友圈、购买行为等，利用这些用户人口统计和行为数据，实现信息的精准传播。而且，SNS 同样具有低成本的传播特点，企业可以通过对社区用户的数据分析精准定位用户，对企业营销推广信息定向传播，实现企业营销推广信息的有效传播，减少营销成本。

随着互联网技术的发展，网络对人们社会层面的影响越来越大，社交媒体营销越来越获得企业的认可，成为企业营销、市场推广和品牌建设的主战场。同时，现代的社交媒体营销已不同于传统意义上的营销推广活动，企业要更好地借助社交媒体平台，增进与客户之间的感情，才能赢得忠实的消费群体。

第三节　社交媒体平台营销模式

中国的社交媒体格局一直以独特、多样且动态的姿态，在不断地发展和变化。原来大而全的社交媒体平台被分割成了无数个专业化、细分化的媒体平台，覆盖着不同层级、不同类别的用户群体，社交媒体平台的用户也从被动接受信息变成了主动选择性地接受信息。社交媒体时代的营销已经不同于传统媒体时代的营销，它不仅改变着营销模式，也逐渐成为社会组织的机遇与挑战，谁能抓住它的变化规则，谁就能在营销中立于不败之地。

一、内容营销模式

社交媒体所承载的内容与形式越来越丰富多样，从文字、图片、音频到视频，只要是人们能想到的信息，几乎都能以短而快的形式进行传播。同时，也使受众转换为主动方，消费者会根据自己的喜爱程度来自主传播。当前，如何在受众注意力愈加分散和碎片化的趋势下，引起消费者与品牌之间的共鸣，这就需要企业不仅要在形式上吸引消费者的眼球，还要在内容上留住消费者的心。经过时间的沉淀，以往靠虚假或劣质信息来博取受众关注的噱头营销在社交平台已经行不通了，高品质的内容才会使消费者印象深刻而主动传播，通过熟人间的信任关系引起粉丝的效仿，给企业带来良好的口碑效应。

社交媒体时代，人们更注重的是传播的内容。罗振宇的《罗辑思维》以优质的内容、丰富的知识和其对互联网、企业营销、品牌等领域独到的理解和系统的阐释深得受众的喜爱，并逐渐形成了别具特色的罗氏品牌。内容品牌化后推出的付费 APP——得到，延续其一直追求的优质内容。高门槛的入驻要求、高知名度的知识人、高质量的内容服务更是得到良好反响。

二、事件营销模式

社交媒体平台的事件营销是指企业或组织以社交媒体为传播平台，通过精心策划，让公众广泛关注并参与到事件中，据此吸引公众注意力，以完成增进企业与公众的关系、塑造良好形象、谋求长远利益的目标的营销推广行为。企业可以把握住当下比较博人眼球的新闻、热门事件，制造一些与之相关、暗含自身企业的产品或服务信息的营销活动，吸引消费者的眼球，从而引发线上线下对这些事件感兴趣的人来积极参与，提高受众对品牌或产品的认知度；还可以利用或者策划一些容易引发回响、具有大的新闻价值的事件，引起网友的关注，然后根据舆论方向，找准角度定位自己企业的产品或服务，从而迅速提升知名度。

事件营销讲究的是方法和创新，一旦成功，带来的效益是不可估量的。杜蕾斯通过精心策划巧妙利用事件，成功地引起了网友的关注。2011 年北京暴雨导致地铁站积水和大堵车，杜蕾斯从避免湿鞋的角度切入冒出了把杜蕾斯套在鞋上防湿的亮点，选择用小号在微博上发布了这一图片。该微博一经发出，就引得一些大号主动转发，并迅速扩散，一小时内转发量过万条，成为当年经典的社交媒体营销案例。

与此同时，社交媒体时代的事件营销还是一把双刃剑。事件营销应极为谨慎。当操作得当时，其可借助事件发展的影响力，潜移默化地将营销信息直接传导给消费者，进而达到很好的营销目的；但是如果操作失当，就会适得其反，引发公众的反感，结果得不偿失。2016 年 11 月 30 日，一篇题为“罗一笑，你给我站住”的文章刷爆朋友圈，文章本是公益活动，转发一次便会为笑笑的治疗筹款多增一元钱，最后筹到赞赏金达 200 余万元。后来，有网友指出此事件为罗尔与深圳市小铜人金融服务有限公司进行的营销“炒作”，罗一笑的治疗花费并不像文中所说的那般高额，而且罗尔在东莞与深圳均有房产，善款也早已筹齐。最后，深圳市民政部门介入，网友所有文章的赞赏资金也原路退回[①]。

三、话题营销模式

话题营销主要是运用媒体的力量及消费者的口碑，让广告主的产品或服务成为消费者谈论的话题，以达到营销推广的目的。作为社会人，我们每天都离不开各种各样的话题。再加上如今信息传播速度的不断加快和社交媒体的发展，我们每个人都可以通过多种途径表达自己的观点，这就从另一个侧面扩展了话题传播的渠道。而话题营销就是通过话题来激发参与者通过各种渠道自发传播营销信息的能力。

话题营销不应该是孤立、随意、盲目的，一个成功的话题营销一定要与企业的目标或整体的经营计划相关，同时还要注意过程控制。归纳起来话题营销通常采取以下几个步骤。

首先是要创造话题，而且是一个具有传播性的话题。一个不会引起用户兴趣的话题，就不会引起公众更多的关注。话题营销最常见的传播平台就是社交媒体。社交媒体抛出一个话题，可以采用幽默形式、恶搞形式、争议形式、社会热点等形式。这样的一个话题就会引起更多人关注甚至对这个话题产生一定讨论，相关的产品和服务也会受到更多的关注。

有了好的话题，企业要针对话题制造人们讨论的触发点，并寻找恰当的时机介入，助力话题波及更广泛的群体，激发人们进行疯狂的转发、分享。在这期间企业要懂得如何巧妙地植入营销的产品或品牌信息，或者在话题讨论中捆绑自己的产品或品牌，潜移默化地影响受众。

此外，企业要对话题营销进行密切监控，根据话题态势的发展，灵活调整营

---

① 罗一笑你给我站住. https://baike.so.com/doc/25805784-26946269.html.

销过程。因为话题营销是卷入式的，过程难料，中间可能会有很多变数，可能有些人是既定的参与者，也有些人是“打酱油”的，还有些人是突然介入的。这就需要企业能够正确引导话题的走向，要防范话题失控。其中，如何有效利用参与者中意见领袖的影响力并发挥出他们在话题营销中的作用，就变得非常关键。

企业在运用意见领袖时，首先要考虑意见领袖及其所影响到的群体与自身产品或品牌的匹配度，其次制订相应的合作计划和激励举措，保障意见领袖能够按照企业的计划开展传播。最后企业为意见领袖提供相应的话题素材，同时给予足够的支持，不断激发意见领袖的传播热情，降低传播障碍，减少传播成本。

最后是评估效果。企业在发起话题营销后常常因缺乏明确目标而导致营销计划制订不完善，或者一些突发事件发生。所以，企业完成话题营销后，还要对话题营销产生的效果或影响力进行评估，总结经验，这样才能更好地帮助企业开展更多有价值的低成本营销。

在话题营销方面，可口可乐运用娴熟。继昵称瓶与歌词瓶后，2015 年可口可乐推出了台词瓶，进行“夏日分享季”营销策划活动。此次营销活动中，可口可乐筛选了“对不起我爱你”“臣妾做不到啊”等出自中外经典及热门电影电视剧的 49 句台词，围绕“让分享更有戏”的品牌诉求在微博和微信上进行推广。同时，可口可乐还借助优酷视频 UGC 平台，推出“明星大咖秀”互动专区，并邀请好莱坞明星制作短片作品，用户可以投票选出喜爱的台词瓶作品，同时鼓舞更多用户上传“让分享更有戏”的短视频作品参与活动。据悉截至 2015 年 7 月 27 日视频的页面浏览量超过 2 000 万，互动量已近 700 万，近 600 个开拍作品分享至优酷参与活动①。可见，可口可乐此次的话题营销战役，不仅激发了大家参与话题的积极性，还提升了品牌热度。

四、活动营销模式

活动营销是一种使用特定的短期技巧去说服目标市场中的客户以一种特定的方式做出回应的销售手段。活动营销可以让不熟悉产品的客户很快接受产品。大

---

① 2015 夏季 10 大品牌营销战役. https://www.digitaling.com/articles/18575.html.

部分电子商务网站提供了多种活动营销工具，具体包括礼品券、特价产品、批量折扣和会员积分等。一些企业会根据邮件列表名单发送定制的电子邮件信息，给客户提供获奖机会、小额礼品券，或者赠送产品试用等。

在社交媒体平台营销中，常见的活动形式包括有奖转发、发布促销信息和有奖投票等。活动的营销模式吸引人们关注且操作性强，转发一条微博是举手之劳，又有中奖的机会，促使大量粉丝转发。企业通过鼓励用户积极参与微博转发的活动，来吸引更多的消费者，从而使企业品牌或产品知名度在短时间内得到很大的提高。企业还可以用线上与线下相结合的活动做催化剂和黏度剂，但要注意活动频率、活动奖品、活动规则应符合企业或品牌形象的基调，否则就会使企业或品牌形象大打折扣。

天猫“双十一”大促中，几乎所有的店铺都会通过抢红包、抽奖、秒杀、优惠券等分享互动的形式进行促销活动，商家整体的促销力度提高了许多，很多品牌难得的促销优惠活动更是助推了消费者“剁手”的行为。

五、意见领袖营销模式

尼尔森发布的《2015 年全球广告信任度调查报告》显示，在消费者购买行为中，83%的消费者相信来自亲友的购物推荐，而相信 Facebook 等社交媒体平台广告的比例仅为 46%[①]。网民在社交媒体上都有自己的“圈子”和“朋友”，每个“朋友”在口碑传播上都有着不可小视的推荐作用，特别是意见领袖，在社交媒体平台上，他们的号召力越来越大。

意见领袖是指在人际传播网络中经常为他人提供信息，同时对他人施加影响的“活跃分子”，他们在大众传播效果的形成过程中起着重要的中介或过滤的作用，由他们将信息扩散给受众，形成信息传递的两级（多级）传播。微博上意见领袖的一举一动都受到粉丝的广泛关注，一个具有影响力的博主可以轻松影响一大批潜在消费者。所以，对意见领袖关系的维护极其重要。

意见领袖营销，就是通过那些在特定领域拥有影响力的人物，让自己的品牌

① 尼尔森. 2015 年全球广告信任度调查报告[R]. 2016.

和产品与受众建立联系，并且保持互动。如果运作良好，这种营销可以给营销推广计划带来可信度，增强品牌属性，获得潜在客户。企业如果能够利用意见领袖进行企业品牌和产品的宣传，将起到事半功倍的效果。企业应该结合自身的资源和产品的特点，主动选择适合的意见领袖，发挥这些意见领袖的个人影响力，使产品的核心价值和知名度得以迅速传播。但要注意，在意见领袖的选择上，要符合企业形象。同时，他的粉丝群体也应是企业的产品的潜在消费群体。

意见领袖营销最具代表性的节目就是湖南卫视的《快乐大本营》，这档节目延续了多年都没有衰败，在所有综艺节目中依然保持着超高人气。这档节目红火的原因就是充分发挥意见领袖的作用，其最大的营销亮点除了注重对“快乐家族”主持人的品牌打造，还邀请近期最火爆的明星艺人。《快乐大本营》会在微博账号上提前发布消息，透露每期的邀请嘉宾，并与嘉宾和粉丝互动，提前预热。邀请的这些嘉宾所带来的强大的粉丝效应，使录制现场一票难求，收视率也居高不下。

六、病毒式营销模式

基于同质化人群的组织结构和辐射无限延伸的传播模式，在社交媒体平台上很容易就能产生病毒式传播。病毒式营销是指社交媒体平台上的营销推广信息通过用户的口碑传播，像病毒一样快速扩散，利用病毒式快速复制的方式，让社交媒体平台上的个体为企业宣传，并传播给数以千计、数以万计的受众。

病毒式营销在于找到营销的引爆点，如何找到既迎合目标用户口味又能正面宣传企业的营销信息是关键，而营销技巧的核心在于如何打动消费者，让企业的产品或品牌深入消费者心里，让消费者从认识品牌、了解品牌、信任品牌到最后依赖品牌。病毒式营销是社交媒体平台营销中性价比最高的方式之一，通过深入挖掘产品卖点，制造适合网络传播的舆论话题，引爆企业产品病毒式营销，效果非常显著。

视频是病毒式营销的最好载体。优秀的视频一定要学会讲故事，要清楚企业的品牌诉求是什么，产品或服务的传播信息和卖点在哪里，并能以品牌主张或产品信息为核心，改编出情节曲折、节奏紧凑、引起情感共鸣的网络视频，以此吸引观众的注意力。互联网数据中心的调研数据显示，有高达 89.4%的受众表示会把喜欢的网络视频推荐给自己的朋友或同事，这样就能够形成二次传播。在视频病毒式营销中，如何找到合适的诉求点便是企业需要重点思考的问题。

央视前记者柴静的作品《穹顶之下》，在各大视频网站上传后，引发了公众热论。在微博、微信等社交网络上的疯狂转载，更是引发了病毒式传播。视频推出当天就在优酷获得 600 万人次的播放量，48 小时内全网播放量达到惊人的 2 亿人次。“柴静式”的新闻符号与“雾霾”这一深具大众现实诉求的话题相互发酵，成为《穹顶之下》爆红的重要基础。而柴静作为母亲的身份和个人故事的讲述，也拉近了其与普通百姓的情感距离，更引起公众共鸣①。

以上任何营销模式都可以为企业带来不错的效益，但企业利用社交媒体平台进行营销或是建立品牌认知及获得用户好感过程中，要注意“以人为本”，关注用户行为习惯及客户需求，学会洞察市场而不是盲目地进行传播，企业品牌营销如果脱离受众的生活轨道，不能使用户自发地二次传播和多次传播，就是无效传播。

第四节　社交媒体平台营销应用

社交媒体平台营销不仅是利用社交网络、微博等发布营销推广信息，更重要的作用是利用社交媒体平台发起与潜在用户的互动。企业的营销团队不仅关注社交媒体上的用户的动向，掌控用户对于相关产品与服务的关注，还可以实时发起与潜在用户的互动，持续深化与潜在用户的关系，促进用户对企业产品与服务的兴趣，并且适时地发起社会化营销活动来促进成交。

一、社交媒体平台营销的应用价值

社交媒体平台成为企业营销主战场的同时，也为企业提供了精准化、互动性、

---

① Hunter. 2015 年，那些刷爆过你朋友圈的十大病毒式传播[EB/OL]. http://www.huodonghezi.com/news-83.html，2018-10-26.

低成本、高回报的服务。

第一，社交媒体平台让营销更加精准。社交媒体平台掌握了用户大量的信息，抛开侵犯用户隐私的内容不讲，仅仅是用户公开的数据中，就有大量极具价值的信息。通过大数据对用户进行分析，形成用户画像，为实现精准营销、产品开发、客户关系管理提供了便利。此外，随着移动互联网的发展，社交媒体用户使用移动终端的比例越来越高，移动互联网基于地理位置的特性也将给营销带来极大的变革，通过定位技术对目标用户的地理位置定向，实现 LBS 营销，让目标客户更加深刻地了解企业的产品和服务，最终达到宣传企业的品牌、扩大产品销售的目的。

第二，社交媒体平台拉近了企业与用户的距离。互动性曾经是网络媒体相较传统媒体的一个明显优势，但是直到社交媒体的崛起，我们才真正体验到互动带来的巨大魔力。基于传统媒体的营销活动是硬性推广，而且是单向的、不即时的，营销推广的持续性差、反馈机制差，往往是企业发布了营销推广信息，看到用户的评论和反馈，继续深入互动难度却很大，企业与用户持续沟通的渠道是不顺畅的。而社交网络使企业有了微博、微信公众号和官方论坛，在这些平台上，对话的平等性和沟通便利性使得企业和消费者能更好地进行互动、保持联系，让受众群体可以参与到有效互动的活动中去，从而增加了品牌和受众发生关系的可能性。同时，社交媒体可以使企业对营销过程进行实时监测、分析、总结与管理，有效地挖掘用户的需求、及时调整营销目标等，使品牌与消费者的信息交流更为通畅、便捷，机动性更强，更好地满足消费者的个性化需求，树立良好的企业品牌形象。

第三，社交媒体平台可以帮助企业进行舆论监控和市场调查。在社交网络出现以前，企业对用户进行舆论监控的难度是很大的。而如今，社交媒体在企业危机公关时发挥的作用已经得到了广泛认可，任何一个负面消息都是从小范围开始扩散的，只要企业能随时进行舆论监控，就可以有效地降低企业品牌危机发生和扩散的可能性。

除了通过社交媒体进行大数据舆论监控的优势之外，企业还可以通过对社交平台大量数据的分析，进行市场调查，有效地挖掘出用户的需求，为产品的设计开发提供很好的市场依据，并从中获益。

第四，社交媒体平台降低了企业的营销成本。社交媒体不仅为企业营销提供了低成本甚至免费的开放平台，还可以获得强大的低成本的粉丝资源。企业在社交媒体平台营销中日常运营所花费的成本较低，还可以通过社交媒体组织起强大的粉丝团队进行病毒式营销。粉丝群体活跃度高、黏着性强，也更精准。小米发烧友就是很好的例子。小米手机如今有着庞大的粉丝团队，数量庞大的米粉成为小米手机崛起的重要因素，每当小米手机推出营销活动或者新品上市，这些粉丝就会奔走相告，做足宣传，而这些几乎是不需要成本的！如果没有社交媒体平台，小米想要把米粉们组织起来，必然要花费极高的成本。此外，社交媒体的公开信息也可以使我们有效地寻找到意见领袖，通过对意见领袖的宣传攻势，自然可以取得比漫无目的的大面积传播更好的效果。

社交媒体平台在营销方面的优势显而易见，但是同时也存在很多的问题，如社交媒体平台营销的可控性差、投入产出比难以精确计算等。不过随着技术的发展与社会的进步，社交媒体平台营销的体系也必然会逐渐完善，所以，每一个企业都不能选择躲避它，而要直面这个新挑战。

二、社交媒体平台营销实例

企业利用社交媒体平台开展营销活动已经常态化，涌现出诸多社交媒体营销案例，这里我们选择电视剧《人民的名义》、天猫“双十一”活动与小米的社交媒体营销三个案例进行深入分析。

（一）电视剧《人民的名义》[①]

《人民的名义》自开播以来蝉联收视冠军，创造了自 2010 年以来年国内电视剧史上最高纪录。这部以反腐为题材的大剧之所以如此火热，除了因为其影视艺术表现精美、剧情响应党中央反腐的主题背景外，微博、微信等社交媒体平台发挥的作用也是不可或缺的。

① 案例改编自《人民的名义》热播，看社会化营销！https://www.sohu.com/ a/134744681_350091。

1. 微博营销

热点话题版块是电视剧在微博营销的主阵地，“人民的名义”微博话题阅读量高达 12 亿。加上微博网红大号、剧中演员大咖的粉丝传播和各路媒体的关注，关于该剧热点话题的讨论高潮迭起。从号称全国排名前三的点钞人员令人惊叹的点钞手法，再到湖南卫视三次现场考察后以 2.2 亿元买断独家播出……

要说剧中最火的还是达康书记，不但被网友编辑成了一系列表情包，连共青团中央的微博账号也加入这股热潮中，发了一条“达康书记的 GDP 由我来守护”的微博。这些传统的政府机关官微参与到娱乐事件的传播中，更是增加了制造新话题的素材。

2. 微信营销

微信也是传播的重要平台，各种微信公众号发布相关文章。2017 年 4 月 8 日，新榜日常采集库的微信公众号数据显示一周内，有 8 451 篇微信文章提到《人民的名义》，其中包含 55 篇 10w+爆文。还有以李达康为代表的“汉东男子天团”的各种周边花絮刷屏朋友圈，加上用户之间互动使用的具有趣味性的微信表情包，让《人民的名义》在各种相关的指数趋势查询中，呈现直线式上升。

《人民的名义》在知乎、豆瓣、百度等多个平台上的营销也助推了该剧火爆的收视率。豆瓣的评分曾高达 9.1 分；知乎上关于如何评价这部国产剧一问，获 4 000W+的浏览量；#人民的民义#话题关注者超 5 万人。

在没有社交媒体平台时，很难想到一部电视剧会在网友圈引起如此大的反响。在社交媒体快速发展的今天，充分利用各种社交媒体平台营销，将会给企业带来更大的效益。

（二）天猫“双十一”①

“双十一”的购物狂潮从 2009 年开始至今已经走过了 10 个年头。天猫通过一次次的节日操盘，积累了丰富的营销、运营和资源整合经验，2017 年天猫“双十一”成交金额 1 682 亿元再创新高。天猫“双十一”，无论是打开天猫，还是

① 案例改编自《天猫双 11 爆款清单微博分会场，开启社交营销新形式》，https://weibo.com/ttarticle/p/show?id=2309404174445701914518。

微博，各个平台都躲不过“双十一”的强大攻势。

1. 微博营销

天猫利用微博上的话题板块、明星达人、橱窗直播、社交属性等资源形式，助推了“双十一”的全面曝光。微博话题“双 11 爆款清单”、“双 11 买手天团”和“走新双 11”，内容迅速被引爆，微博分会场变为主阵地。兰蔻等各大品牌在分会场上，通过明星、达人、媒体组成的买手天团视频直播推荐和互动的导购模式，通过视频和微博橱窗的方式实现加购，内容与购买形成了闭环一体。在直播过程中利用列表根据直播内容定时更新，橱窗商品微博端一键加入购物车。随后，通过实质性的“优惠”，转发抢红包的活动吸引更多粉丝消费者的注意力。兰蔻的官方微博在直播互动中，短短 24 小时内，视频播放量就突破了 36 万次，博文互动远高于日常，分会场给兰蔻品牌喜爱度带来了 59%的提升，首推眼霜用户的喜爱度提升更是高达 121%。

2. 多平台营销

天猫通过精致的 H5 作品、海报和视频与消费者进行互动，淋漓尽致地表现出天猫尽情狂欢的购物主题，使受众沉浸于场景活动体验，并引发强烈共鸣，自发传播分享到各个平台。除了微博外，阿里系内部支付宝、咸鱼、飞猪、虾米音乐、优酷、UC 浏览器等大量资源展开联合营销，各个应用开屏、banner、频道、搜索、直播等形成互相推广之势。阿里在各个渠道投放“双十一”广告，全面覆盖了各个层次的用户群体，加上数万个品牌商在各个渠道上的深度参与，使天猫在“双十一”电商行业中依然占据主导地位。

随着社交属性的不断泛化，社交电商结合将会为品牌带来更多元、开放、深入的服务，为消费者带来更个性化、沉浸式、娱乐化的内容，为消费者带来更好的消费体验。

（三）小米[①]

小米自创办以来，从 2012 年全年售出手机 719 万台到 2017 年 Q2 季度出货

① 案例改编自《不懂小米新媒体营销，敢说自己是做营销的？》，http://www.360doc.com/content/19/0420/15/52832421_830117282.shtml。

量 2 316 万台，保持了令世界惊讶的速度。在营销无处不在的时代，小米能取得如此大的业绩，社交媒体的作用功不可没。

小米紧扣用户需求，始终将社交媒体作为营销的主战场，利用论坛、微博、微信和 QQ 空间四个平台进行营销。

1. 小米论坛

论坛是小米最早使用的社交媒体平台。小米公司通过论坛社区不仅能够了解用户需求，改善服务，积淀用户，还可以通过营销活动，塑造品牌文化。小米论坛营销一个成功的案例就是小米手机 3“智勇大冲关”。用户回答随机的 10 道关于小米手机 3 的选择题，累计分数高的会有奖励，问题答案的设置有一定难度，如果不对小米 3 有一定的了解，就很难选对。这就激发了米粉们不服输的态度，使他们一次又一次地挑战，反复地了解。活动截止，总的参与次数为 2 100 万，有超过 200 万个用户进行游戏。“智勇大冲关”以论坛游戏的方式使广大参与者加深了对小米 3 的了解。

2. 微博

小米公司微博运营的办法是通过内容和活动来创造话题，引发粉丝和明星网红自发传播以增加话题热度，从而达到病毒传播效果。小米创始人雷军曾在微博上发起过“我是手机控”的活动，参与的用户能够收到一份属于自己的关于用过几部手机、充值过多少话费等信息的“手机编年史”，这种怀旧情结引发了海量的用户主动分享，在短时间内以极低的活动成本吸引了 100 万用户积极参加。这次活动极大地提升了整个市场对小米品牌的认知度。

3. 微信

由于微信具有较高的私密性，没有进行品牌推广的优势，所以小米在微信公众号的运营主要是信息发布与实际服务功能。米粉可以收到公众号推送的文章内容、获取优惠信息、查询订单、解决小米手机的使用疑问、售后服务以及在微信平台上的社区进行讨论交流互动。

4. QQ 空间

小米与 QQ 空间合作的经典案例是红米系列手机预约活动。由于 QQ 空间的用户群体大多是对价格和性能敏感的年轻用户，与红米手机的目标消费群体相切合。小米和 QQ 空间合作的红米手机预约活动，仅 30 分钟，就有超过 100 万用户参与红米手机的价格竞猜活动。红米开放预约后，三天内就有超过 500 万用户参与预约。

延伸阅读

一、广告门：一个行业的跌宕起伏，http://www.adquan.com/

二、Socialbeta，http://socialbeta.com/

三、艾瑞网，http://www.iresearch.cn/

四、百度指数，http://index.baidu.com/

五、凯度中国观察，http://cn.kantar.com/

六、数英网，https://www.digitaling.com/

七、广点通投放系统，http://wiki.open.qq.com/wiki/mobile

第八章　视频网站平台营销

互联网正加速向社会各领域渗透融合，深刻改变了各行各业的基础业务逻辑，不断催生出新产品、新业务、新模式、新业态。中国视频网站以开放的平台生态为基础，在资金、技术、渠道的优势下不断拓展、布局、创新业务生态，以优势业务为基础，持续推进产业的垂直整合、跨界融合。在移动技术、多屏终端等技术和多元化内容的共同作用下，能够满足用户各种需求的一站式、丰富化的场景式文娱生态链正在形成。网络视频产业的迅速崛起，激发众多视频网站平台开创营销新模式，各类视频网站受到越来越多的品牌商、广告主的青睐，成为重要的营销平台。

第一节　视频网站平台发展概述

随着网络技术的发展，视频网站平台之间及跨平台的竞争与合作已成为市场新格局。视频网站之间不再是单一的内容同质化竞争，随着视频行业生态体系的逐步建立，市场竞争成为平台生态间的对抗。各视频网站平台纷纷在频道内容、终端、衍生应用服务、用户服务、运营策略等方面不断深入布局。

一、方兴未艾的视频网站

第43次《中国互联网络发展状况统计报告》显示，截至2018年12月，中国网络视频用户规模达 6.12 亿，比 2017 年增长 3 309 万人，网络视频用户使用率为 73.9%，其中手机视频用户规模达 5.90 亿，占手机网民的 72.2%。网络视频用户规模的扩大，将使对应的电视收视量随之下降，电视使用人群的规模减小，CSM 数据显示，2012~2016 年，电视收视总量持续下滑，观众日均收视时长和观众规模都呈现较为明显的下降趋势①。

（一）何谓视频网站

何谓视频网站？目前尚没有一个公认的标准定义。从视频网站运营者的视角界定，赵志立在其所著的《网络传播学导论》中对视频网站所做的定义被研究者引用最为广泛，他认为“视频网站是指那些在互联网上为用户提供视频播放、视频发布、视频上传、视频搜索等服务的专业性网站”②。从用户使用视角界定，李良荣在其著作《网络与新媒体概论》中做出如下定义，“视频网站是指在完善的技术平台支持下，让互联网用户在线流畅发布、浏览和分享视频作品的网络媒体”③。前者将视频网站界定为一种提供视频服务的网站，而后者则将其定义为一种媒体，随着视频网站的发展与成熟，笔者更倾向于将视频网站界定为一种视频媒体。

比尔·盖茨在 2006 年接受英国《独立报》采访时说：“通过使用互联网，传输视频信号，加上个性化内容，以及有针对受众的广告，将成为电视节目的标准方式。未来十年，这一方式将变得大众化。”④如今在智媒化趋势下，视频网站平台利用大数据、云计算、人工智能、VR/AR 等技术不仅实现更是超出了比尔·盖茨对视频传输特征的预测。

（二）视频网站的特征

视频网站作为一种新兴媒体，已经成功吸引了观众的注意力。与传统媒体相

---

① 艾瑞咨询．2017年中国网络自制内容行业研究报告[EB/OL]. https://www.iresearch.com.cn/Datail/report?id=3088&isfree=0，2017.

② 赵志立．网络传播学导论[M]. 成都：四川人民出版社，2009.

③ 李良荣．网络与新媒体概论[M]. 北京：高等教育出版社，2011.

④ 叶平凡．比尔·盖茨畅想未来社会：普通纸笔将消失[EB/OL]. http://tech.sina.com.cn/i/2006-03-21/1638873126.shtml，2006-03-21.

比，视频网站具有如下三个特征。

1. 多元化内容平台

视频网站坚持“内容为王”，支持用户上传分享内容，如最初吸引 UGC 资源，现在各视频网站平台开始为 PGC 铺路搭桥；购买版权内容；组建团队或跨界整合自制内容，如自制综艺、影视剧等，以满足受众对内容的全方位、多元化需求。视频网站利用人工智能技术实时记录用户的浏览偏好，将用户贴上兴趣标签，并根据用户偏好实行内容的个性化推荐[①]。

2. 互动类营销平台

视频网站利用自动化交互技术搭建起实时互动平台，最具代表性的为弹幕，其次为爱奇艺的泡泡社区、优酷的圈子广场、腾讯视频的影视圈等。目前视频网站的弹幕功能，让受众在观影的过程中能够实时进行吐槽评论，“这种即时评论的效果增强了网络节目的交互性和促进了受众之间的交流”[②]。例如，优酷为温碧泉在《大军师司马懿之军师联盟》中插入的弹幕广告；爱奇艺在泡泡社区中为《中国有嘻哈 2》汇聚了一批目标受众；腾讯通过“弹幕”“好友”“竞猜互动”“粉丝衍生品”“截屏”“截小视频”等互动方式，提升用户的交互体验。

3. 创新型技术平台

视频网站虽然被界定为媒体行业，但其核心依旧靠数字传播技术的支持，大数据与 VR/AR 设备促成视频网站向创新型技术平台发展。依靠大数据技术，视频网站能够精准把握用户的真实需求，利用 VR/AR 技术能够从更多维度采集信息。腾讯视频在 2013 年就表明其战略核心布局便是围绕大数据、大平台、大资源三方面展开[③]；爱奇艺依据大数据分析技术推出了《太阳的后裔》《老九门》《奇葩说》等节目。同时爱奇艺开发的全景影院、全景游戏中心、爱奇艺移动端 VR 版三款产品标志着爱奇艺正式进入 VR 领域。

---

① 许佳琪，杜仕勇．视频网站平台建设的特征及趋势——以爱奇艺为例[J]．青年记者，2017，(32)：97-98.

② 王佳博．视频网站的媒体优势与发展对策思考[J]．新闻传播，2015，（10）：38-39.

③ 张逸，贾金玺．中国视频网站十年进化史[J]．编辑之友，2015，（4）：11-16.

（三）视频网站的优势

视频网站之所以能快速有效地吸引用户注意力，提升用户黏性，离不开视频网站的独特价值与优势。

1. 满足受众个性化、碎片化需求

视频网站栏目内容多元化，类似于传统的电视节目，除电视剧、电影、动漫、音乐、体育、直播等栏目外，各视频网站还推出自制综艺、原创、纪录片、游戏等种类繁多的细分内容来满足不同层次、不同需求的受众，而且视频网站的网络自制节目在专业性、观赏性、艺术性上均有显著提升，各平台品牌意识、精品意识增强；视频题材来源广泛化，除了来自传统媒体等购入的版权内容外，还包括视频网站自制内容，UGC 及 PGC 等。碎片化体现为视频网站强大的搜索功能：可以使受众及时、便捷地搜索到自己偏爱的内容，无论何时何地均可观看视频。

2. 多方互动，受众参与度高

相较于传统媒体点对面的单向传播，视频网站为受众提供了一个可以进行多方互动的平台，“视频网站是以每一位受众为节点的点对点的传播方式”①。类似于《纸牌屋》这样的电视剧，受众的互动不仅在传播上，更是参与到剧情的编撰上，除了受众与受众之间的互动，还包括受众与编剧、制作团队的互动，“使得节目制作方可以根据网络受众及时的意见反馈，在接下来的节目中做出相应的调整来获得受众的认同”②。这使受众的参与感更强，也拓展了受众的交流范围。

3. 精准投放及进行高效的数据统计

目前视频网站的主要盈利模式还是依靠广告，视频网站运用大数据技术能够对受众的登录情况以及对某个节目内容的点击播放量等数据进行完整收集，准确判断收视情况并对受众做出详细分析。随着网络视频平台多元商业结构的逐渐稳固，视频网站凭借移动营销、内容营销、程序化购买、跨屏营销等方式，针对广告主不同营销需求，不断释放网络视频平台的营销价值。

---

① 王佳博. 视频网站的媒体优势与发展对策思考[J]. 新闻传播，2015，（10）：38-39.

② 唐亚新. 视频网站自制节目对传统电视节目的影响——以优酷自制节目为例[J]. 新闻世界，2013，（5）：133-134.

二、视频网站平台的发展历程

网络视频软件的兴起始于 2004 年 P2P 播放技术的开发，2005 年美国 YouTube 视频分享网站的问世才真正开启了视频网站平台的大门，它提出的“broadcast yourself（表现你自己）”口号，鼓励用户上传、下载、观看、分享视频内容，在美国迅速走红。伴随着 YouTube 的成功，国内外视频网站如雨后春笋般快速崛起，数量猛增，截至 2006 年 11 月，稍具规模的商业视频服务机构已达到 100 家左右，2005~2007 年，中国商业视频网站已经累计吸引风投资金超过 4 亿美元[①]。

（一）视频网站平台诞生期：2004~2005 年

2004 年 11 月，以影视剧发行为主的长视频网站——乐视网诞生，成为中国首家专业化视频网站，拉开了中国视频网站发展的序幕。仅 2005 年上半年就先后诞生了土豆网、56 网、激动网、PPTV、PPS 等视频网站，这些视频网站成为中国视频网站发展初期的主要成员。其中土豆网、56 网、激动网是以用户上传内容为主的视频分享网站；土豆网是当时中国最早和最具影响力的视频分享网站，也是中国视频网站平台的领军品牌；PPTV、PPS 则是运用 P2P 技术的网络电视客户端。

（二）视频网站平台爆发期：2006~2007 年

2006 年堪称中国视频元年，在这一年中，中国的视频网站数量激增到 250 多家，酷 6、优酷、6 间房、爆米花等颇具影响力的视频网站就是在此期间创立并逐渐崭露头角的，而且一些门户网站——搜狐、新浪、网易也开始涉足视频领域，增加视频服务内容，如体育新闻、文娱新闻等原创短视频。至此视频网站步入快速发展期，并逐步形成两大阵容：一是以优酷、土豆、56 网和酷 6 为代表的 UGC 视频分享阵容；二是以 PPS、PPTV、QQlive 和 UUsee 为代表的 PP 长视频阵容。在此期间，李善友创办的酷 6 网大胆创新并充分利用 UGC 广告，使

① 孟明. 作为“新新媒介”的中国网络视频平台及网络自制节目发展研究[D]. 福建师范大学硕士学位论文，2013.

价格低廉、效果好的此类广告逐渐在网络上兴起；古永锵运行的优酷网以“快者为王”作为产品理念，凭借“快速播放，快速发布，快速搜索”的产品特征，充分满足用户日益增长的互动需求及多元化视频体验[①]。

（三）视频网站平台调整期：2008~2009 年

2008 年对于视频网站来说是极具挑战的一年，在这一年中视频网站遇到两次“洗牌”，第一次“洗牌”是国家广播电影电视总局和信息产业部联合发布的《互联网视听节目服务管理规定》，确立了视频网站经营的牌照制度，关停并处罚了一批视频网站；第二次“洗牌”是受到国际金融危机的影响，全球约有 400 多家视频网站出现融资困难[①]。受资金短缺影响，视频网站纷纷采取裁员和缩小宽带等方式来降低成本。其中，偶像网在裁员后仅剩 10 名员工；土豆网裁员 20%；PPLive 裁员 10%[②]。2009 年底，中共中央对外宣传办公室等九部门联合发起了整治互联网低俗之风专项行动，2010 年启动打击网络侵权盗版专项治理“剑网行动”，强化网络监管与版权整治。同时，网络视频行业在 2009 年也相继成立了“反盗版联盟”等机构，行业内部开始自觉维护版权所有者利益。视频网站版权意识增强，内容正版化成为视频网站发展的主流。2008 年 9 月，土豆网推出高清正版视频专栏——黑豆；2008 年底，优酷网、56 网纷纷与电视台合作；酷 6 网推出“酷 6 剧场”，并全面删除没有版权的视频内容。

（四）视频网站平台稳定发展期：2010~2012 年

2009 年底，以央视网为母体的中国网络电视台（China Network Television，CNTV）上线，2010 年，凤凰新媒体旗下的凤凰视频成立，紧随其后，各传媒集团陆续成立网络电视台，一批视频网站“国家队”逐渐壮大，表明中国“视频网站有了成为视频内容分发主力渠道的合理建制”[③]。至此，中国网络视频平台已基本形成，包括：以 CNTV 为代表的国有媒体网络电视台；依托门户网站建立的门户视频网站，如搜狐、网易、新浪、凤凰网等；以土豆

① 张逸，贾金玺．中国视频网站十年进化史[J]．编辑之友，2015，（4）：11-16.
② 蒋谊．中国网络电视受众的收视研究——以节目内容分析为角度[D]．南京师范大学硕士学位论文，2008.
③ 周勇，何天平．视频网站“下半场”发展观察：线索、路径与前瞻[J]．新闻与写作，2018，（5）：18-22.

网、优酷网、乐视网、酷6网、激动网、PPTV等为代表的商业视频网站，这三股视频网站力量分据市场竞争版图，形成中国视频网站平台市场格局。

视频网站经历了五年的发展与市场洗牌，行业格局也日趋明朗。2010年的上市、并购浪潮席卷了国内的视频网站市场，视频网站纷纷上市。“上市意味着视频网站将拥有更为充裕的发展资金，也意味着新的互联网盈利模式重新划分。”[①]2010年6月，酷6网借壳华友世纪在纳斯达克上市；8月，乐视网在深圳证券交易所登陆创业板，成为国内首家A股视频分享网站；12月，优酷网在纽约证券交易所上市，成为全球首家在美国独立上市的视频分享网站；土豆网于2011年8月17日在纳斯达克上市。

（五）视频网站平台规模化发展期：2013年以来

此阶段我国视频网站行业发生了三起影响较大的并购事件：优酷、土豆于2012年8月通过100%股权交换的方式强强联合；2013年5月百度收购PPS视频业务，将其作为爱奇艺子品牌保留；苏宁于2013年10月跨界投资PPTV，占据PPTV44%的股权，成为第一大股东。经过一系列的并购洗牌后视频网站行业的市场格局趋于集中化。一方面，视频网站逐渐摆脱之前单纯的视频内容提供商的角色，开始尝试推进内容自制战略的部署，在内容上纷纷“广积粮”，通过用户上传视频、网站自制剧、与电视台的深度合作、购买外来片源获得内容上的优势资源。另一方面，视频网站不断探索新的盈利模式，就广告盈利模式而言，不断创新视频网站广告形式，优化广告环境，拓宽视频网站广告渠道。另外，视频网站也开始尝试如无限增值服务、收费模式、版权分销等盈利模式。

经由十余年的发展，国内视频网站平台从边缘到主流，从内容集成到规模自制，行业内容生态体系逐步建立，确立了以广告收入、版权分销、视频增值服务为主的盈利模式。2015年以来，视频网站为内容自制积累了更多的生产经验，而且能够灵活地将内容、品类、变现等上下游环节紧密衔接。以规模自制战略为

① 张逸，贾金玺. 中国视频网站十年进化史[J]. 编辑之友，2015，（4）：11-16.

起点，如今的视频网站平台在内容属性、传播特质、组织结构、战略规划等方面与初期已迥然不同，各自均有了独特的发展路径。各视频网站运用大数据技术，以内容为核心，逐步向外辐射，形成各具特色的生态化内容服务体系（表 8–1）。

表 8–1　国内外知名视频网站平台一览表

名称	创办者	创办时间	简介
乐视视频	贾跃亭	2004 年	致力打造基于视频产业、内容产业和智能终端的“平台+内容+终端+应用”的完整生态系统，被业界称为“乐视模式”
土豆网	王微	2005 年 4 月 15 日	注重用户分享；3s 广告系统
优酷网	古永锵	2006 年 6 月 21 日	注重用户体验，快速播放、发布、搜索的三网合一模式
酷 6 网	李善友	2006 年 6 月	提供最新鲜、最有趣的视频内容；把 UGA 植入、节目植入、网剧植入作为营销工具
迅雷看看	程浩	2007 年	集数字内容搜索的入口与播放平台于一体；提供在线观看高清流畅电影
爱奇艺	龚宇	2010 年 4 月 22 日	首家提供免费高清网络视频服务的网站；开创 SWS 广告投放模式
腾讯视频	马化腾	2011 年 4 月	中国最大的在线视频媒体平台
搜狐视频	张朝阳	2004 年	中国网站中唯一提供 100%正版在线视频的平台
新浪视频	王志东	2009 年 3 月	机构联盟、拍客联盟、原创联盟保障其海量内容
凤凰视频	刘长乐	2004 年	最具媒体价值的综合视频门户；具有第一手的资讯来源
CNTV 视频	中央电视台	2009 年 12 月 28 日	国家网络电视播出机构；国家级综合网络视频公共平台
芒果 TV	湖南广播电视台	2014 年 4 月	以“芒果独播”战略打造以“芒果”为品牌的媒体生态圈
YouTube	乍得·贺利（Chad Hurley）、陈士骏、贾德·卡林姆（Jawed Karim）	2005 年 2 月 15 日	影片分享站点，用户可上传、观看及分享影片或短片
Hulu	美国国家广播环球公司（NBC Universal）和新闻集团（News Corp）	2007 年 3 月	迄今为止传统电视、电影行业与互联网接轨最成功的案例，聪明地减少了用户对广告的抵制
Vimeo	Zach Klein、Jake Lodwick	2004 年 11 月	收费式超高清视频分享、上传、嵌入的最佳例子，一个以视频为中心的社会化网络站点，支持 HD 高清上传
潘多拉 TV（韩国）	Peter Kim	2004 年 10 月	韩国有代表性的 UGC 视频分享站点，世界最清晰 4HD，提供无限的视频存储
Niconico（日本）	川上量生	2006 年 12 月 12 日	引入了全新的评论模式，主要收入来自高级会员、广告和 Niconico 市场

来源：根据网络公开资料整理

三、中国视频网站平台发展现状

中国视频网站平台经过多年的摸索与发展已经进入成熟阶段，基本上确立了视频网站的市场竞争格局，同时也确立了以广告收入、版权分销、视频增值服务为主的盈利模式。

（一）市场格局——爱奇艺、优酷土豆、腾讯视频三分天下

网络视频用户规模庞大，前三甲爱奇艺、优酷土豆、腾讯视频平台已经与后面的平台拉开差距，爱奇艺、优酷土豆、腾讯视频利用内容优势进一步吸引用户、拉动会员数提升。根据 QM 统计的 2016 年 7 月至 2017 年 6 月数据，爱奇艺、优酷土豆、腾讯视频三家日活跃用户数占全网的 77%，使用时长占 76%；而芒果 TV、搜狐视频等处于第二梯队；酷 6 网、风行网等是位于第三梯队的视频网站平台，在用户规模上与前三家存在较大差距。从 2017 年 9 月主流视频网站的月活跃用户数来看，排在 1~4 名的分别为爱奇艺（4.4 亿人）、腾讯视频（4.39 亿人）、优酷视频（3.08 亿人）、芒果 TV（7 922 万人）[①]。

2015 年修订的《中华人民共和国广告法》的实施使视频贴片广告优势凸显，网络视频内容营销的潜力不断爆发，除原有的剧内植入广告外，视频网站开始尝试剧外原创贴、创可贴、移花接木等创意植入模式，通过加快自制内容布局，开展深度内容原生广告植入的探索，既受到了广告主的好评，也获得了受众的欢迎，一定程度上缓解了用户付费与广告收入之间的矛盾。通过运用市场集中度测量方法——赫芬达尔-赫希曼指数（Herfindahl Hirschman Index，HHI）对 2016 年第 4 季度网络视频平台的广告市场份额进行计算，HHI= 1 582.04。基于经验法则的规定，网络视频产业的整体市场集中度为中等，市场结构属于垄断竞争[②]。比较 2017 年视频网站平台的广告份额，爱奇艺、腾讯视频、优酷土豆瓜分了大部分广告市场份额，占据网络视频产业的大半个江山。其中，第一季度中爱奇艺占 21.6%，腾讯视频占 21.5%，优酷土豆

---

① 2017 年中国传媒行业视频网站市场深度调查分析，http://www.chyxx.com/industry/201801/606706.html.

② 陈积银，杨廉. 中国网络视频产业的发展现状、趋势与思考[J]. 现代传播（中国传媒大学学报），2017，（11）：8-13.

占 20.8%[①]。第三季度中爱奇艺占 24.02%，腾讯视频占 23.72%，优酷土豆占 23.04%[②]，牢牢占据市场前三位置。三家所占广告的市场份额均呈上升趋势且三家之间份额相差不大，存在势均力敌的竞争情形。

在现有的视频网站市场格局下，乐视视频、搜狐视频、芒果 TV 在广告市场份额上相较于爱奇艺、腾讯视频、优酷土豆存在很大的差距，其他视频网站平台存在进入壁垒，更难取得支配地位从而在视频网站平台领域中产生影响。

（二）视频网站平台竞争凸显差异化

2015 年以来，中国在线视频平台的竞争态势由横向逐渐向纵深方面发展，各大视频网站之间的竞争已不仅停留在抢占市场份额方面，它们目前比拼的主战场已经转移到如何实现盈利的层面，或是用强大的内容资源来吸引会员用户，或是利用自身的独特优势，走差异化发展的道路，竞争态势也愈加复杂。

以腾讯视频、爱奇艺、优酷土豆、搜狐视频、乐视视频等为代表的综合型视频网站平台的整体布局以视频为核心进行外延，打造不同形式的衍生产品。爱奇艺通过“大苹果树模型”从单一视频门户向泛娱乐门户扩展转变，将 IP 作为核心，技术产品作为躯干，以视频内容为叶，游戏、门票销售等服务作为果实，即在同一 IP 内容下，衍生出包括广告、收费、电影、动漫、游戏、电商等多种商业模式，深度挖掘 IP 价值。优酷在融入阿里大文娱平台之后，其“泛文娱生态系统”的布局优势凸显，联动阿里文娱其他生态板块实施“三通”战略，即在用户、数据、服务方面与阿里全方位打通，内容发布与触达更加精准、智能。腾讯视频依靠腾讯矩阵，坚持“自制”、“版权”和“用户体验”三个核心战略。搜狐视频依靠搜狐平台，持续打造并加强版权、自制和自媒体的全视频平台，搭建更为年轻化、品质化、多元化的内容和营销格局。

在频道设置方面，各视频网站平台的频道内容基本实现全面覆盖，频道细分类别及侧重各有不同。各平台都全面覆盖了首页推荐、剧集、电影、综艺、动漫、

① 中国互联网广告市场趋势预测 2017-2019[EB/OL]. http://www.analysys.cn/article/analysis/detail/1000673/, 2017-03-24.

② 视频厂商作为市场主体发挥重要作用，内容口碑将成决胜点[EB/OL]. http://www.sohu.com/a/209940029_115326, 2017-12-12.

游戏、体育、纪录片、新闻资讯、直播、教育课堂、生活等 12 个基础频道内容。在音乐、公益、原创、时尚、汽车、科技、财经、旅游、搞笑、少儿亲子、拍客、VR、会员等频道内容上，爱奇艺和优酷实现了全面覆盖，还额外增加了各自的特色频道。例如，爱奇艺的风云榜、母婴、片花、文学等；优酷的来疯、大鱼精选号、文化等；腾讯视频的演唱会、NBA、房产、影评、儒释道等；芒果 TV 打造的“爱豆”频道等。

在终端硬件方面，各视频网站平台终端服务实现多屏应用和跨屏联动，硬件开发各有所长。爱奇艺、腾讯视频、优酷土豆、搜狐视频、乐视视频、芒果 TV 均已开发各自的移动端、PC 端和 TV 端，基本上实现了多屏应用，且终端屏幕也可实现移动端与 TV 端、PC 端的跨屏联动。在硬件开发上，乐视开发了手机、电视、盒子等硬件设备，打通传统的电视屏、手机屏、Pad 屏、PC 屏、院线大屏和未来的车载终端、VR 终端等，实现七屏内容的全覆盖。芒果 TV 则开发了电视、智能影院、芒果盒子等，并在硬件上与三星、华为等厂家合作开发一系列芒果硬件产品。优酷为了拓展游戏和影视业务，推出基于安卓系统的自主平板电脑，土豆也和朵唯 4 合作发布智能手机，优酷 CIBN 机顶盒已经上市，这些消息显示，优酷土豆正在不断加速涉足智能硬件领域的步伐。2014 年，爱奇艺联合 100+共同推出视频手机，后来和华为荣耀合作推出荣耀爱奇艺 X1 手机。国内视频网站平台都纷纷涉足智能硬件领域，为布局各自的生态体系做准备。

在运营策略方面，各视频网站整合营销资源，采取多方位营销战略。例如，爱奇艺整合影视、动漫、游戏、文学、电商形成泛娱乐产业链条，进行全方位运营。优酷联合内容方、平台方、艺人方、粉丝方及品牌方进行深度互动，并引入大数据进行推广宣传。腾讯通过实时数据，以社交媒体为导流渠道进行传播运营。乐视为争取用户资源，采取分龄、分众的运营方式。搜狐视频依靠搜狐平台的技术支持开展整合营销。芒果 TV 整合湖南卫视资源进行线上线下全媒体营销（表 8-2）。

表 8-2 中国视频网站平台概况

平台		爱奇艺	优酷	腾讯视频	乐视视频	搜狐视频	芒果 TV
整体概况		深度挖掘 IP 价值，增强用户黏性	联合阿里文娱实施“三通”战略，扶植第三方内容生产者	强化细分领域实力，抢占顶级 IP 资源，实施内容全覆盖策略，提升用户体验	深度挖掘内容价值，构建 7 屏联动体系	坚持“重质”的创作原则，实施知识化视频战略，打造知识化视频平台	依托湖南卫视进行台网媒体融合，维持自制综艺优势
频道内容	个数	43 个	31 个	35 个	36 个	18 个	18 个
	共同内容	首页推荐、剧集、电影、综艺、动漫、游戏、体育、纪录片、新闻资讯、直播、生活、教育课堂					
	音乐	✓	✓	✓	✓	×	✓
	网络电影	✓	×	✓	×	×	×
	公益	✓	✓	×	✓	×	×
	原创	✓	✓	✓	✓	×	✓
	搞笑	✓	✓	✓	✓	✓	×
	娱乐	×	×	✓	✓	✓	×
	汽车	✓	✓	✓	✓	×	×
	科技	✓	✓	✓	✓	×	×
	财经	✓	✓	✓	✓	×	×
	旅游	✓	✓	✓	✓	×	×
	少儿亲子	✓	✓	✓	✓	×	✓
	拍客	✓	×	✓	×	×	×
	VR	✓	✓	×	✓	×	×
	VIP 会员	✓	×	✓	✓	✓	✓
	其他	母婴、片花、健康、军事、脱口秀、风云榜、文学、爱奇艺号、全网影视、游戏视频等	片库、来疯、文化、大鱼精选号、排行、优酷片库等	韩剧、美剧、演唱会、NBA、房产、影评、儒释道等	宠物、美女、自制、热点、猎场、乐迷论坛、网酒网、LeEco、超级电视、超级手机等	自媒体、排行、搜狐出品	爱豆、玩游戏
终端	移动端	爱奇艺	优酷	腾讯视频	乐视	搜狐视频	芒果 TV
	TV 端	奇异果	优酷 TV	云视听极光	乐视网 TV	悦听 TV	芒果 TV
	硬件	4K VR 一体机	优酷路由器、智能盒子	依靠自身腾讯硬件开发平台	超级电视、超级手机、乐视盒子	搜狐视频盒子、AOC 狐乐智能显示器	爱芒果电视、智能家庭影院、芒果盒子

续表

平台			爱奇艺	优酷	腾讯视频	乐视视频	搜狐视频	芒果 TV
衍生服务	商城		爱奇艺商城	积分商城	领 V 币换购	乐视商城	自媒体商城	×
	直播		奇秀	来疯直播	（节目）直播	（节目）直播	千帆直播	芒果直播
	星团		星团	星球	企鹅饭团	×	搜狐 V 星团	爱豆
	社交		泡泡社区	圈子广场	影视圈	乐迷社区	×	×
	游戏		爱奇艺游戏	优酷游戏中心	爱玩中心	乐视游戏	游戏中心	芒果游戏
	免流量卡		电信合作免流量卡	免流量酷视卡	腾讯专属流量免费卡	电信合作免流量卡	×	×
	其他		文学、实验室、电影票、漫画	优酷众筹、电影票、大鱼号	×	乐视生态世界	自媒体出品人	×
用户	用户特征		女性用户高于男性，35 岁以下用户超过七成	青年用户分布广泛，中等以上消费能力用户较多	男性用户居多，一二线城市，中低、中等消费人群居多，24 岁以下用户占比偏高	主要集中在一二线城市、中高端消费人群，女性居多，年龄在 31~35 岁、24 岁以下居多	用户男女比例均衡，31~35 岁年龄人群居多，高线级城市分布广泛，中高消费者接近三成	用户分布女性化、年轻化特点明显，一二线城市、中等及中低等消费人群占半数
	使用情况		×	人均单日启动次数为 5.57 次，人均单日使用时长为 87.63 分钟，次月留存率为 65.00%	人均单日启动次数为 6.01 次，人均单日使用时长为 90.67 分钟，次月留存率为 69.19%	人均单日启动次数为 5.16 次，人均单日使用时长为 79.70 分钟	人均单日启动次数为 5.45 次，人均单日使用时长为 92.55 分钟，次月留存率为 43.54%	人均单日启动次数为 5.82 次，人均单日使用时长为 64.79 分钟，次月留存率为 63.64%
	会员服务	价格/月	黄金会员 19.8 元（无广告+免费片）；白银会员 4.99 元（无广告+五折播）	黄金会员 20 元（连续包月 15 元，无广告+免费片）；白银会员 9 元（无广告）	腾讯视频 VIP20 元（连续包月 15 元）；超级影视 VIP 30 元，四屏通用	乐次元影视会员 19 元（针对视频网站用户）；超级影视会员 49 元（支持超级电视、盒子用户）；超级体育会员 59 元（体育类视频）	黄金会员 19.8 元（连续包月 15 元）；白银会员 10 元（连续包月 5 元）	PC 移动影视会员 15 元（连续包月 11 元）；全屏影视会员 30 元
		共同享有	尊贵标识、免广告、会员抢先看、会员专项内容、1080 P 观看、观影券、宽带加速					
		专属福利	会员福利	会员福利与生活特权	会员福利社	会员俱乐部	会员狐利社	会员福利社
		直播	✓	✓	✓（免费或折扣）	✓	✓	（湖南卫视）直播

续表

平台			爱奇艺	优酷	腾讯视频	乐视视频	搜狐视频	芒果TV
用户	会员服务	其他	优惠券、特价商品、特价电影票、生日礼物、杜比音效	点播片库半价、专属表情、等级加速互动特权、1对1专属客服	赠片送好友	生态服务优先特权、三屏畅享	多屏互动	×
内容战略			重点投入原创自制，版权采购形成优质内容，布局直播，VR等新形态	内容类型化：推出3+X的剧集策略、6+V的综艺矩阵，排播自主化，视频UPGC战略升级	黄金自制+头部版权+反输卫视	自制为主，重点强调自制台网剧，投资三个“乐”系列制作团队	版权采购保持高覆盖，增加自制内容的投入，扶持自媒体内容，打造完整视频生态圈	依托独有资源搭建多元化服务模式，内容核心驱动，增加芒果TV自主IP研发运营
突出运营策略			围绕IP为核心整合形成影视、动漫、游戏、文学、电商泛娱乐产业链条，进行全方位运营	提出“大宣发”概念，将阿里文娱平台内外资源打包，联动内容方、平台方、艺人方、粉丝方、媒体方、文娱操纵队和品牌方的传播力量深度互动	自制内容+实时数据+创新技术，背靠社交媒体的导流渠道进行传播	采取分龄、分众的运营方式，即“精细化运营”	品算+点算+弹幕广告+MAX矩阵+原生嵌入广告，依靠搜狐平台的技术支持	台网融合的线上线下全媒体营销

第二节　主要的视频网站平台

对于目前国内视频网站，不论是市场规模还是用户规模，综合在线视频仍旧是视频应用市场中的寡头。这些领导者无论是在商业模式上的创新还是产品服务上的创新，都拥有较强的代表性，同时也具有较好的系统执行能力，可以把创新性提供给市场并获得较高的受众认可度。爱奇艺、腾讯视频、优酷土豆作为国内主要的综合性视频网站，具有较强的代表性。

一、爱奇艺

爱奇艺，原名奇艺，作为百度旗下独立的视频网站，成立于2010年1月，由美国私募股权投资公司普罗维登斯资本投资，龚宇博士担任首席执行官。2011年，改名为爱奇艺。2013年5月，爱奇艺与PPS合并，拥有了强大的网络视频资源，2014 年，又在 AFM 上宣布购买 1 000 部好莱坞电影的中国网络发行权，2015 年爱奇艺与 NVIDIA、英特尔、中国科学技术大学、山东大学达成视频深度学习战略合作，建立视频深度学习联合实验室；同年 4 月，正式上线爱奇艺商城，在 6 月，与京东 6·18 独家合作，开放云平台深圳视频电商布局。

2016 年 10 月，爱奇艺 VIP 会员子品牌发起素人群像计划，为会员品牌注入“每一刻都值得骄傲”的生活理念；并在 2016 年 11 月推出智能 3D 立体声功能，实现全站内容覆盖，提升用户在 VR 模式下的沉浸体验；2016 年 12 月发布网络电影战略合作计划，与索尼电影公司达成战略合作；2016 年 12 月 PGC 合伙人计划升级 IP 全链条合作，联合 IDG 资本、中国文化产业基金、经纬投资三大投资机构成立创投金额达 10 亿元的合伙人创投联盟，升级爱频道为爱奇艺号，并推出爱奇艺头条。

爱奇艺成立伊始，便秉承“悦享品质”的品牌理念，旨在为用户提供丰富、高清、流畅的视频观看平台。在发展初期，爱奇艺尽量触达更多目标用户，沉淀一批忠实用户，不断完善产品功能，集中力量研发移动端产品，不断提升用户体验。到 2013 年，爱奇艺用户覆盖率跃居第一位。2016 年爱奇艺成为视频网站领导品牌，企业愿景是做一家以科技创新为驱动的伟大的娱乐公司。爱奇艺最核心的驱动力便是科技，以此来推动娱乐产业发展。

爱奇艺在内容战略方面，主打“青春”文化。通过多种生态内容来加强用户黏性，鼓励用户为更多增值服务消费，增强“线上优质内容—平台—线下用户”的衔接。爱奇艺在 2018 年上线超 200 部重磅头部内容，包含《河神 2》《老九门 2》《甜蜜暴击》等近 80 部优质大剧及 50 余部高话题综艺等，涵盖大剧、综艺、娱乐生态内容多领域。电视剧方面，爱奇艺在 2017 年推出自制剧 28 部，引进版权剧 37 部。在综艺方面，爱奇艺 2017 年推出自制综艺 38 部，引进版权综艺 15 部。在自制综艺方面，爱奇艺一直更关注垂直类内容，2018 年推出的《热血街舞团》《机器人争霸》《中国有嘻哈 2》《奇葩说 5》《偶像练习生》五大综艺覆盖了舞蹈、科技、音乐、脱口秀、偶像五个垂直领域。除传统的电视剧和综艺内容之外，爱奇艺也在布局娱乐新闻、付费电影，并开始尝试演出直播，如《爱奇艺尖叫之夜演唱会》，少儿节目则开始布局《无敌小鹿》等内容。

在营销战略方面，爱奇艺提出“悦享营销”理念，形成以优质内容为核心的多种营销手段联动，以IP内容为启动内核，利用IP跨界、IP软植入、IN广告、O2O兴趣流、IP衍生产业等全方位的整合营销方法论。在爱奇艺的营销标准中包括数据接入、广告产品、广告流程、内容生产与营销、营销效果评估等多个维度。在开放方面，爱奇艺不仅仅是广告资源售卖商、营销服务供应商，还致力于突破传统的线性产业链沟通，利用平台的力量，整合内容方、品牌广告主等上下游生态资源，实现长期共生共赢。同时爱奇艺推出“爱奇艺合伙人计划”，即通过整合包括“内容方、平台方（爱奇艺）、广告主”等产业链核心公司，打造内容营销创新“铁三角”。

二、腾讯视频

早在2005年，腾讯就推出了视频播放器，但一直持观望态度，直到2011年4月，腾讯视频才开始使用腾讯播客域名上线测试，支持丰富内容的在线点播即电视台直播。随后腾讯宣布成立影视投资基金，主要用于投资电影、电视剧的制作项目和有成长性的影视公司，并逐步将旗下的视频、音乐、微博、个人空间、互动娱乐、电子商务等全平台产品融入影视创作、传播和衍生产品发行中①。腾讯视频凭借QQ庞大的用户群体与资金来源，大量购买视频版权，发展十分迅速。

2015年9月11日，腾讯视频宣布成立企鹅影业，这标志着腾讯开始进一步整合和梳理旗下的影视相关产业。2016年11月，腾讯视频召开“V视界大会”，宣布腾讯视频品牌全新升级，将“不负好时光”作为其核心品牌精神，以更加年轻化、更能引起用户情感共鸣的定位全新亮相。腾讯公司副总裁孙忠怀称，腾讯视频的三大核心战略依旧坚持“自制”、“版权”和“用户体验”，同时基于此为合作伙伴提供了更广阔的营销空间②。2016年，腾讯视频升级

---

① 腾讯视频：重塑产业格局[J]. 成功营销，2011，（9）：36-38.

② 腾讯视频发布2016发展战略 加速打造全方面内容平台. http://www.sohu.com/ a/41895843_168553.

“在线演唱会第一平台”——Live Music，并在动漫领域启动“青春国漫剧场战略”。

在版权内容方面，腾讯视频于 2016 年与 TVB 合作，为港剧迷们提供新剧；同年腾讯宣布与派拉蒙合作，腾讯视频将获得派拉蒙在 2016 年 4 月后最新电影的独家播放权；另外腾讯视频还宣布从米高梅购入詹姆斯邦德系列电影的网络版权，使腾讯成为中国唯一一家通过网络播放“007”电影系列的互联网公司，因此腾讯视频在影院热映新片方面具有较强的吸引力。

在自制内容方面，腾讯视频自制综艺的类型更加丰富，六大类节目组成的阵营，基本上覆盖了包括真人秀、美食类、时尚类、语言类、音乐类、亲子类在内的所有综艺类型。腾讯视频将 IP 战略由影视延续至综艺，在综艺自制战略中持续关注 IP 综艺，将深耕“偶像文化”作为其 IP 综艺的核心，在自制综艺方面，偏爱有观众基础的 IP 综艺，像《吐槽大会》《放开我北鼻》《拜托了冰箱》等各类综艺节目，并推出《创造 101》《舞者 24》等真人秀节目。从个人厂牌、团体偶像、艺能偶像和偶像产业等各个角度全方位打造年轻偶像系列 IP。

但在业内人士看来，腾讯视频在内容自制方面似乎是雷声大雨点小，没有特别突出的爆品。一是因为腾讯过于关注大 IP，缺乏对内容和制作团队的重视；二是腾讯缺乏内容基因，虽然拥有从网文到剧集、电影及游戏这一系列完整的产业链，但从目前腾讯开发的 IP 来看，完整性并不高，缺乏实际运作经验。正如保利影业公共事业部总监刘建峰所说：“腾讯在互联网行业颇有地位，但是腾讯影业仍然是影业的新人。想要成为一家真正的电影公司，拥有优质的内容、培养出极具电影项目实际操作经验的人才梯队是关键所在。”①

腾讯视频充分认识到：增强用户黏性，除了拥有品质内容外，还要十分注重用户体验。腾讯视频为用户提供了多元的互动参与方式，用户可以通过弹幕、好友、竞猜、粉丝衍生品、截屏、截小视频、吐槽、鲜花等社交传播进行全程参与，同时腾讯视频推出的“炫境”APP 搭配 VR 眼镜，可推动用户视频体验升级。

腾讯视频的优势在于“视频+媒体”双平台，一是因为腾讯娱乐是国内最大

---

① 张永迪．视频网站肉搏战[J]. 中国企业家，2018，（18）：64-67.

的娱乐媒体之一，能保证足够、持久的曝光；二是因为腾讯不同业务之间的营销协作，如微信、门户网站、视频、音乐、QQ 及 QQ 系列产品，能给人营造一种一个平台就能满足人们所有需求的氛围。

三、优酷土豆

优酷成立于 2006 年 12 月，是合一集团下大型影片分享网站和视频播放网站，是我国视频行业第一家获得互联网出版许可的视频网站①。优酷最初是作为视讯分享平台出现的，而后逐渐转型为网络传媒产业。2010 年优酷在美国上市，成为中国第一家在海外上市的视频网站，也是全球首家独立上市的视频网站。2012 年与土豆合并为优酷土豆，提出“优酷更优酷，土豆更土豆”的发展战略。2014 年 8 月，优酷土豆集团成立“合一影业”电影公司，2015 年 3 月，优酷土豆集团宣布组建新的组织架构，形成优酷、土豆、合一影业、云娱乐、合一文化、创新营销 6 大 BU（business unit，业务单元），同时成立电影、游戏、动漫、音乐、教育 5 个产业中心以及电视剧、综艺、娱乐、资讯共 4 个内容中心在内的 9 大中心。2015 年 8 月，优酷土豆股份有限公司更名为合一集团。2015 年 11 月 6 日，阿里巴巴集团收购合一集团，合一集团宣布停止其在纽约证券交易所的交易，正式成为阿里巴巴旗下全资子公司。如今优酷土豆不仅是互联网拍客的聚集阵地，也在影视制作与原创内容平台的搭建方面处于领先地位。

2016 年 12 月，优酷土豆宣布启用全新 LOGO，同时推出全新品牌标语“这世界很酷”。2016 年 9 月同新浪微博、UC 成立视频文娱大联盟，实现三大平台底层数据对接，并通过优质内容、社会化传播和算法推荐等能力提升用户体验；2016 年 10 月底阿里大文娱集团宣布筹建，优酷土豆成为其“2+X”业务矩阵中的重要组成部分；2016 年 12 月，阿里大文娱宣布启动“视频 UPGC 战略升级”，基于大文娱完整的内容生态，通过大数据和矩阵商业能力加大对

---

① 高婷，湛军. 价值共创视角下视频网站商业模式创新的研究——以乐视和优酷为例[J]. 管理现代化，2017，37（4）：36-38.

UPGC 生态和合作伙伴的赋能、扶持和共赢。

优酷土豆虽然是中国视频网站中的元老，在视频网站发展早期一直处于领先地位，但是在自制内容浪潮席卷市场之时，优酷土豆相较于爱奇艺和腾讯视频，似乎还在恍惚之中摸索。加入阿里大文娱后，逐渐找到了自己的发展路径：成为阿里大文娱生态圈和电商圈的跨界桥梁，“娱乐电商化”是优酷土豆最独特的标签[①]。优酷土豆越来越注重与电商之间的联动，为此优酷土豆成立了优酷天猫工作室，与天猫携手一起开发内容产品，如谢霆锋的《锋味》、蔡康永的《第 101 只眼》、《美味猎手》、《脑大洞开 2》等均是内容与电商、消费打通的项目。优酷土豆的运营主要选在 IP 营销方面，从基于内容平台在植入式广告、原生广告等方面带来的全新 IP 营销体验，到围绕阿里大文娱对 IP 的体系化运营和创新进行大宣发，再到打通阿里大生态，持续挖掘 IP 价值。

优酷土豆制定打造“平台+内容+终端”的全产业链整合战略，旨在建设内容多样化和创新盈利模式。优酷土豆集合 UGC、PGC，使优酷土豆成为一个融合媒体和自媒体的综合型媒体平台[②]。相较于爱奇艺、腾讯视频、芒果 TV，优酷土豆在网剧上优势更为明显，2017 年优酷土豆在《军师联盟》中采用创新的“超级内容+7 种原生广告”营销模式，受到了包括一汽大众、奥迪、可口可乐、苹果、三星、东鹏特饮等 50 多家知名品牌商的青睐。

优酷土豆将自己定位为一家数据公司，早在 2014 年优酷土豆就已经开始转动大数据的罗盘，其中电影和综艺节目成为优酷土豆两个主要应用大数据的方向。优酷土豆娱乐节目中心总经理宋秉华介绍，优酷土豆设有独立的大数据中心来配合所有的节目部门，能够精确记录用户自愿填写的各类信息，如性别、年龄、工作、学历、收入等，以此来勾勒观众画像。大数据中心的内容现场调查系统能够详细记录每个节目的用户构成、用户行为[③]。《好笑头条君》就是优酷土豆根据大数据分析尝试开发的一档节目，首先描绘观众画像，再进行节目创作，然后投试，最后根据用户反馈结果来进行节目内容调整。

---

① 刘樱. 精度细分与超高定制——2018“优爱腾”视频网站创新浅析[J]. 新媒体研究，2018，（9）：121-122.

② 肖雪菁，谢丹阳. 从优酷土豆看网络视频产业链的整合策略[J]. 新媒体研究，2016，（22）：59-60.

③ 孙琳. 转动的数据罗盘——从优酷土豆看大数据在节目中的应用[J]. 影视制作，2016，（2）：16-27.

第三节　视频网站平台营销模式

随着视频行业竞争愈发激烈，加上受众身处“万花丛”中流连忘返，抓住人们的眼球，通过吸引注意力来实现营销的目的，其难度正在逐渐提高。

一、“注意力经济”成为视频网站平台营销切入点

诺贝尔经济学奖得主赫伯特·西蒙曾经提出“注意力经济”理念，他认为：“现在，信息消费的对象是其接受者的注意力。信息的丰富导致注意力的贫乏，因此需要在过量的可供消费的信息资源中有效分配注意力。”[①]视频网站就属于“注意力经济”的范畴，即通过满足受众需求从而获取受众吸引力，然后将受众注意力二次销售给广告主，转化为经济效益。此前，无论是爱奇艺、优酷土豆还是腾讯视频，都只是渠道，扮演内容搬运工的角色，并不负责生产，如用户会关心某片子是邓超或者胡歌演的，但是不会在意是在哪里看到的。现在视频网站平台开始自制节目或者参与制作，不仅题材广泛，而且制作精良，深得受众喜爱。

随着互联网的发展，企业在进行营销宣传时，很多都已经开始将网络营销作为一个核心武器，而视频网站平台在网络营销中最直接的方式是视频营销。视频营销是指利用网络视频进行营销活动，通过网络视频对产品优势或者企业实力进行介绍，或者用故事演绎的方式来传递产品或品牌特点，具有成本低廉、目标精确、能够参与互动、寿命长、传播快、难复制，而且传播效果更优，传播效果可测量分析的优势[②]。创新升级后的视频营销模式不仅突破了单一的传播渠道，而且通过跨界合作、强调互动等方式将视频营销推向了更高的水平。视频网站发展至今保持大量的用户群体和活跃的用户参与度，只有将用户的注意力吸引过来，才能提升经济转化率，因此，用户注意力成为衡量其业务能力和

---

① 腾讯视频 3 部 VIP 剧超 10 亿流量引燃“注意力经济”. http://www.sohu.com/a/116992592_410512.

② 纳尔蒂 K H. 视频营销[M]. 钱峰译. 北京：东方出版社，2012.

市场规模的重要指标①。

优酷土豆在视频营销方面，充分利用视频网站平台应有的特征，开拓了拍客营销、创意营销、版权营销、技术 API 合作等多种营销模式，其中拍客营销是优酷土豆最为津津乐道的营销形式。优酷土豆最早提出“拍客”文化的概念，随后这种狂拍风潮在互联网流传开来，并且成为时下最热门的生活方式，“拍客无处不在”“谁都能做拍客”，这种文化被应用到营销领域，就是一个覆盖面相当大的层面。拍客营销最典型的案例是优酷在奥运项目上与三星、联想、李宁、雀巢等十多个知名品牌结为战略合作伙伴，在形式、渠道、品牌推广等层面充分表现出优酷这样一个视频平台所独具的新媒体表现力。例如，在优酷与三星合作的“让我们与火炬一起舞动”奥运火炬接力拍客作品大赛中，双方凭借各自在视频行业和数码产品领域的技术优势和品牌实力，通过跨平台互动营销展开深度合作。

腾讯视频推出的“优质内容+实体场景+多元营销”模式，实现了用户、品牌与平台的三赢。例如，腾讯视频与宜家打造的“综艺游乐场”，把娱乐的力量充分释放，让我们看到了对“用户体验”不一样的理解。此次活动中，腾讯视频与宜家实现了内容产业与实体商业的结合。在二者合作的“综艺游乐场”中，开始将内容与场景进行了同步整合，通过娱乐的力量，将亲子、烹饪、K 歌等各个领域的内容、场景、服务体验打通，形成了真正一站式的购物体验。同时顾客还可以通过打印照片、生成短视频和 H5 等方式晒到自己的社交圈，充分利用了用户分享和社交的内生动力，成功引导用户通过服务体验参与传播。

以“Freestyle”为代表的嘻哈话题刷爆了华人世界的社交媒体，而缔造这一疯狂奇迹的爱奇艺平台则成为娱乐业与广告人合作的新领域。国际著名广告营销类杂志 Campaign 表示：“爱奇艺庞大的用户量和需求，将带来更多的整合的娱乐营销机会。”②例如，《康熙来了》停播后小 S 独自主持的《姐姐好饿》通过花式口播广告让寿全斋“红糖姜茶”销量一小时激增 8 倍；《老九门》中的“陈

① 周勇，何天平. 视频网站“下半场”发展观察：线索、路径与前瞻[J]. 新闻与写作，2018，（5）：18-22.

② 引领中国娱乐营销浪尖风口，爱奇艺模式圈粉海外广告词同仁[EB/OL]. http://www.adquan.com/post-2-42093.html，2017-09-08.

皮”扮演者演绎的创意中插广告“原创帖”让“东鹏特饮”成了社交讨论新宠；桂龙药业慢严舒柠含片定制的“激情含剧”病毒式营销上线当月就促使慢严舒柠销售环比上涨63%。与爱奇艺平台合作的百家药企通过实际行动给予爱奇艺营销模式的充分肯定。除此之外，爱奇艺依托百度大数据平台支撑，推出“一搜百映+云交互贴片”的营销工具，通过“一搜百映”能够精准定位用户需求，使页面广告渗透率达到50%以上，减少广告投放的浪费；“云交互贴片”技术则能够让用户在贴片广告上直接完成注册、游戏、分享等功能，能够便捷有效地满足用户需求，提升用户转化率，从而实现“精准投放+实时转化”双重效果①。

二、“内容战略”成为视频网站平台营销的资本

视频网站平台的发展经历过两个主要阶段：一是以流量为核心的“圈地运动”，引发了网络视听版权内容的爆发式增长；二是以付费业务为依托的独家内容抢占，客观上促进了网络视听行业的自制“大跨越”，也奠定了爱奇艺、优酷、腾讯视频三足鼎立的行业格局。现在视频网站平台正在经历第三个阶段，随着主流视频网站付费规模达到一定的基数，制作精良、拥有高口碑、高流量的精品化内容将成为最为核心的竞争力。未来视频网站平台的竞争不仅在量，更在于质。整体行业竞争由早前只通过渠道资源、内容数量获取用户的阶段进入通过联动多方渠道和资源构建 IP 生态系统，进而整合内容为用户带来营销服务解决方案，并以优质内容催生多元化的商业模式。易观智库对 2016~2018 年影响中国网络视频市场发展的主要因素进行了深入分析，如表 8-3 所示。

表 8-3 2016~2018 年影响中国网络视频市场发展的主要因素

因素	2016 年	2017 年	2018 年
视频播放渠道延伸，视频用户规模增加	较高	高	较高
视频厂商向数字化娱乐产业链上下游整合	较高	高	高
优质内容驱动用户付费习惯的形成	中等	较高	高
内容更加精良，用户和广告主认可度逐渐提高	高	高	高

① 蒋雯. 爱奇艺大数据营销三大特色[J]. 传媒，2016，（15）：51-52.

续表

因素	2016 年	2017 年	2018 年
用户体验的提升	较高	较高	高
新兴科技的变革和发展	高	高	高

资料来源：虽有白夜追凶，优酷离爱奇艺和腾讯视频还差两个芒果 TV，http://dy.163.com/v2/article/detail/D21O6LGI0511PQI8.html

易观千帆数据监测，到 2017 年 1 月综合视频领域 30 岁以下的用户占比为 52.86%，24 岁以下的用户占比为 23.70%[①]，因此对于视频网站平台来说，在互联网及移动互联网下成长起来的用户人群，在网络视频平台上有较高的活跃度，是享受视频平台内容服务的主力人群，同时也是其他数字娱乐服务的主要用户群体。

随着知识付费的兴起，内容的价值越来越突出，视频网站进入付费发展阶段。2017 年中国网络视频行业收入规模达到了创纪录的 952.3 亿元，2013 年仅为 139.5 亿元，五年来的增速都保持在 50%左右，体现了行业强大的活力和乐观的产业前景[②]。对于视频平台来说，依靠优质内容和精细化的运营获取会员是当前的重中之重。付费市场成为一种新的商业模式，优选内容上的多元化、精品化乃至生态化竞争在未来将成为付费用户的首选，整体上付费用户人群将继续保持高速增长，并且会成为视频网站收入来源的主力。通过爱奇艺、腾讯视频、优酷土豆等头部视频网站的努力，不管是广告商业模式，还是会员付费模式，视频网站体量规模都越来越大。视频付费市场正在向更为稳定、健康的方向发展，把发展付费会员作为首要目标的各大平台拥有了更加明确的方向，纷纷加大对内容的投入，优质内容成为在线视频的收入、用户人数和参与度取得强劲增长的关键。

在争夺会员用户方面，各家视频网站均有吸引付费会员的优势内容。例如，爱奇艺的网络自制剧和独家版权剧，其中独播网剧吸引力最大；腾讯视频的独

① 中国网络视频广告市场 年轻用户成视频平台战略布局重点. http://www.jiemian.com/article/1254283.html.

② 2018 年中国网络视频行业概述及市场规模前景分析[EB/OL]. http://www.chyxx.com/omdistru/201807/662706.html, 2018-07-26.

家版权剧、国内外院线新片和北美经典电影、院线影片具有较强的吸引力；优酷则有独家版权韩剧、独家动漫，而动漫类视频则是优酷的主打内容；乐视网络大电影和体育直播对付费用户有较强的吸引力。纵观各视频网站平台推出的视频产品，我们可将其分成自制剧、自制综艺及外购版权三大板块，各平台借助大数据技术、日趋成熟的推广模式及广告赞助助力节目制作发行。如今，视频网站平台间的竞争已不再是靠单一内容或平台方面的竞争，而是依靠“平台+内容+品牌+会员化能力+货币化能力”等综合能力的较量。想要留住用户就要更懂用户，从用户的角度出发，紧贴用户需求，在满足会员多元需求和体验上做得更好。

三、PGC 资源成为视频网站营销的基础

PGC 指视频网站中的专业生产内容、微博中的专家生产内容，用来泛指内容个性化、视角多元化、传播民主化、社会关系虚拟化。视频营销中常提到的 UGC，指用户生产内容，用户可以自由上传内容，帮助丰富网站内容，但网站不能控制内容质量①。例如，《江南 Style》宽松的版权限制将 UGC 营销用到了极致，在部分人发现模仿恶搞《江南 Style》的乐趣并上传网络与他人分享后，各种版本、各种风格的《江南 Style》风靡网络，一度将各大网站“刷屏”。但是二者的最大区别是：UGC 无专业的学识、资质，PGC 在所共享内容的领域具有一定的知识背景和工作资历②。

PGC 视频内容能够与网络热点结合起来，易于传播与分享，对视频网站平台发展具有重要的作用。首先，视频网站平台能够通过 PGC 内容的深度和广度，提升平台整体内容的可看度及丰富度，塑造平台差异。其次，视频网站平台能够通过内容完成对平台用户的筛选和分割，补全用户数据，精准链接用户。最后，PGC 内容能够吸引相似的用户，使平台获客成本降低，易于实现商业转化③。因此在内容吸引用户的营销模式下，视频网站平台必须大力发展 PGC 原创内容，聚集不同

① 阳翼. 数字营销：6 堂课教你玩转新媒体营销[M]. 北京：中国人民大学出版社，2015.
② 浅析 PGC 与 UGC 平台内容运营的区别. http://www.woshipm.com/operate/577400.html.
③ 移动视频 2017 年用户画像和趋势预测. http://www.sohu.com/a/137723219_649133.

兴趣圈层的用户，并为内容合作者带来目标用户，提升内容的商业变现能力，从而实现双赢。例如，爱奇艺为了扶持PGC原创内容，发布了“北极星计划”，从顶级原创内容、独家强IP、商业资源、伙伴未来四个维度进行发力，通过前贴片分账、信息流分账、VIP分账、单点付费、粉丝打赏、应援等多种商业模式，增加合作者收益。爱奇艺将重点培养具有强制作能力、创新能力的合作者，为IP衍生拓展空间；构建商业营销、资源推广体系，在视频生产定制、项目联动层面为合作伙伴提供帮助。目前已经有包括北京舞邦文化传媒有限公司、杭州二更网络科技有限公司、知了青年（中国）文化有限公司、蜂群影视文化有限公司、北京橘子文化传媒有限公司等在内的七家企业与爱奇艺签约，成为“北极星计划”的首批合作伙伴（表8-4）。

表8-4　中国主流视频网站平台PGC活动

名称	启动时间	活动
优酷土豆	2015年8月	投入100亿元发展网生内容，包括“新人计划”“万万计划”“飓风计划”
百度视频	2016年5月	启动了PGC专项投资计划，首期专项基金金额达5亿元，将专注于优质PGC内容和创作者扩大其影响力
腾讯视频	2015年3月	2015年3月腾讯视频启动“惊蛰计划”，2016年3月企鹅媒体平台启动“芒种计划”，2017年2月启动“芒种计划2.0”
搜狐视频	2016年11月	计划2017年对自媒体出品人投入10亿元推广资源，1亿元广告分成，5 000万元股权投资，对VR类出品人进行技术、设备及培训支持
乐视视频	2016年12月	计划在2017年将向所有的优秀PGC开放大屏生态系统，2016年发布PGC自生态计划，计划推出70亿元现金扶持专业制作团队
爱奇艺	2016年12月	2017年增加爱奇艺头条、信息流广告的分成，联合IDG、中国文化产业基金、经纬投资成立创投金额达10亿元的合伙人创投联盟，2017年8月发布“北极星计划”，扶持原创内容

第四节　视频网站平台营销应用

在媒体融合发展背景下，视频网站将成为承载信息的重要平台，成为能够存储、呈现、处理、传递信息的实体，用视频的方式发挥媒体的各项功能，视频网站平台在营销中发挥的作用将越来越突出。

一、视频网站平台营销的应用方式

纵观国内主流视频网站所提供的营销服务，其应用已经渗透到方方面面，不仅在内容上向新闻资讯、生活、时尚、财经、少儿、文学等方面延伸，在技术使用上也已经走在了时代的前沿，积极融入 VR/AR、大数据、人工智能等技术。视频网站以视频为根基，已辐射到社交、创意产业、影视制作等方面。

（一）视频网站平台的圈粉营销

“什么时候能被爱豆宠一下？”——“宠。”

“可可，我是你的台湾可乐，明天就是我的生日，好希望得到你的祝福。”——“提前祝你生日快乐。”

“那就慢慢翻，我等你翻我的。”——“翻到了翻到了。”

这是《极光之恋》男一号马可在爱奇艺泡泡社区与粉丝的对话。虽然只是寥寥数语，并且还是面对屏幕的隔空交流，但还是引爆了粉丝的热情，评论量在一小时内超过了 1.1 万。交流结束后，马可的泡泡账号新增了 1.8 万粉丝。

这样的圈粉营销模式正在被视频网站广泛应用，成为其活跃用户的一种手段。在过去，视频网站往往通过优质内容吸引用户的关注，如今视频网站正试图打破这样的局面，通过社交互动来换得用户黏性，进行圈粉营销。目前，爱奇艺、优酷、腾讯三大视频网站都各自完成了粉丝互动营销的布局。

爱奇艺泡泡社区依托爱奇艺视频资源，为粉丝和明星搭建了一个互动平台，粉丝可以在泡泡社区内聊明星、八卦，关注明星行程，实现粉丝交流讨论的情感诉求。目前，泡泡社区讨论的话题从明星慢慢扩展到影视剧、综艺、文学、动漫、游戏乃至整个泛娱乐产业。从 2015 年 11 月成立以来，泡泡社区已经形成了一个稳定的产品形态，日活跃用户最大值达 6 849 万。根据爱奇艺公布的数据，用户在使用泡泡社区后，其爱奇艺 APP 日均播放时长相对于未使用前增长 24%，月启动次数相对于未使用前增长 160%①。

---

① 铁林. 鹿晗爱奇艺泡泡粉丝超 1689 万，视频网站纷纷入局社交平台“造钱”为粉丝“造梦”[EB/OL]. https://mp.weixin.qq.com/s?__biz=MzA5MjkyMDMxMg%3D%3D&idx=1&mid=2649440911&scene=21&sn=6fb5c4d6caefc5ed35020b4b581da4b5，2017-12-22.

腾讯 doki 和优酷星球是与爱奇艺泡泡社区功能类似的粉丝互动平台，腾讯 doki 主打明星粉丝互动，粉丝可以刷资讯、与喜欢的偶像互动、冲榜，同时可以预约明星的直播见面会或者聊天室。优酷星球可以根据用户的观看记录，向用户推荐可以加入的“星球”。一方面可以对作品进行再次宣传；另一方面也是典型的粉丝互动营销行为。

（二）视频网站平台的大数据精准营销

从视频网站平台的收入构成可以看出，视频网站越来越倾向于会员制，目的是积累用户数量。根据目前已公开的数据，2018 年 8 月，腾讯视频公布付费会员用户达 7 400 万人；同期爱奇艺付费会员人数达 6 620 万人；优酷保守估计付费会员应有 5 000 万人；乐视、芒果 TV、搜狐、PPTV 四家约有 1 000 万人，预计到 2020 年我国的全网付费会员数将达到 2 亿人。如此庞大的会员数量将为视频网站带来丰富的数据资源。

中国视频网站前三甲——爱奇艺、优酷土豆、腾讯视频分别属于百度、阿里、腾讯三大互联网巨头。三大视频网站平台借助 BAT 的技术与资源优势，能够搜集海量数据，基于海量用户形成的人口属性、兴趣爱好、行为习惯等多维度数据为用户画像打下坚实的基础。视频网站平台能够整合多维数据，基于多项业务数据的整合打通，全面描绘用户行为轨迹、理解用户行为、评判用户价值，实现视频广告的精准投放。视频网络平台应用大数据技术，通过一定的算法开展精准营销活动。

优酷、UC、微博宣布成立文娱大联盟后，进行底层数据对接，依托三大平台的优质内容、社会化传播和算法推荐等能力不断提升用户体验。文娱大联盟不断实现内容通、互动通、关系通、账号通和算法通，形成一个完整的联动生态矩阵[①]。例如，优酷与母婴品牌亲润合作，开展“母婴营销模式”。优酷依托阿里的大数据资源，可以做到在每一个垂直领域精准投放，优酷旗下亲子频道不仅覆盖了全国 1 500 万个育龄家庭，超过 300 万名的活跃用户，而且拥有超

---

① 微博、合一、UC 宣布成立视频文娱大联盟 账号内容打通. http://tech.sina.com.cn/i/2016-09-10/doc-ifxvukhx4775571.shtml.

过 100 位权威亲子专家，出品超过 50 档以上优质内容，自制内容《跟我出发》更是引发行业共鸣。

腾讯视频运用大数据技术推出的首档大型调查真人秀节目《你正常吗》，播出三天就以超过 3 000 多万的点播量打破行业纪录，节目冠名商——膜天下利用节目进行营销大获成功。市场调查结果显示：仅一期节目，膜天下整体品牌认知度就提升了 330%，针对 18~34 岁年轻群体飙升了 700%；针对女性用户，品牌美誉度提升了 52.3%，购买意愿增强了 47.1%，对品牌的产品特性“成分纯天然无添加”了解提升了 47.4%①。《你正常吗》和膜天下均收获满满。

二、视频网站平台营销应用实例

视频网站平台作为重要的营销工具，不仅在视频内容上承载着大量的营销信息，还不断进行延伸，文化 IP 运作与互动营销模式日渐成熟。

（一）从《中国有嘻哈》看爱奇艺 IP 营销

2017 年 6 月 24 日《中国有嘻哈》在爱奇艺平台播出。在节目热播期间，爱奇艺先后邀请艾福杰尼等选手空降爱奇艺泡泡，与粉丝亲密互动，增强用户参与。

2017 年 8 月 31 日，《中国有嘻哈》进行总决赛录制，首次开启直播通道，网友们通过爱奇艺奇秀直播参与决赛录制，为自己喜爱的选手投票“打 call”，助力他们冲击总冠军。此前，爱奇艺娱乐粉丝社区泡泡圈子还发起“嘻哈总决赛招募”话题，邀请广大嘻哈粉丝来到现场与选手一起摇摆。

截至 9 月 16 日，《中国有嘻哈》12 期节目总播放量超过了 27 亿次，社交覆盖超过 7 亿人次，微博短视频播放总量超过 80 亿次，社交媒体产生了 71 亿阅读量，热搜榜上榜 461 次，造就了“freestyle”“real”等年度网络热词，70 强选手微博粉丝增长 2 000 多万人。

2018 年 1 月 5 日，爱奇艺《中国有嘻哈》“R!CH 创造”展强势登陆上海

① 刘微. 30 分钟玩转视频营销[M]. 北京：电子工业出版社，2014.

合生汇，开展连续 10 天的嘻哈粉丝嘉年华活动。“R!CH”是“Rising ! Chinese Hiphop”（崛起吧中国嘻哈）的节目口号的缩写。《中国有嘻哈》的衍生潮牌“R!CH”授权合作项目品类覆盖服饰、配饰、3C 数码、食品酒水等，已经借助 200 余种 SKU 的合作开发，形成嘻哈文化的深度产品化诠释，并借助娱乐关联位、边看边买等站内工具，通过在爱奇艺商城销售实现节目内容的商业价值转换。

爱奇艺能够在《中国有嘻哈》IP 项目上快速且高效地投入并不断延续 IP 的商业价值，得益于爱奇艺的“大苹果树”模型（图 8-1）。“大苹果树”模型是指以技术和产品平台为基础，围绕同一内容 IP，逐步打通 VIP 会员、电商、游戏、直播、漫画、阅读、电影票等一站式、闭环式的服务和生态链。《中国有嘻哈》把爱奇艺大苹果树上几乎所有的苹果都拉到一起，来运营这样一个项目，一方面，嘻哈的 IP 给这些产品线以内容支撑和品牌支撑，它们可以通过这个品牌做当季的活动和新产品的开发；另一方面，它们的推动也让《中国有嘻哈》这个 IP 的内容变得更加丰富，运营渠道也更多。爱奇艺一直以来都在围绕 IP 进行上下游产业链的纵深布局，如今已实现了以 IP 为核心，以综艺、影视剧、文学出版、手游、演出、衍生品、短视频、VR 内容、泡泡社区、奇秀直播等为板块的多维度内容生态群。

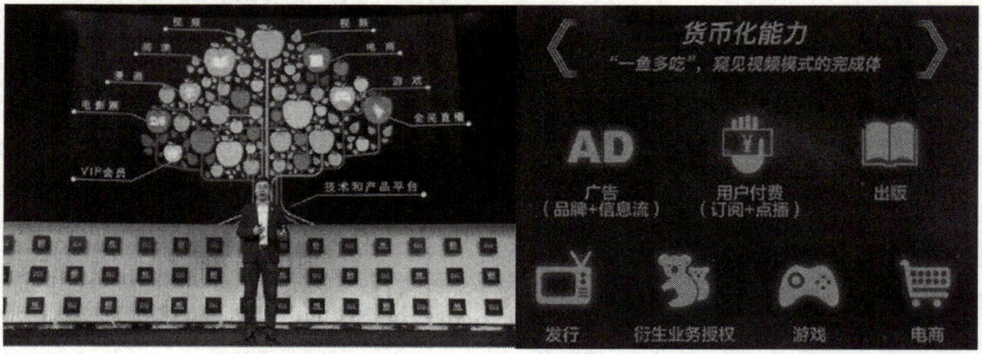

图 8-1 爱奇艺“大苹果树”模型

（二）优酷联手《猎场》开展粉丝互动营销

《猎场》自 2017 年 11 月 6 日上线优酷后，仅 48 小时播放量即破亿，13

天破10亿，在收官当晚更是突破30亿，引发全民围观。《猎场》获得如此好的成绩归功于优酷平台一系列出色的营销宣传。优酷在新浪微博上开设“来优酷看猎场”的单个话题，已成为全网平台关于《猎场》的第一大话题，阅读量近1亿人次。

优酷平台策划出一系列独家内容及剧情花絮作为优酷平台的“吸粉利器”，吸引粉丝来优酷观剧。一是优酷抢先拿下“《猎场》首播盛典”的全网独家直播权，优酷全程独家直播了这场盛典，同时公布《猎场》正式登陆优酷的时间，并联合移动、联通、电信三大运营商，让用户来优酷看《猎场》能节省更多流量费，无忧畅享精彩剧集。二是根据《猎场》自有的职场属性，优酷特别推出了独家衍生节目《HR陪你看〈猎场〉》，并邀请资深HR陪网友看《猎场》聊职场，并针对网友的职场问题答疑解惑。三是在《猎场》热播后，优酷联合胡歌官方粉丝团打造“首席营销官”活动，与粉丝互动，共同为《猎场》的宣传推广工作出谋划策。

此外，在《猎场》热播期间，优酷还陆续开展了各种“拿到手软”的福利活动：联手胡歌发起“百万年终奖”，为网友提前送上年终红包；利用《猎场》聚焦的猎头行业，玩起“百万赏金猎人”，网友们可以通过接明星给出的offer，成为猎人并邀请好友参与活动，开宝箱赢取百万赏金。活动期间，不仅得到了百万网友的积极参与，更有多位KOL支持响应，一时间微博、朋友圈、贴吧都被优酷“赏金猎人”刷屏。

延伸阅读

一、在线视频网站产品分析报告（2017）之一，https://blog.sina.com.cn/s/blog-749338f00102xzi6.html

二、在线视频网站产品分析报告（2017）之二，https://weibo.com/p/230418749338f00102x2m5

三、在线视频网站产品分析报告（2017）之三，https://weibo.com/p/230418749338f00102x2rx

四、艾瑞咨询，2016年在线视频企业创新营销研究报告，http://report.iresearch.cn/report/201602/2530.shtml

五、艾瑞咨询，2015年中国在线视频用户付费市场研究报告，http://report.iresearch.cn/report/201602/2528.shtml

第九章　网络游戏平台营销

2016 年中国超过美国，成为全球第一大游戏市场，腾讯和网易成为全球移动 MOBA 和 MMORPG 游戏的领军者①。中国信息通信研究院移动应用检测平台数据显示：截至 2016 年 10 月，游戏类应用规模超过 400 万个，应用规模所占比例达 32%，下载量在 2016 年 10 月达到 4 734 亿次②。从 2015 年 7 月到 2017 年 3 月，全球玩家每日玩手机游戏的时间增长了 33%，全球电竞月观看数达到 161MM，同比增长 40%。在中国网络游戏市场规模高速发展的情况下，网络游戏拥有庞大的客户资源，它已经不单单是游戏，更是一个庞大的传播媒介、一种优质的营销推广平台。

第一节　网络游戏平台概述

网络游戏简称“网游”，又称“在线游戏”。通常以个人电脑、平板电脑、智能手机等载体为游戏平台，以游戏运营服务器为处理器，以互联网为数据传输媒介，通过广域网网络传输方式实现多个用户同时参与游戏，通过对游戏中人物角色或者场景的操作实现以娱乐、交流为目的的游戏方式，是具有可持续性的

① 2017 年互联网趋势报告（中文完整版）. http://www.cbdio.com/BigData/2017-06/02/content_5531246.htm.

② 30 句话读懂 2017 年全球互联网发展趋势. https://www.toutiao.com/i6378727206218105345/.

个体性多人在线游戏[①]。网络游戏平台即将网络游戏作为一个传播载体、展示平台，使玩家与商品或品牌通过网络游戏这个介质发生互动行为。

一、网络游戏平台的发展

随着社交游戏和移动游戏在中国的发展，网络游戏规模的不断增长、网络游戏技术的不断成熟，新型的网络游戏平台也逐渐兴起。网络游戏平台的发展伴随着网络游戏的迭代升级。

（一）网络游戏平台的兴起

中国的网络游戏兴起于 2001 年，2000~2005 年以 PC 端游为先头部队的网络游戏迅速打开国内市场，盛大、网易、腾讯、九城等大型端游公司依靠自主研发和代理国外游戏两种方式抢占市场份额。网页游戏始于 2001 年 Net Game 旗下的 RPG 网页游戏《无尽的战争》，到 2007 年，互动休闲游戏大热，并和 SLG 网页游戏并驾齐驱，成为网页游戏的主力军，如盛大的《纵横天下》、上海莱维的《部落战争》、51wan 的《帝国崛起》等；2008 年以《三国风云》《热血三国》《三国兵临城下》为代表的策略战争类网页游戏兴起；2009 年之后随着 Flash 技术的进步，网页游戏体验得到优化，以《凡人修真》《傲剑》为代表的 ARPG 网页游戏涌现，3D 网页游戏开始出现，SLG、ARPG 类游戏迅速布局，网页游戏进入黄金发展期[②]。客户端游戏和网页游戏在游戏内容、游戏方式、游戏技术方面，均为网络游戏的发展奠定了坚实的基础。

随着互联网的普及，轻量化、碎片化、社交化的新型网络游戏逐渐兴起，使网络游戏更加平台化。追溯游戏平台化的发展轨迹便是追溯网络游戏的发展道路，网络游戏的发展可称得上是“一部游戏平台变迁史”。网络游戏的发展阶段可分为：以 PLATO 为代表的单一系统平台阶段（1969~1977 年）；以 Genie、Prodigy、AOL 为代表的运营商平台阶段（1978~1995 年）；PC 互

① 中国音像与数字出版协会游戏出版工作委员会，CNG 中新游戏研究（伽马数据），国际数据公司. 2015 年中国游戏产业报告（摘要版）[M]. 北京：中国书籍出版社，2015.

② 2018 中国网络游戏行业发展现状及行业发展趋势分析. http://www.chyxx.com/industry/201806/647213.html.

联网平台阶段（1996~2010 年）；移动网络平台阶段（2010 年至今）[①]。从主机游戏到 PC 单机游戏，再到移动游戏，由单人游戏到大型多人交互游戏的迭代升级，互联网增强了游戏的平台属性，也深化了网络游戏平台的社交属性。

网络游戏与社交媒体的结合促进了网络游戏平台的更大发展。基于社交平台的社交网络游戏不仅在很短的时间内积累了大量用户，而且相对于传统的 PC 端游戏，社交网络游戏具有题材丰富多样、玩家分布广泛、植入方式简单的优势。在国内以开心网推出的《开心农场》为代表的农场类游戏掀起了中国社交游戏的高潮，社交网络游戏平台营销随之兴起。例如，2009 年芬兰游戏厂商推出的《愤怒的小鸟》下载量超过 17 亿次；2013 年游戏厂商 King 旗下的《粉碎糖果传奇》收获 5 亿多次下载量，玩家进行的总游戏规模超过 1 500 亿次；2013 年微信平台上线的《飞机大战》甚至形成了“全民打飞机”的局面。社交网络游戏平台具有强大的用户聚集力，可以吸引用户深度参与游戏。

（二）网络游戏平台由 PC 端转向移动端

PC 端游戏包括网页游戏与客户端游戏。其中客户端游戏产业链主要由“游戏开发商—游戏运营商—用户”等组成。开发商获得收入的方式是通过研发游戏向运营商提供游戏版本来获取授权金及后续的运营收入分成。如果游戏开发商具备较强的实力和话语权，就能够在收入分成中处于有利地位。网络游戏运营商获得收入的方式是通过运营游戏直接从游戏玩家处获得或通过收取广告投放费用获得。收费模式主要有按时长收费、按道具收费、按交易收费和游戏内置广告收费。网页端游戏行业主要涉及网页游戏开发商、网页游戏平台运营商和网页游戏玩家，一款网页游戏从研发到游戏用户完成支付一般需要经过 3~5 个环节。网页游戏开发商将研发好的网页游戏交由游戏发行商发行及推广，发行商的角色经常会由平台运营商兼任。平台运营商负责产品的营销宣传及渠道建设，将游戏推广给玩家，最终由玩家体验网页游戏，并在玩游戏中充值付费，产生经营游戏产品企业的收益。

---

① 蔡润芳. 平台资本主义的垄断与剥削逻辑——论游戏产业的“平台化”与玩工的“劳动化”[J]. 新闻界，2018，（2）：73-81.

2008 年后随着智能手机的普及以及互联网技术的发展，移动游戏逐渐兴起，成为网络游戏重要的细分领域。以端游、网页游戏 IP 改编的移动游戏不仅在内容形式上更具协调性，而且能够保持用户黏性，降低获客成本。移动游戏较客户端游戏和网页游戏而言，拥有充分利用玩家碎片化时间的特殊优势。随着移动通信网络覆盖范围的扩大、城市 Wi-Fi 等基础设施的建设，以及智能手机、平板电脑等移动终端产品的普及，我国移动游戏用户数量增长迅猛，成为网络游戏细分市场中增长最快的市场。中国互联网络信息中心在 2014 年调查的网游用户游戏设备使用情况显示，86.9%的用户选择使用手机，72.5%的用户选择使用台式电脑，45%的用户选择使用笔记本电脑，36.3%的用户选择使用平板电脑，在网游用户使用习惯上，移动端和 PC 端用户相差 14.4 个百分点[①]。从用户使用状况来看，移动端与 PC 端网络游戏的规模不相上下。2016 年中国移动游戏市场实际销售收入为 819.2 亿元，增长 59.2%，用户数达到 5.28 亿，增长 15.9%。同年手游营收占比首次超过端游，接近 50%，游戏行业结构和格局开始发生变化。艾瑞咨询发布的 2017 年中国网络游戏行业研究报告显示，硬件的升级促成了这个产业的重点转移，随着用户接入互联网的主要端口从 PC 端转向移动端，移动端游戏市场份额超过 PC 端游戏，增长至 57.2%，成为最大的细分市场。其中 2016 年移动端游戏用户规模约 5.21 亿人，而 PC 端游戏用户规模约 4.84 亿人。由于移动市场的冲击，PC 端游戏用户的规模出现明显下滑，2016 年的用户规模下降了 12%[②]。

移动端游戏产业生态体系分为移动游戏研发商、移动游戏发行商及移动游戏渠道商三大环节。移动游戏研发商是游戏产品的提供者，随着市场竞争日趋激烈，拥有优质产品的研发商，在市场竞争中占据优势地位；移动游戏发行商主要是购买获取游戏的发行版权，对游戏进行推广和运营；移动游戏渠道商起到连接移动游戏产品和用户的作用，享有固定的分成比例。在网络游戏产业链分工明确阶段，网络游戏运营商在网络游戏平台中承担更重要的角色，但此时网络游戏平台的开发和利用并未达到最优化，即网络游戏平台的商业化未能充分展现，随着大型运

① CNNIC 第 35 次调查报告：网络游戏市场发展状况. http://news.ifeng.com/a/20150203/43090145_0.shtml.

② 2017 年中国网络游戏行业研究报告. https://www.gameres.com/750050.html.

营商开始兼有开发、运营等多种角色后，其对网络游戏拥有更加灵活的自主权，此时能够充分开发网络游戏平台的价值，实现网络游戏平台的商业化。

（三）VR/AR 成为网络游戏平台发展的新趋势

VR 游戏被认为是 VR 众多场景中最适合搭载的内容，是具有极强变现能力的应用场景。传统游戏是虚拟的，但在一定技术下，游戏可以与现实联系起来，即一种真实与虚拟交错的游戏。例如，奔驰在瑞典斯德哥尔摩为 MINI Countryman 进行新车推广时推出了一款名为 Getaway Stockholm 的 APP 游戏应用，游戏中 MINI 在斯德哥尔摩市的某处设置了一台虚拟的 MINI Countryman，参与者下载 APP 后，通过 APP 查看这辆车的位置，就去“抢夺”这辆车，然后在手机上带着虚拟汽车奔跑，以防止被别人抢夺，最后拥有这辆车的参与者将会获得一辆真正的 MINI 汽车。随着 VR 硬件的不断突破，扫平了软件和应用上的最大门槛，VR/AR 游戏将随着产品体系的成熟迎来快速发展期，未来 VR/AR 将使用户拥有更加丰富的场景体验。预计到 2020 年，VR 头盔的开销将增至近 8 亿美元，VR 消费市场的收入将达到 112 亿美元[①]。截至 2016 年底我国涉足 VR 行业的公司超过百家。VR 游戏的生态体系开始逐步建立，国内游戏厂商也开始积极布局 VR/AR 领域，包括进行产品研发，在国内外积极投资、收购相关标的，在内容、硬件及渠道上都有积极布局。当下已有 *Raw Data Pokemon Go* 等具有代表性的 VR/AR 游戏。网络游戏平台的演变见图 9-1。

图 9-1　网络游戏平台的演变

二、网络游戏平台的主要盈利模式

网络游戏平台兼具内容产品和受众产品两种经济特征，不仅能够通过游戏内容实现经济价值，还能通过售卖用户获得经济来源。随着国内游戏产业的迅猛发

① 2017 年中国网络游戏行业发展趋势及市场规模预测. http://www.chyxx.com/industry/201702/494498.html.

展，各类网络游戏盈利模式应运而生，目前国内网络游戏的盈利模式可以分为游戏付费模式、增值业务收费模式（免费游戏模式）、广告收费模式和周边产品开发模式四种主要的盈利模式（表9-1）。

表9-1 网络游戏平台的主要盈利模式

盈利模式	主要特征	常见游戏类型	代表产品
游戏付费	销售游戏点卡、包时收费等	端游、网页游戏、手游、主机、VR游戏等	《仙剑奇侠传》《魔兽世界》《大话西游》
增值业务收费	游戏内道具、装备收费等	端游、网页游戏、手游等	《梦幻西游》《王者荣耀》
广告收费	在游戏内植入广告	网页游戏、手游	《英雄联盟》《DOTA2》《愤怒的小鸟》
周边产品开发	开发线下衍生品，获取授权收入	端游、网页游戏、手游	《阴阳师》《花千骨》

资料来源：2017年中国网络游戏行业发展趋势及市场规模预测. http://www.chyxx.com/industry/201709/563664.html

（一）游戏付费模式

付费游戏是以出售游戏时间为盈利模式的网络游戏，包括销售游戏点卡和包时收费两种模式。付费的方便与否、游戏的质量高低决定了玩家是否付费。点卡是购买游戏点数，根据玩家在线游戏时间的长短来扣除点卡中的金额，不进行游戏就不会产生费用。包时收费是中国网络游戏最早出现的收费方式，指一次性购买游戏的一个时间段，不论玩家是否玩游戏都会产生费用，即购买便已消费。

有人认为游戏付费模式卖的是文化和情怀，在游戏中玩家注视着角色，并为这些角色而着迷，因而诞生了一批独特的游戏粉丝文化。例如，《魔兽世界》就是一款典型的付费游戏，《魔兽世界》为玩家真正塑造了一个令人沉迷的虚拟世界，几乎能使所有类型的玩家在这个虚拟世界中找到自己的归宿。

（二）增值业务收费模式

增值业务收费模式，即免费游戏模式。一般采用游戏免费、增值服务收费形式，如道具、装备收费，销售双倍体验卡等，目前这种模式在市场中的占比较高，该模式被业界称为IB模式（item billing，道具销售）。随着智能手机的普及，移动网络游戏多数都是免费的，程序内付费已成为玩家的消费习惯，这反映出玩家乐于将钱花在购买道具上，而且多元的第三方电子支付系统既实现了玩家即玩即充，又强化了游戏厂商资金的变现能力。

（三）广告收费模式

广告收费是指将产品或品牌信息嵌入游戏，以便用户在玩游戏的过程中接触到广告产品，从而网络游戏平台可以向第三方广告商收取费用。其中 IGA（In-Game advertising，网络游戏植入式广告）便是游戏广告收费的主要模式。IGA 是在网络游戏中内置产品信息的一种新型广告形式。广义上可以理解为以网络游戏为基础的一切广告活动，狭义上可以理解为以游戏的固定用户群为基础，通过固定条件的允许，在游戏中适当的时间、适当的位置上出现的全新的广告形式，前提是不影响游戏的正常进行。因受到游戏开发商和运营商的青睐，广告收费模式被誉为“网络游戏发展的下一座金矿”。

美国、韩国的 IGA 市场已经占游戏厂商收入的 30%~35%。与美国、韩国已经相对成熟的 IGA 市场相比，国内网络游戏的广告植入收入仅占游戏公司总收入的 1%，有的甚至是 1‰，中国 IGA 还有巨大的潜力尚待挖掘，而且现阶段各大游戏运营商对 IGA 的开发还不够充分，从事 IGA 的厂商还很少。全球知名广告公司 WPP 旗下 GroupM 媒体分析部门分析师亚当·史密斯（Adam Smith）认为，游戏内置广告同游戏之间的相关性、观看广告可免费玩游戏等因素，将成为游戏内置广告业务获得巨大增长的主要动力①。

（四）周边产品开发模式

游戏周边产品开发模式是指通过自行或授权生产，开发与游戏相关的实体产品获取利润。通常包括游戏角色形象的人偶，游戏内容的邮票、海报、画册，带有游戏图案的服装、生活用品及游戏中出现的道具等。周边产品作为游戏的衍生品而存在，随着游戏用户量的增加，销售游戏周边产品成为游戏经营者新的收

---

① 肖恩. 游戏内置广告市场规模 2014 年将达 10 亿美元[EB/OL]. http://tech.sina.com.cn/i/2009-05-27/16193130089.shtml，2009-05-27.

入途径。相较于欧美市场比较成熟的周边产品，中国市场的潜力仍待挖掘，而国内游戏周边产品做得比较好的是腾讯公司[①]。周边产品不仅帮助游戏商家增加了营业收入，也为游戏本身的宣传拓宽了渠道，而对于游戏玩家而言，游戏周边产品也能够增加玩家对游戏的忠诚度。

三、网络游戏平台营销的发展

随着网络游戏玩家的数量不断增加，单个游戏可能拥有百万名玩家，进入网络游戏展开营销便成为品牌和数量庞大的游戏玩家进行交流的重要途径。网络游戏平台营销是指利用网络游戏作为产品或品牌信息的推广平台和媒介，即将网络游戏作为载体开展营销互动。网络游戏平台营销从早期营销推广信息的静态展示逐渐发展成为游戏参与者互动点击式的动态体验。

20 世纪 80 年代，日本游戏公司率先将广告植入一款赛车游戏中，让玩家在体验大型赛车游戏的同时接触产品信息。在中国最早引起人们对网络游戏平台营销活动广泛关注的是 2006 年 4 月可口可乐和当时最火的网络游戏《魔兽世界》的合作。可口可乐采用道具植入营销的方式，在游戏中，玩家喝可口可乐即可增长魔力，这一营销举措既掀起了网络游戏业内跨界的热潮，也使网络游戏平台营销开始被广泛接受和采用。在随后的几年里，《疯狂赛车》《街头篮球》《梦幻西游》《飚车》等在中国风靡一时的游戏中都出现了品牌植入广告。其中最值得一提的是卡夫饼干旗下的王子饼干与国内最大的儿童动漫社区之一——奥比岛的合作，双方专门以企业产品为主题和故事线索，根据王子饼干的品牌特征，推出了大型游戏副本《王子开心大冒险——饼干密语》，使玩家可以在副本中接触到以广告产品为道具和背景的游戏元素。2010 年双方合作期间，有超过两千万的儿童在线参与了王子团队的冒险历程。

网络游戏平台为愿意向大规模受众展开市场活动的企业开拓了一条具有高参与度与针对性的传播渠道，充分利用网络游戏拥有的庞大的客户资源及精准的用户群体，将产品广告融入游戏中，网络游戏平台已然成为广告商们的一个大展拳

---

① 王颖. 中国网络游戏盈利模式研究[J]. 北方经济，2010，（23）：34-36.

脚之地。受众接触的游戏类型呈现出散状分布的特点，游戏受众分布的范围在逐渐扩散，使各类网络游戏平台能够接触到异质化的受众，为网络游戏平台营销带来了新机遇。

为了降低玩家对游戏植入广告的反感，保障产品或品牌出现在游戏中又不影响游戏界面和用户体验，网络游戏平台采取的营销方式也在逐步升级。简单地出现在客户端页面或游戏中的广告牌以及网页版游戏面的横幅广告等静态广告逐步被动态的软广告所代替，届时成为游戏内容的一员，或成为重要的道具，或成为其中的一处场景，或成为游戏中的一个环节……例如，在火爆的吃鸡游戏中，采取广告植入内容与游戏同步更新的方式，在满足了玩家游戏体验的同时，那些伴随游戏内容变化的广告更新可以更好地保持玩家对游戏的新鲜感和好奇心，提升品牌及产品的曝光效率。

第二节　网络游戏平台类型

网络游戏按照游戏目的的不同可分为休闲网络游戏、网络对战类游戏、角色扮演类游戏、功能性游戏等四种；按照游戏内容可以分为动作、冒险、卡片、格斗、恋爱、养成等 24 种游戏类型；按照游戏载体的不同，可分为客户端游戏平台、网页游戏平台、移动游戏平台三种。我们根据网络游戏载体的不同，着重介绍客户端游戏平台、网页游戏平台和移动游戏平台。

一、客户端游戏平台

客户端游戏，简称端游，是相对于网页游戏的游戏类型，在行业内也有客户端网络游戏的说法，是网络游戏的形式之一，需要在电脑上安装游戏客户端软件才能运行。国内的客户端游戏主要是角色扮演类和休闲竞技类游戏[①]。客户端网络游戏平台即是以各类客户端游戏为源头，将游戏作为一种媒介平台，进

① 中国音像与数字出版协会游戏出版工作委员会，CNG 中新游戏研究（伽马数据），国际数据公司. 2015 年中国游戏产业报告（摘要版）[M]. 北京：中国书籍出版社，2015.

而开展各类营销活动。其中有客户端广告，在游戏客户端或页面中出现广告，是比较常见的植入广告的方式之一。例如，可口可乐与《魔兽世界》的合作，《魔兽世界》游戏开发商——美国暴雪为可口可乐当年的代言人 S.H.E、小小罗及李宇春打造专属魔兽人物形象，并在游戏中设计由小小罗、李宇春拯救 S.H.E 的故事情节，在拯救过程中玩家可以获得不同的宝物与积分。而魔兽相关衍生产品在 iCoke.cn 上独家销售，使用 iCoke.cn 积分可在 iCoke.cn 上直接兑换。活动期间推出可口可乐魔兽限量包装，包装上说明如何通过 iCoke.cn 寻找活动内容及积分兑换活动方法。可口可乐通过《魔兽世界》游戏平台成功拉近了与年轻消费者之间的距离（图 9–2）。

图 9–2　可口可乐与魔兽世界合作宣传海报

客户端游戏市场增速放缓，收入增长乏力，其优势正在逐年消减。2008 年客户端游戏市场实际销售收入占中国游戏市场实际销售收入之比达到 90.03%，但随着智能手机、平板电脑等移动终端的发展和移动互联网的普及，移动游戏逐渐兴起，2015 年客户端游戏市场实际销售收入占中国游戏市场实际销售收入的比例已下降到 43.47%。厂商转型、游戏停运、资本转移等许多话题让客户端游戏面临的市场冲击变成不可回避的事实，唇亡齿寒，客户端游戏平台也无可避免地受到波及，部分客户端游戏研发商因游戏开发周期较长、资金投入较大、技术难度高等特点纷纷转向移动游戏、网页游戏的研发。例如，腾讯公司积极购买日本动漫游戏的手游改编权；畅游、完美则购买了金庸旗下多款武侠作品的手游改编权；而盛大、金山等公司都积极尝试将旗下知名游戏 IP 搬上移动端等。客户端游戏类型的减少直接导致客户端游戏平台影响力减弱，提高了产品或品牌植入客户端游戏的门槛，减少了客户端游戏平台的多样性，逐步降低了企业对客户端游戏平台的热情。

二、网页游戏平台

网页游戏是用户可以直接通过互联网浏览器玩的网络游戏，它不需要安装任何客户端软件，又称无端游戏、web game，简称“页游”[①]。自从 2007 年第一款网页游戏横空出世以来，中国的网页游戏市场从此便一脚踏入了高速发展的阶段，从最早的《猫游记》再到后来的《方便面三国》，再到腾讯的《七雄争霸》，都证明了在网络游戏高度普及化的当今，网页游戏还是有其自身的生存空间的。网页游戏充分运用自身的便携优势，简洁的操作体验，整合用户的碎片化时间，牢牢地吸引了无数年轻人的目光。网页游戏异常火爆的景象吸引了品牌主的目光，网页游戏成为品牌主传递品牌及产品信息的创新营销平台。例如，汇源“柠檬 me”在人人网网页游戏《阳光牧场》的广告植入，玩家必须种植 3 个汇源优质柠檬并养 2 只天然蜜蜂，收获后便可在制造屋生产一瓶汇源“柠檬 me”。游戏不仅直接传达了汇源“柠檬 me”源自纯天然的品牌诉求，而且使玩家对汇源“柠檬 me”的制作过程，成分、原料品质等都有了详细了解。由于网页游戏制作简单、程序可以随时更改，因此广告主在网页游戏平台中可以根据广告宣传

---

① 中国音像与数字出版协会游戏出版工作委员会，CNG 中新游戏研究（伽马数据），国际数据公司. 2015 年中国游戏产业报告（摘要版）[M]. 北京：中国书籍出版社，2015.

主题灵活地更改广告植入内容，这也是网页游戏平台利于开展营销活动的优势之一。

根据《2016年中国游戏产业报告》，中国网页游戏市场的繁荣起步于2008年，2008~2014年持续保持中高速发展态势，年复合增速达到88.6%。2015年网页游戏市场受到手机游戏冲击，增速放缓，2016年首次出现负增长。2016年网页游戏市场的实际销售收入为187.1亿元，同比下降14.8%。网页游戏用户规模也开始缩小，2014年起连续三年负增长。2016年网页游戏用户达到2.75亿人，同比下降7.4%。从网页游戏产品数量上看，2013年起网页游戏产品数量持续下降。根据易观数据，2015年网页游戏数量达到2 180个，同比下降6.4%，相比2013年的2 420个，下降约10%。2016年国内网页游戏开服共计30.63万组，同比增长19.8%，但开服量增速已大幅放缓①。同客户端游戏一样，网页游戏也在移动互联网的趋势下，受到移动游戏明显的冲击。移动游戏在细分市场上争取了对应市场上网页游戏的部分用户，又因网页游戏在游戏题材上同质化现象严重，使网页游戏对用户的吸引力降低，客户流失导致在网页游戏平台开展营销的成本增加，网页游戏数量减少，导致植入营销在游戏题材、游戏体验等方面受到的限制增加。

目前，中国已成为全球网页游戏市场最大的产品输出国。在2014年网络游戏出口细分中，网页游戏占比达到31%。《2015年中国游戏产业报告》显示，2015年自主研发的网页游戏海外收入规模已达15.9亿美元，同比增长67.7%，与当年国内网页游戏市场8.3%的增速形成鲜明对比，海外网页游戏市场收入规模也接近国内市场规模的1/2。东南亚、日韩依然是主要的出口地区，进入欧洲、北美和南美市场的网页游戏厂商及产品数量相对较少，欧美网页游戏出口市场未来增长潜力较大。因此网页游戏平台伴随着网页游戏出口海外，其营销领域将得到扩展，能够与国际社会接轨，为品牌商拓展海外市场提供新的营销渠道。

---

① 2017年中国网页游戏行业发展趋势及市场规模预测. http://www.chyxx.com/industry/201703/504468.html.

三、移动游戏平台

移动游戏指的是运行在移动终端上的游戏软件，包括移动单机游戏和移动网络游戏。广义的移动终端概念包括手机、笔记本电脑、平板电脑、POS 机甚至是车载电脑。随着移动游戏市场的变化，移动游戏玩家在性别、年龄结构、职业类型等方面均表现出明显的差异。虽然从整体上来看，玩家的性别分布是男多女少，但游戏厂商也考虑到专门为女性设计游戏。例如，《奇迹暖暖》系列游戏，就是专门针对女性玩家而设计的一款换装养成手机游戏，该游戏中男女比例几乎持平甚至反转；网易 2017 年 11 月推出的《终结者 2：审判日》游戏中有将近 20%的玩家是女生，为了更好地服务这部分群体，《终结者 2：审判日》在 2018 年 1 月底推出了女神认证系统，强调了女性玩家对于《终结者 2：审判日》的重要性。同时艾瑞咨询的数据也表明：目前玩游戏的用户已不仅仅是 30 岁以下的年轻人，超过 40%的 30 岁以上的人也开始接触游戏，且女性游戏玩家的数量也在增长。

中国音像与数字出版协会游戏出版工作委员会发布的数据显示：2017 年中国移动游戏市场实际销售收入和用户规模均有明显上涨，分别同比增长 41.7%、4.9%。而在 2017 年中国所有的移动游戏分类中，动作角色扮演类移动游戏市场实际销售收入占据中国移动游戏市场实际销售收入的四成；而处于第二位的多人在线战术竞技类移动游戏市场实际销售收入所占份额仅为 22.6%；其他类型的移动游戏依次为回合制角色扮演类、卡牌类、策略类、射击类、休闲类，分别占移动游戏市场实际销售份额的 15.9%、8.9%、5.3%、5.1%和 5.0%[①]。主题丰富的移动游戏可以满足所有年龄层玩家的个性化需求，因此，移动游戏的玩家群体在年龄、职业等方面都有非常大的扩展。对于移动游戏平台而言，游戏主题和游戏玩家的扩展无疑给移动游戏平台提供了更加多元化的营销机会，无论是适合植入的品牌类型，还是品牌在游戏内的表现形式，都在一定程度上减少了局限性。同时随着移动游戏细分市场的形成，不同移动游戏对应的用户群体也将逐渐被细化，因此各类移动游戏平台将会更加精准地定位目标用户。这样

① 2017 中国移动游戏市场发展报告：收入超千亿，用户数达 5.5 亿. http://www.sohu.com/a/214642671_115479.

不仅能维持玩家对游戏的体验，还可提升移动游戏平台的营销效果。

相较于客户端游戏和网页游戏而言，移动游戏制作成本低、研发周期短、所需人员少，因此移动游戏降低了企业定制游戏的门槛，使企业可以自主开发或者联合其他专业游戏制作机构定制一款既能保持较好的游戏体验，又符合营销需求的游戏。杜蕾斯推出的一系列定制游戏可以称为企业在移动游戏平台营销的典范。2010 年 6 月杜蕾斯为了引导年轻群体了解使用安全套的重要性，同时树立杜蕾斯的品牌形象，提升品牌知名度和美誉度，推出了一款《杜蕾斯宝贝养成计划》的游戏，该游戏一经推出就受到广大年轻人的欢迎，取得了较好的市场反应，直到 2013 年网上关于该游戏的讨论依然数量很多①；2014 年杜蕾斯推出的《精子快跑》游戏，通过手机媒体的引流、微信和移动媒体发布，曝光 3 000 万次以上，迅速形成病毒式传播，两周内创造百万人次互动并分享的成效；《脱光攻略》游戏推出仅两天就达到 2 000 万次曝光，百万次点击，游戏人数更是超过 60 万人次。杜蕾斯品牌每推出一款游戏就会在移动互联网掀起一股讨论及转发参与热潮，极大地提升了人们对该品牌的好感度。

LBS、AR 技术在移动游戏中的应用，将虚拟与现实结合起来，从而给玩家提供了更真实、更丰富的游戏体验，因此移动游戏平台营销能够更加直接地影响消费者的行为，企业通过移动游戏平台可以将虚拟游戏中植入的广告与现实相结合，既能增强与用户的沟通，又能精准定位目标用户，提升广告投放效果。例如，《口袋妖怪 Go》是任天堂开发的一款 APP 手游，同时它也是一款基于 LBS 的游戏，玩家必须真正到达地图上的地点，才能够捕获宠物，或是与其他玩家对战。在《口袋妖怪 Go》的计划中，购买了广告的商铺将会成为游戏中宠物出现的热门地点，甚至会成为精灵道场，可以吸引更多的玩家前来。通过游戏将用户导向线下店面，不仅可以增加店铺的曝光率，还可以提升店面的销售能力②。

---

① 阳翼. 数字营销：6 堂课教你玩转新媒体营销[M]. 北京：中国人民大学出版社，2015.

② 马荣.《口袋妖怪 Go》新赚钱方法 LBS 店铺广告. ZOL 软件[EB/OL]. http://soft.zol.com.cn/593/5935167.html，2016-07-14.

第三节 网络游戏平台营销模式

网络游戏平台的营销模式与影视视频的营销模式是相通的，即两者都必须依附于游戏或者影视剧本身的内容和吸引力，植入的广告内容借助载体实现传播效果的叠加和放大。与影视剧植入广告不同的是，游戏的娱乐性和互动性更强。游戏有机会让受众参与其中，得到交互式体验，用户通过交互式的体验方式能够更加深入地了解产品及品牌信息。

一、网络游戏平台植入类营销模式

网络游戏平台植入类营销模式是指将品牌或产品信息融入游戏场景、情节、人物形象、道具等与游戏相关的事物中，让营销活动与游戏融为一体，从而使这些营销信息出现在游戏玩家面前。此类营销模式仍以游戏为主，在植入的过程中不能损害用户的游戏体验。植入类营销也是网络游戏平台营销应用较早与较多的方式，植入技术也较为成熟。企业注重选择合适的网络游戏进行广告植入，同时要遵循品牌形象与游戏形象契合的原则，并不是说在游戏中可以随意表现产品或品牌信息，而是要兼顾品牌消费人群、游戏玩家、游戏内容之间的关联性，通常那些用户基数大、热门的网络游戏平台是进行品牌营销的主要选择。知名游戏交流网站——游戏邦列举了一些特定品牌适合植入的游戏类型（表 9-2）①。

表 9-2 特定品牌适合植入的游戏类型

游戏类型	适合植入的品牌类型
购物类游戏	服装类、时尚类品牌
城市建设、餐厅管理游戏	连锁餐厅品牌
夜生活游戏	娱乐传媒品牌
宠物游戏	娱乐传媒品牌
农场经营游戏	食品品牌、保险公司

① 阳翼. 数字营销：6 堂课教你玩转新媒体营销[M]. 北京：中国人民大学出版社，2015.

（一）场景植入

场景植入包括在游戏地面、墙面、建筑物背景、广告牌等背景的广告植入，玩家置身于广告场景中，产生如同在现实中看到了某广告墙或广告牌的效果。游戏场景画面的植入是最基本、最简单的网络游戏营销形式。例如，在《荒野行动》游戏的道具车上贴有网易云音乐、网易严选等产品的广告（图 9-3）；《终结者 2：审判日》游戏的开场飞机上印有京东的标识；《反恐精英》在游戏墙壁上植入了维尔福软件公司的广告牌；《魔兽争霸》在其各大赛事的地图上，在险要的位置植入了 PPlive、鹰牌花旗参等广告信息；《疯狂飚车》游戏中赛道上出现大幅米其林轮胎广告等（图 9-4）。

图 9-3 《荒野行动》游戏中的网易云音乐 LOGO

图 9-4 《疯狂飚车》游戏中的米其林轮胎 LOGO

单纯的场景植入的实质是在游戏环境中布置广告宣传展位，让玩家在含有广告信息的环境中进行游戏，不断地将广告信息暴露在用户视野中，虽然提升了信息的曝光率，但缺乏与用户的深层次互动与交流。

（二）产品植入

产品植入在游戏中将产品以游戏道具的形式植入，游戏中人物穿着现实中的品牌衣物，使用现实中存在的品牌物品。产品植入方式能够给企业提供和消费者互动交流的机会，还有助于提升用户的游戏体验。玩家在游戏中对该道具不断使用，反复接受品牌或产品信息，能够激发玩家对产品或品牌的认知，从而加强消费者对品牌或者产品信息的记忆。例如，京东、百度外卖便是以道具的形式植入《终结者 2：审判日》游戏之中，在游戏中带有京东 LOGO 的盒子里有 8 倍镜、3 级头等高级装备，玩家在游戏中使用的百度外卖医疗包等；摩拜单车、ofo 小黄车则分别作为《穿越火线：荒岛特训》和《终结者 2：审判日》游戏玩家的交通工具；《灌篮高手》游戏中运动员就穿着耐克公司的篮球鞋；《合金装备 4》中游戏角色喝了日本知名品牌健身饮料后马上能够满血复活；开心网《抢车位》中宝马、奥迪产品植入作为道具等。但是该类植入模式对产品或品牌的限制极高，一般都是把与游戏有相关特性的产品与游戏结合。游戏运营商需同商家协定，在一定条件下为广告商更改游戏的道具、任务系统、地图、NPC、背景等。例如，京东在“双 11”时包下了《终结者 2：审判日》游戏里面开局出现的运输机，将机身设计成红底白字的京东标志，在游戏中格外显眼（图 9–5）。

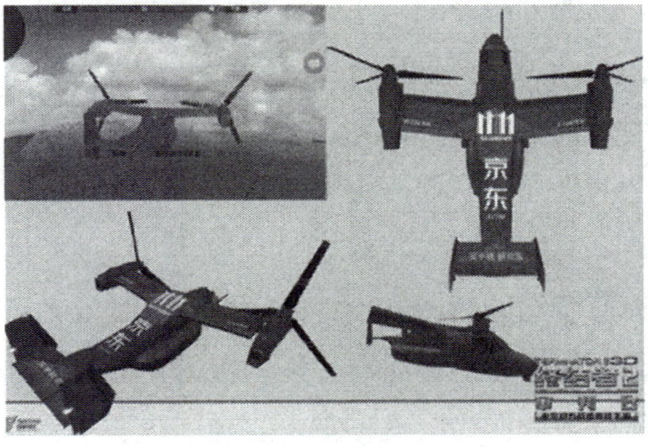

图 9–5　《终结者 2：审判日》游戏中的京东“双 11”运输机

将产品作为道具植入可以将游戏变成产品展销台。玩家在网络游戏中为了完善自身形象，经常需要选择或者更换装备及道具，因此某些游戏便可以把游戏工具箱变成产品展销台，让玩家在挑选游戏道具时如同逛商场看货架一样，如在《街头篮球》的百宝箱中展示的耐克运动鞋（图 9–6）。

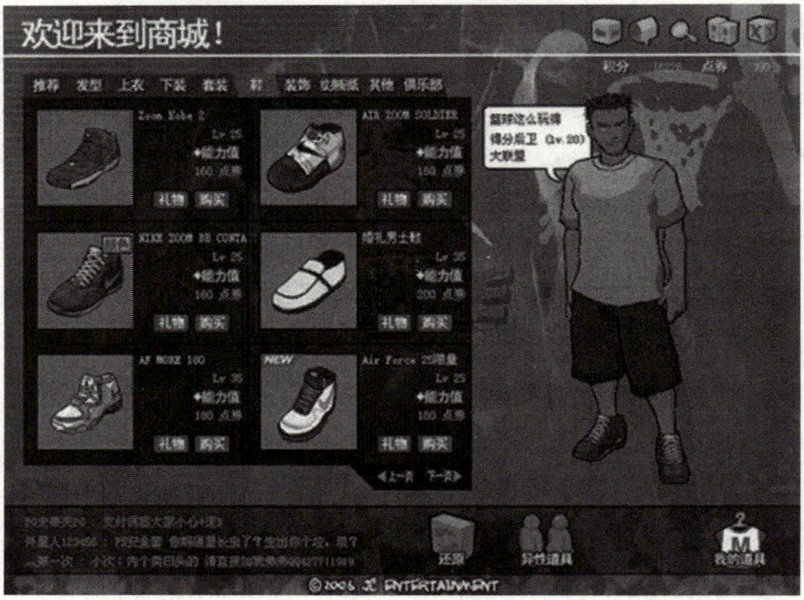

图 9–6 《街头篮球》游戏中耐克运动鞋展示柜

（三）情节植入

情节植入即把产品作为游戏的一部分，直接融入游戏的内容中，将游戏情节做成广告片。例如，麦当劳在“模拟人生网络版”游戏中的广告，游戏玩家在游戏中可以进入麦当劳店铺购买各种食物，甚至和现实中一样，可以坐在店铺里就餐，还可以在游戏中的麦当劳店里打工赚钱。情节植入对于新产品上市具有较好的宣传效果，通过将产品信息植入游戏的情节中，可以很详尽地把产品工艺、原料成分和品质标准等直接向消费者展示，使受众对品牌或者产品的功能特性有更深刻的认识和记忆。例如，乐事薯片在《乐事农场》中把种 100%优质土豆、生产乐事薯片、销售乐事薯片作为游戏的主要内容，玩家在玩游戏、种植土豆的过程中，要定时浇水，不能施肥，才能种出 100%的优质土豆，在生产乐事薯片的过程中不能添加任何防腐剂，生产出来的薯片才能当作乐事薯片来卖（图 9–7）。这个植入式广告成功地告诉消费者：乐事薯片是由 100%优质土豆制作而成，且不含任何防腐剂。

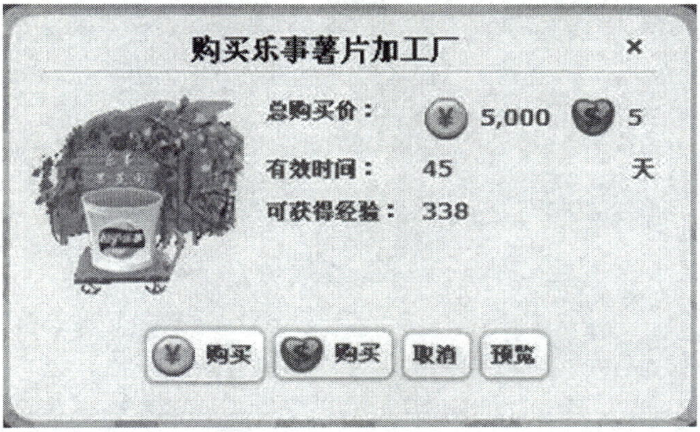

图 9–7　《乐事农场》游戏中乐事薯片加工

（四）促销信息植入

促销信息植入是网络游戏运营商与广告主合作制定促销战略以达到双赢目的的行为。植入的方式多种多样，既有把优惠券、打折卡、代金券等促销方式植入游戏中的促销券实物植入，也有弹出式的互动问答，网络游戏中玩家按照设定回答有关该活动或品牌信息的问题，回答正确就可以获得相应的游戏奖励，玩家通过游戏可以在现实生活中得到购物优惠。例如，在《宠物王》游戏中打怪，就有机会获得从怪物身上掉下来的必胜客打折券或者免费吃比萨的福利，此类植入方式可以说是较为简单，但是却可以比较有效地传达促销活动的信息，引发玩家主动获取促销信息，前提是品牌商所给予的诱惑要有足够吸引力。促销券实物植入指的是在游戏中通过游戏获得优惠券或者积分。例如，肯德基在开心网《吸乐无穷》游戏中的促销植入，玩家可以把游戏中获得的优惠券直接打印出来，到现实的肯德基店中使用，或者反其道而行之，在现实生活中购买的产品能够免费用于游戏中的虚拟世界。例如，《梦幻西游》与营养快线合作植入的第一款广告便是采用此种方式，只要在现实生活中喝营养快线并在游戏中找到特定的 NPC 输入条形码即可获得虚拟营养快线一瓶，使用该物品可以获得一定的双倍经验奖励（图 9–8）。[①]采用此种方式的关键是要保证产品的目标消费人群与游戏玩家具有高度的重合度。

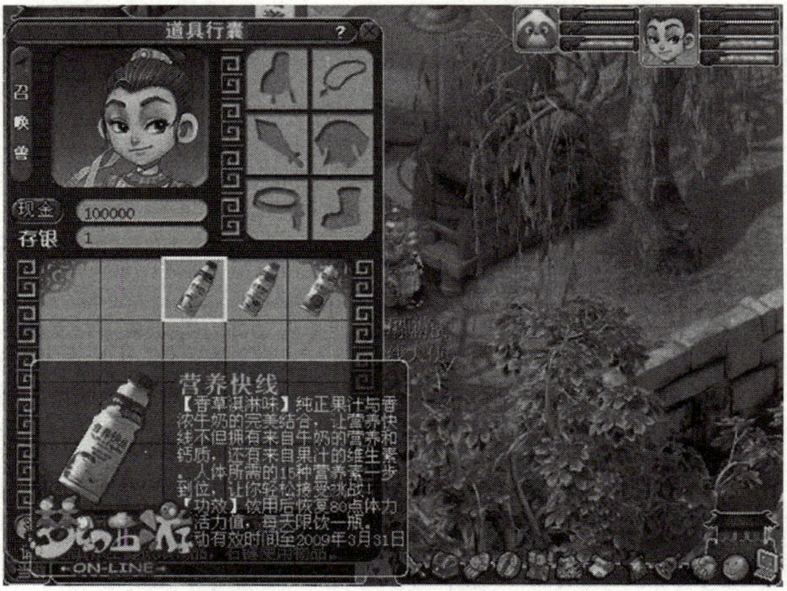

图 9–8 《梦幻西游》与营养快线合作

（五）模拟体验植入

模拟体验植入的方式就如同模拟股票交易一般，在游戏中能让玩家模拟体验到使用产品的真实感受，游戏中提供的产品所有参数、技术等均按照实际产品参数设定，其中也包括购买价格及市场状况等。例如，在赛车游戏《飚车》中，米其林轮胎作为赛车配件之一，所有的轮胎参数全部按照米其林轮胎的真实参数制作，因此玩家在决定购买自己想要的轮胎时，自然而然地就能通过游戏了解所有米其林轮胎的性能；《天天飞车》游戏中，上海通用将其旗下现实存在的四款经典车型——别克英朗 XT、凯迪拉克 ATS、雪佛兰科迈罗，以及最新加入的新福克斯植入游戏，供玩家体验（图 9–9）。对于玩家来说，在虚拟的手游世界中操

① 陈丽群，冯鹏. 从《梦幻西游》看 RPG 网络游戏植入式广告[J]. 商场现代化，2012，（12）：43–44.

控“大黄蜂”的感觉想必也非常奇妙，这四款车型的性能、特色通过游戏能直接被玩家所感知，并在体验中给玩家留下深刻印象，同时游戏的画面感又增强了玩家的感官刺激，让玩家在游戏中体验到驾驶上海通用汽车的感受；对于武器迷而言，《小米枪战》则是一个了解各种枪支武器的绝佳平台，《小米枪战》游戏不仅让玩家在游戏中体验到各种武器的威力，还增添了武器测评和武器百科两个板块，使玩家能够全面了解各个武器的功能。

图 9-9 《天天飞车》游戏中的上海通用车型

（六）电子商务融合植入

此类植入方式将线上线下完美结合，玩家在游戏过程中便可及时购买中意的产品，使消费者从浏览产品到购买的整个行为都包含在游戏之中。而且突破了传统游戏平台植入广告仅仅具有广告功能的特性，逐渐承担起越来越多、越来越直接的营销任务。不单单将网络游戏平台作为宣传推广品牌或产品的渠道，还与电子商务融合来拉动商品的实际销售。例如，American Apparel 于 2006 年 6 月在《第二人生》里开设了一家虚拟店铺，公司无须雇用销售人员，顾客只需点击他们想购买的产品，然后在线完成交易即可。同样在《第二人生》游戏中，IBM 与全美最大的百货零售连锁店 Sears 合作，布置了家用电器的展示房间，用户在参观的同时，可以直接点击感兴趣的产品，即可进入该产品的 Sears 网站链接，直接在线上完成交易（图 9-10）。如果用户遇到使用上的问题，也不必通过拨打客服电话咨询，直接向网络中的虚拟客服人员请教就可以了。电子商务融合植入将展示、购买、售后整个营销服务统一进游戏中。

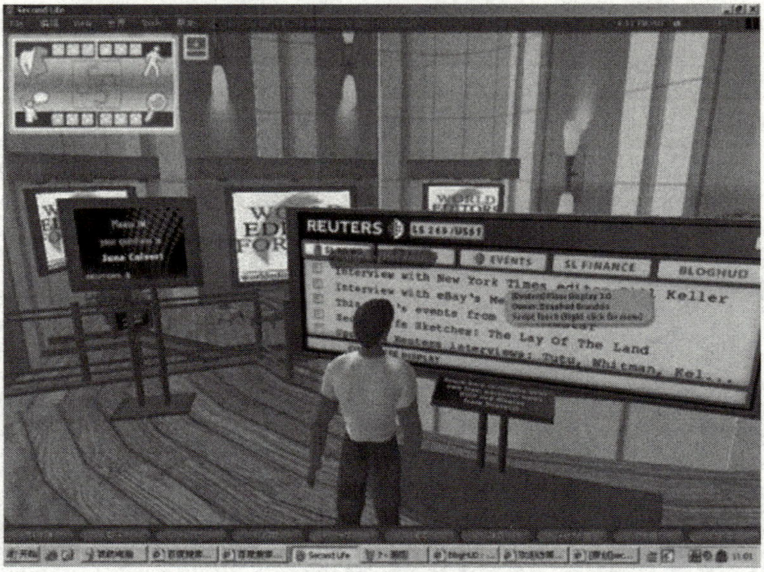

图 9-10 《第二人生》游戏中 IBM 产品展示场景

二、网络游戏平台定制类营销模式

随着游戏制作技术的发展，网络游戏制作成本降低，制作周期缩短，排除游戏内容的要求，单从技术而言，制作一款网络游戏逐渐变得简单可行。一些企业开始定制游戏来进行产品或品牌的营销推广，游戏定制成为一种重要的营销模式。此类营销模式专门为传播品牌、宣传产品而开发制作游戏，这种游戏的开发制作完全由企业主导，游戏完全是为企业营销活动而服务的，能够克服游戏体验与产品展示之间的矛盾。因此需要游戏在设计上具有吸引力，游戏体验上能够满足玩家的需求，让玩家对游戏充满好奇心。在社交网络游戏兴起以前，定制游戏主要以网页游戏的形式存在，如开心网、人人网开发的网页游戏。而在社交平台兴起之后，基于社交网站平台的第三方游戏插件和游戏 APP 成为定制游戏的主要形式。例如，中粮的定制游戏《中粮生产队》就是人人网平台上的游戏插件（图 9-11），在《中粮生产队》游戏中，福临门玉米油生产过程中的“采收”环节，种植、照料、采收、压榨、运输构成了福临门玉米油完整的产业链游戏，除了福临门玉米油，《中粮生产队》还定制了另外 4 个中粮旗下的产品游戏：福临门大米、长城葡萄酒、金帝巧克力、五谷道场方便面；阿迪达斯的定制游戏——《夺宝奇兵》则属于游戏 APP，目的是推广该品牌旗下的清风系列跑鞋。

图 9-11　中粮定制的《中粮生产队》游戏

值得注意的是品牌定制游戏需要制订完整的推广计划，需要更多的用户接收到有关该游戏的信息。整合多种营销渠道推广品牌定制游戏是成功的关键，借此扩大营销效果。例如，《中粮生产队》大量宣传造势，扩大影响力，通过链接的方式，玩家可以在 QQ、论坛、邮箱等界面随时玩游戏；《夺宝奇兵》通过产品路演、门店活动、地铁 LED 二维码、电视广告等营销手段一起发力。社交媒体成为企业推广品牌定制游戏的首选途径，倾向于让玩家主动分享传播。从游戏公告到游戏的情节设定，再到各品牌游戏的分享、邀请好友等活动的安排，都体现了社交功能在游戏中的不断加强。就目前而言，几乎所有的游戏都有好友间相互赠送、邀请、排名、点赞、相互挑战等社交性很强的功能设置。杜蕾斯定制的一系列品牌游戏将微信、微博等社交媒体宣传运用得极好。

三、网络游戏平台 R&V 真实虚拟交错性营销

新技术的出现使网络游戏平台营销突破简单的贴片广告、场景植入、产品

展示等方式。R&V 是一种整合现实资源和虚拟资源，将现实与虚拟相结合的全新商业模式[①]。现实与虚拟相互交融，真实世界中的产品进入虚拟世界，或者是从虚拟世界中衍生出现实产品，现实与虚拟的交错给用户带来强大的冲击与震撼[②]。在移动化的趋势下，网络游戏搭载 AR 和 LBS 技术，使网络游戏平台营销有了新的形式。AR 与 LBS 技术在网络游戏中的应用能够将虚拟网络游戏体验和玩家的线下活动随时联系起来，从而为玩家提供更好的游戏体验，增加玩家对游戏的黏度，能够直接推动玩家产生现实的行动，进一步扩大营销效果。例如，杭州天畅网络科技有限公司与旅游景点飞石岭合作，专门开发出一个仿真的全三维飞石岭游览地图，把整个飞石岭虚拟景点植入全 3D 民族网络游戏《大唐风云》中，从而达到一种身临其境般的网络旅游奇效。凡是体验过网络旅游的人，都渴望实地游览一番；凡是体验过实地风景的人，也希望能通过网络旅游获得新体验。宝马在斯德哥尔摩为 MINI Countryman 进行新车推广时就是利用 AR 和 LBS 技术。阿迪达斯在 2012 年为其新款清风系列跑鞋定制的品牌游戏《夺宝奇兵》中也采用了类似的游戏装置。这些技术应用使网络游戏平台的营销变得更加有趣、形式更加多样化，玩家的参与性更强。

第四节　网络游戏平台营销应用

网络游戏平台逐渐兴起，带来网络游戏平台营销的风潮。一些著名品牌开始频频涉足网络游戏平台的营销，在美国模拟游戏《第二人生》中，有包括 IBM、戴尔、Sun、耐克、索尼、丰田在内的许多知名品牌入驻。而在中国 2017 年底“全民吃鸡”的一系列游戏中也有京东、网易、百度、小米、摩拜、ofo 小黄车等多种品牌纷纷加入。

---

① 刘东明. 网游植入广告之“六脉神剑”[J]. 广告人，2008，（9）：216–218.

② 张鹏. 网络游戏的广告植入策略探析[J]. 今传媒，2018，（10）：101–103.

一、网络游戏平台营销的应用模式

从营销活动的主体来看，网络游戏平台营销的应用模式包括游戏运营商主导运行、游戏运营商与品牌商协同运行、品牌商主导运营三种模式。

（一）游戏运营商主导运行

游戏运营商主导的运行方式即基于其代理的网络游戏具有庞大的用户基数，企业看中该游戏人群的价值，希望通过该运营商旗下的网络游戏平台扩大其知名度。此时，游戏作为主角，平台营销不能以损耗游戏体验为代价。例如，腾讯游戏兼顾研发商和运营商两种身份，同时又有多样化传播平台和数量庞大的用户群体，使其受到可口可乐、肯德基、M&M 豆、仁和、蒙牛、盼盼等国内外许多知名企业的青睐①。

（二）游戏运营商与品牌商协同运行

协同运行即游戏运营商与品牌商联合对游戏与产品进行交叉推广。游戏运营商用产品宣传游戏（如将游戏印在可乐瓶的边缘），同时，游戏将产品（一瓶可乐）作为虚拟道具，这是一种廉价甚至免费的方式，可以使游戏获得额外的推广，同时也可以帮助品牌进行产品的宣传。此外，游戏中植入的产品在游戏中被出售，从而也会给品牌赋予价值，品牌也可以成为游戏增加收入的力量。然而为了进行这种交易，游戏必须是成功的，并且有忠实的粉丝基础。例如，《大唐风云》与绿盛牛肉干的合作，天畅科技为绿盛牛肉干选择了游戏中的太平公主作为形象代言人，在游戏中开设“绿盛牛肉店”，出售“绿盛 QQ 能量枣”，玩家吃了能补充体力，这是一个非常实用的道具，跟绿盛牛肉干本身的卖点相吻合，同时绿盛将自己所有的食品包装袋和其他宣传资源贡献出来，为《大唐风云》大做广告。双方在自己的产品中嵌入对方的产品信息，并在今后的营销推广活动中尽量将对方纳入其中，以最小投入赢得最大回报。

---

① 刘义. 网游营销：融合创新的互动商业艺术[J]. 成功营销，2007，（11）：88-89.

（三）品牌商主导运营

品牌商主导运营通常在品牌定制游戏中出现，即品牌商同游戏开发商合作，根据品牌营销需要开发符合营销需求的游戏产品。此时游戏开发商仅仅负责游戏内容的研发，而网络游戏平台则成为宣传该品牌的一种媒介，一种与用户互动、增强用户黏性的工具，依照品牌商的营销目的展开活动。例如，戴姆勒克莱斯勒旗下的 Jeep 子公司为了促销汽车,为汽车量身定做了一款电子游戏。

二、网络游戏平台营销应用实例

网络游戏作为一种重要的娱乐方式，适当的玩耍能带给人们愉悦与放松，然而网络游戏的功能并不局限于此，随着网络游戏的流行，营销活动开始登上网络游戏平台。下面介绍两个利用游戏平台营销的案例。

（一）伊利舒化奶联手《人人餐厅》游戏开创乳品消费新模式

《人人餐厅》是人人网上继《开心农场》《阳光牧场》之后，又一款广泛流行、高参与、高互动的社交游戏，数据显示：《人人餐厅》APP 游戏曾经拥有注册用户数近 700 万，日均活跃用户超过 100 万。目前，《人人餐厅》游戏已被人人网正式关闭。

伊利舒化奶将目标人群锁定为在生活或者工作中面对双重压力的都市白领人群，该部分人群对健康尤为看中，也乐于为此“高价买单”。伊利在深入研究 SNS 用户群体的价值和行为特征后，选择与人人网进行合作，将产品理念植入当时正火的《人人餐厅》APP 游戏中。

在《人人餐厅》这款 APP 游戏中，伊利舒化奶作为游戏的一部分贯穿游戏始终。《人人餐厅》游戏平台也为伊利舒化奶提供了三种创意性的营销方式，将伊利舒化奶全方位地融入游戏之中与用户频繁接触。

第一，作为游戏的道具植入。

雇员补充体力道具：补充体力道具是《人人餐厅》用户每日最常用的功能之一，只有按时给自己雇佣的好友补充体力，餐厅才能正常营业，与伊利舒化奶“营养好吸收”的卖点完美结合，用户的使用频次极高，利于深度的记忆（图 9–12）。

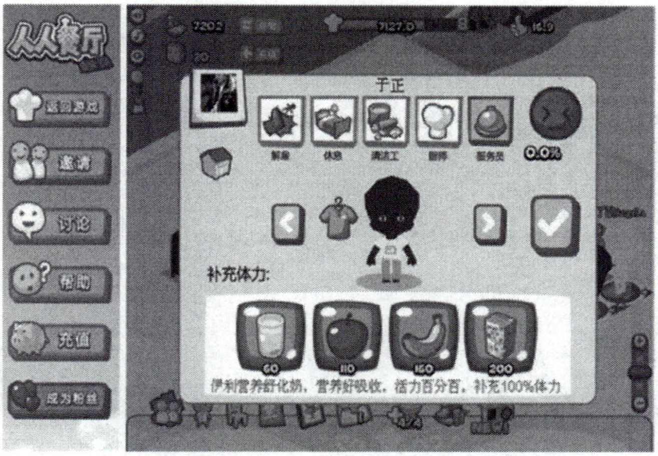

图 9–12　伊利舒化奶作为《人人餐厅》游戏道具

第二，融入游戏的情节式植入。

伊利舒化奶菜谱：学菜谱也是用户的一项主要任务，菜谱中所需的所有牛奶食材都为伊利舒化奶，不但增加了产品的曝光率，而且也给用户提示了更多食用伊利舒化奶的方式方法（图 9–13）。

图 9–13　伊利舒化奶作为《人人餐厅》游戏情节

第三，作为标志的场景式植入。

街道路牌：通过背景植入的方式，提示了明确的产品诉求信息，使软性的功能性深度植入与硬性的明确诉求说明相得益彰，曝光、认知、记忆全部实现（图 9–14）。

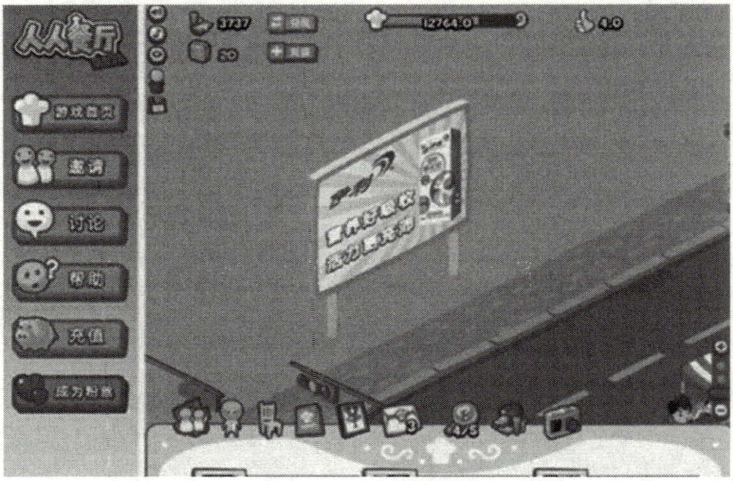

图 9–14 伊利舒化奶作为《人人餐厅》游戏场景

在游戏推出的第一个月内，伊利“营养舒化奶”就作为补充体力的道具共被使用超过 1.7 亿次。以“营养舒化奶”为食材的用户累计超过 1.6 亿人次，并有超过 200 万人次用舒化奶制作新菜品，在好友餐厅之间的街道上设置无干扰广告牌对累计超过 4 000 万人次的参与用户进行曝光。伊利借助 APP 游戏平台和人人网精准的目标用户匹配，成功形成了正向的产品体验和口碑传播，同时也为白领阶层开创了一种乳品消费的新潮体验模式，寓买于乐，从游戏中轻松获得产品信息。

在《人人餐厅》游戏中，伊利将“营养舒化奶”设置为“补充体力”的必要道具，用户在使用之后能够瞬间恢复体力，用最直观、最有效的方式讲述“舒化营养好吸收”的实际特色。伊利将产品理念融入《人人餐厅》游戏中，将产品功能关联到游戏环节，促使用户在参与游戏的过程中，全面体验“营养舒化奶”带来的种种利益，使“舒化营养好吸收”的核心诉求也随着大量用户的参与，得到进一步的认知与认同。

（二）“吃鸡”游戏中画风清奇的植入式广告

2017年年末一波“吃鸡”手游风靡全国，由网易、小米、腾讯等分别推出的《终结者2：审判日》《小米枪战》《光荣使命：使命行动》被各类品牌所看重。谈论“吃鸡”游戏中植入的广告，便不得不提到《终结者 2：审判日》游戏推出时，在道具车上贴出的“补漏”“防水”的生活化词汇，正是由该“补漏车”开始，一波“吃鸡”游戏中便出现了各种画风清奇的植入广告。

在“吃鸡”游戏中最直接的广告植入方式便是贴片广告，而小米的 2017 感恩季活动——送100万张100元现金券则将场景植入的贴片广告与促销活动信息植入相结合，实现了小米品牌形象传播与小米产品销售的双赢。2017 年 11 月中旬小米互娱发行的 3D 枪战手游《小米枪战》正式开启公测，吸引了百万用户的参与，自然而然《小米枪战》游戏成为小米进行营销推广的平台。2017 年 12 月中旬，《小米枪战》官方通知停服一小时更新，让许多玩家以为期待已久的大地图百人作战就要上线了，然而只是将《小米枪战》中的软文广告变成了硬性广告。《小米枪战》游戏为响应小米 2017 感恩季活动，在该游戏的降落伞和屋顶上均植入了小米 2017 感恩季广告。《小米枪战》游戏中植入的小米广告不仅将小米感恩季活动信息告知米粉，而且也传递到那些不是米粉的玩家眼中，使感恩季活动在受众之间广泛传播。

2017 年 11 月 4 日，网易打造的《终结者 2：审判日》全平台首发。该游戏与京东、ofo 小黄车、百度外卖等厂商平台合作，采用道具植入的营销模式，为京东制作的是带有京东 LOGO 的盒子，里面包含如 8 倍镜、3 级头等高级装备；百度外卖则以恢复道具的形式出现，玩家在游戏中拾取并食用百度外卖包可以恢复生命值；更新版的《终结者 2：审判日》游戏中还植入了 ofo 小黄车，作为游戏中的交通工具，玩家在游戏中便可模拟现实扫码以实现骑车（图 9-15）。该游戏采用定期更新广告植入的方式，不仅没有让玩家感到反感，还能够通过广告的表达形式，让玩家在会心一笑的同时，达到宣传和推广产品的目的，也让玩家对游戏内容的变更保持好奇心和新鲜感，避免了常态化的植入广告会出现影响玩家游戏体验的风险，同时在一款游戏中可以选择植入更多的品牌广告，增加游戏运营商的盈利。

图 9-15 《终结者 2：审判日》游戏中定期更新的植入广告

延伸阅读

一、网游收费模式大探讨，http://games.sina.com.cn/ng/sfms/

二、公测在即，细看《终结者 2：审判日》“吃鸡”生态成长之路，http://www.sohu.com/a/ 219892419_267123

三、艾瑞网，2017 年中国网络游戏社会化分发白皮书，http://report.iresearch.cn/report/201706/3014.shtml（可下载）

四、艾瑞咨询，2018 年中国电竞行业研究报告，http://report.iresearch.cn/report/201802/3147.shtml（可下载）

五、艾瑞咨询，2017 年中国网络游戏行业研究报告，http://report.iresearch.cn/report/201704/2982.shtml（可下载）

第十章　垂直网络平台营销

2013 年 12 月 11 日，垂直类汽车服务网站——汽车之家在美国上市，开盘价为 30.16 美元，首日收盘价为 30.07 美元，较 17 美元的发行价上涨约 76.88%。以收盘价计算，汽车之家的市值约为 31.6 亿美元，表现良好。一时间，垂直网站的巨大潜力让人侧目。垂直网站是将自己注意力集中在某些特定的领域或某种特定的需求，提供有关这个领域或需求的全部深度信息和相关服务的网络平台。不同于第一代门户网站，垂直网站平台的注意力更加集中，更像是某一类行业在网络上的全面展示。像体育、宠物、摄影、军事、在线教育等领域，都潜伏着一批发展空间巨大的垂直网站。

第一节　垂直网络平台概述

随着数字技术的发展与市场竞争的加剧，互联网行业向着细分化与垂直化的方向发展。传统的综合性门户网站发展受阻，而一些行业垂直网站却呈现出欣欣向荣的发展态势。

一、垂直网络平台的发展

互联网的发展经历了由传统的门户网站向行业细分的垂直网站转变的过程。早期以雅虎、新浪、搜狐、网易为代表的综合型门户网站引领互联网的发展，然而进入互联网发展的“下半场”，各类行业垂直网络平台异军突起，成为互联网领域的佼佼者。

（一）快速发展的互联网产业

进入 21 世纪以来，互联网飞速发展，逐渐形成了四大核心业务，分别是：以百度、Google 为代表的搜索引擎业务；以京东、阿里巴巴为核心的电子商务业务；以盛大、联众为代表的网络游戏业务；以爱奇艺、优酷为代表的信息网络视频业务。中国互联网发展呈现出四大发展趋势。

一是从单一化向多元化的扩张。和许多传统业务一样，中国互联网产业在继续保持核心业务的同时，也在追求多元化的发展。例如，腾讯以社交起家，其业务模式逐渐发展，通过所拥有的大量成熟的用户，不断地向电子商务、社交媒体、娱乐、资讯等发展，多元化的成长已经成为中国互联网产业发展的一种方向。

二是门户与搜索的融合。门户网站是中国互联网产业的先行者，最初的业务是内容和资讯的展示，但是太多的信息生产所形成的海量信息，让消费者陷入选择困境，各大门户网站不断升级和改进搜索服务，方便用户检索查找需要的信息。以百度和谷歌为代表的搜索引擎已经成为新型门户网站，而各大门户网站也都有相应的搜索入口。

三是从大众向分众的渗透。互联网最初面对的是没有细分的受众群体，而在服务逐步细化之后，有特殊需求服务的人群开始寻找中小垂直媒体，其在网络经济中的地位日益提高。垂直最主要的特点或者价值点，就是分众。分众不仅能体现媒体价值，还可以渗透到其他商业领域中，包括电子商务、社区等，其延伸出来的市场空间巨大，充满无限想象力。

四是从信息服务向生活服务的推进。在 Web 1.0 时代，海量信息是互联网的典型特征，互联网主要提供信息服务，因此信息内容是战略制高点的一个核心环节，内容无论是来自传统媒体，还是网民，或是来自其他途径，其重要性都是不言而喻的。进入 Web 2.0 时代，互动、交流、分享成为互联网的主要特征，博客、社区等应用日趋深化，网络应用向个性化和互动化发展。在今天 Web 3.0 时代，生活服务化是互联网最为重要的特征，互联网已经深入人们生活的方方面面，全方位改变人类生产生活方式与思维方式。

（二）垂直网络平台的兴起

随着中国互联网服务的纵深发展，网络应用逐渐向各行业深入，网络服务垂直化已经成为发展趋势。根据中国互联网络信息中心的数据，截至 2017 年 6 月，网络音乐用户规模达到 5.24 亿人，比 2016 年底增加了 2 010 万人；在线教育用户规模为 1.44 亿人，比 2016 年底增加了 662 万人，半年增长率为 4.8%；商务交易类应用持续高速增长，网络购物、网上外卖和在线旅行预订用户规模分别增长 10.2%、41.65%和 11.5%[①]。随着中国网民整体的成熟度的提高及数量的增长，网民对垂直服务的需求呈现出一个比较乐观的高成长趋势。

垂直类网站最初由网络和社区论坛发展而来，通过互动、评论和发表意见吸引不少用户注册。垂直网站发展初期并不顺利，发展速度偏慢，赢利模式较为单一，最早想走内容加广告的道路，这个模式是传统媒体最常用的方式，但是发现网络广告业务较难开展，因为刚刚兴起的垂直网站一没名气，二来流量也不高，广告售卖不容易。经过一段时间的摸索之后，垂直网站积累了庞大的用户，也构建了比较紧密的用户关系，它们流量变现的思考和实践也就多种多样：有的是通过精准广告（19 楼），有的是通过赛事活动（虎扑、丁香园），有的是通过培训（CSDN），有的是通过电商（铁血网），有的希望构筑平台（狗民网、中顾网和沪江网）……不管怎样曲折，它们终于把内容—用户—关系—营销这一赢利模式走通了。

二、垂直网络平台的类型

根据不同的分类标准，垂直类网站可以分为不同的类型。而根据行业来分，有服饰、建筑家居、房地产、财经、3C、律师、医疗等。根据兴趣来分，有鲜花、宠物、体育、军事等。下面简单介绍几个当下发展比较快的垂直类网站。

① 中国互联网络信息中心. 第 40 次《中国互联网络发展状况统计报告》[EB/OL]. http://www.cnnic.net.cn/hlwfzyj/hcwxzbg/hlwtjbg/201708/t20170803_69444.htm，2017-08-03.

（一）IT 类垂直网络平台

IT 类垂直网络平台持续快速成长，2007~2010 年，中国 IT 类网络媒体数量规模总体呈上升趋势，总体收入进一步增长，增幅在 10%左右，处于成熟期，如果仅从媒体角度来经营这类网站，它的成长性就很稳定，不会再有新生力量爆发出来。中国 IT 类网络媒体总收入的增长率高于媒体数量规模的增长率，说明企业对 IT 类网络媒体的关注程度在加大。目前企业网络营销策略已向精准化方向发展，IT 类垂直网络媒体具有准确定位用户等独特的媒体影响力。

（二）房产类垂直网络平台

房产类垂直网络平台发展迅猛，逐渐成为一个细分的互联网行业，如搜房网、安居客、新浪乐居、搜狐焦点网等。搜房网、搜狐焦点网的覆盖人数比较多，但是月度有效浏览时间黏性较低，不过也有例外，如深圳房地产比较本地化，所以覆盖人数比较少，但由于本地化服务更具针对性，用户黏性比较高，所以本地化的垂直网站也有自己的特点。

（三）财经类垂直网络平台

中国财经网站处于快速成长期，目前中国财经网站的目标主要为个人用户市场，个人投资理财用户基数庞大，所以个人用户市场潜力巨大。在股票市场带动下，中国股民对财经信息服务需求的日益增强。随着近几年兴起的互联网金融服务，财经网站已成为备受风险投资关注的网络服务领域。

（四）分类信息类垂直网络平台

分类信息是很多业内人士比较看好的垂直网络平台。分类信息为用户提供最直接的信息服务模式，很有发展前途，当然这种分类要做好，需要积攒或积蓄的时间比较长。中国分类网站才出现几年，还需要继续沉淀。目前口碑网的用户满意度是比较高的，此外就是 58 同城和赶集网。

第二节　垂直网络平台营销模式

垂直网络平台聚焦于某一细分行业，精耕细作，积累了大量的数据资源与经验优势，成为互联网行业的重要分支。垂直网络平台可以与企业开展深度合作，为用户提供专业化服务，形成了网络媒体、网络社区等商业模式。

一、垂直网络平台的商业模式

垂直类网站要实现可持续发展，必须有自己的商业模式和赢利模式。从目前垂直网站的发展状况来看，主要有以下几种商业模式可供借鉴。

（一）网络媒体商业模式

网络媒体商业模式参考的是传统大众媒体的商业模式，也就是我们通常所说的“二次售卖模式”，首先通过提供信息或社区等服务，聚集特定受众人群，将内容售卖给受众；其次向对特定众人群感兴趣的广告主售卖广告位或公关稿件，从而获得盈利。

目前，大部分垂直网络平台的主要收入来源依赖于媒体商业模式，这也是垂直网络平台赢利的基础，广告收入成为垂直网络平台的主要盈利来源。由于企业的青睐，垂直网络平台在广告经营方面取得了一些成绩和突破，极大地改善了其经营状况和品牌形象。同时，垂直网站所获得的用户流量和网站黏性，也是网络媒体商业模式运行的基础，该商业模式中的关键成功要素就是内容与流量，由此引导的广告销售模式也是大部分垂直网站必走的一步。

（二）网络社区商业模式

网络其实是一个虚拟社区，垂直网络平台所经营的最大的资源亦是如此。网络社区商业模式是通过为虚拟社会中不同网民的各种需求提供不同的产品和服务，从而获得相应的收益。我们可以从综合门户网站的发展经验看到：一些门户网站依靠其庞大的网民资源和社区资源，形成了庞大的消费群体，通过提供一些相应的服务获得了不错的收益，网易就通过向其用户提供网络游戏获得了较高的商业收益。

在垂直网络平台中，将社区资源应用较多的是汽车类垂直网站。一方面，汽车生产厂商和经销商都非常希望获得客户信息并建立与客户之间的沟通平台，汽车垂直网站可以考虑运用 Web 2.0 的思想，通过 Web 2.0 社区收集用户的各种反馈和信息。例如，进行消费者满意度调查，即消费者对于金融、保险、租车等汽车衍生服务态度的调查，进而使用语音、动画等多媒体方式帮助厂商构筑与客户互动交流的平台。另一方面，随着汽车普及率达到一定程度，相应的汽车生活方式也会逐渐普及，汽车贷款和保险、汽车旅游和汽车旅馆、汽车改装、停车场、养车修车、汽车用品等服务将会越来越丰富。如果能够将相关的信息整合到一起，为消费者提供方便而且全面的信息比较平台，甚至交易平台，汽车类垂直网站将可以在此基础上发展出各种各样的盈利方式，如会员年费、第三方信用平台费用、交易提成费等。

（三）专业化商业模式

专业值得人们信赖，通过信赖才能产生相应的商业价值。专业化商业模式指的是垂直网络平台专注提供某项特色服务，向消费者或者商业用户收取费用的盈利模式。专业化商业模式通常要求垂直网络平台与产业链上下游组织密切合作，从而帮助付费用户获得整体的解决方案。以汽车垂直网站为例，包括定位导航、二手车价值评估、消费者调查，针对细分市场的电子商务平台等，都属于专业化商业模式。

专业化商业模式的启动和运营需要满足如下条件：第一，切入点有足够高的门槛，如技术门槛、社区门槛。或者因为市场空间有限，导致巨头没有精力顾及。第二，进入时间准确，在需求没有成熟的时候太早切入将难以获得收入来源。第三，保持专注，不被短期机会分散精力。

（四）O2O 商业模式

线上线下的商业模式主要借助垂直网络平台的庞大用户群体，通过线上购买服务或产品，再到线下进行实际消费的模式实现盈利。O2O 商业模式将互联网作为沟通的主要接口，重点提供一些大范围联网性质的非互联网服务。以汽车垂直网站为例，提供租车、拖车、汽车旅馆、汽车电影、物流、金融保险、市场调查等线下服务。提供此类型专业服务的垂直网络平台通常是传统的线下服务公司，通过企业网络建设来优化自身的服务，也有一些垂直网络平台，将相关服务打包，紧密结合线下服务机构，开展相应的服务。

（五）多元化商业模式

做大做强是每个企业发展的必由之路，而多元化商业模式是实现这一目标的路径和方法。当垂直网络平台发展到一定规模时，为保持必要的核心竞争力，其有必要采取多元化商业模式，以求得更大的发展。但是，多元化商业模式也应当考虑到多元化与自身品牌的契合程度，应注意尽量使每一项业务都有助于提升自身的品牌价值和社区资源，同时，每一项业务也能在品牌和社区资源的基础上获得实际收益。各个垂直网络平台可以根据自身的实际情况，选择合适的商业模式，从而突破盈利瓶颈，实现发展，而不是单纯地看到什么赢利就做什么，对有损于品牌形象的市场行为，多元化很有可能会成为发展的阻碍。

二、垂直网络平台提供的产品或服务

从以上的介绍中，我们可以发现垂直类网络平台具有多种类型，覆盖不同行业。不同的类型和不同行业都会衍生出不同的产品或服务。从大体上看，我们可以将其分为以下几种。

（一）媒体类内容产品

媒体类产品，其实就是垂直网络平台所提供的资讯和信息。这与门户网站所提供的内容类似。以财经类垂直网络平台为例，它们所提供的第一层次的内容就是财经类的新闻资讯，这与门户网站专业频道的内容非常相似。例如，东方财富网作为中国财经资讯类的垂直网络平台，其主要的频道包括财经信息、与财经相关的要闻、评论、股票行情、基金信息、市场信息等。

媒体类内容所对应的营利性产品就是各种各样的广告形式。与门户网站相似，其广告产品和服务包括以下几种。

1. 文字广告

文字广告一般就是通过文字的形式发布的广告。文字的内容主要是企业的产品或服务，这种广告可以出现在页面的任何位置，比较灵活，它有文字链广告、分类广告等形式。

文字链广告是一段数字不等的文字，一般 5~20 个字符，有的称为标题广告。文字链广告有静态和动态之分，消费者看到不同的文字链广告后，可以通过点击进入详细的广告页面，这种方式比较简捷，使用范围比较广。

分类广告与传统报刊的分类广告相似，一般也是文字广告，通过不同的分类体现互联网的搜索和交互功能，具有定向投放和受众区分能力。

2. 图文广告

图文广告包括图片和文字，它主要以 GIF、JPG、Flash 等格式设计展示，具有动态、静态和交互式三种形式，吸引力较强，其形式有以下几种。

一是旗帜广告，也被称为横幅广告或 Banner 广告，是当前垂直网络平台甚至是网络广告中最为常见的广告形式。一般在网页的上下部或左右两侧。旗帜广告一般具有一定的规格，最常用的广告尺寸是 486×60（或 80）像素，类似一面旗帜在网页上，因此得名。旗帜广告的展示方式有轮换展示和买断展示。轮换是由几家广告主轮流展示自己的产品或品牌信息，买断则是由一家企业购买和使用，只展示自己的产品信息。

二是图标广告。一般由一个图案及简略文字组成，一般是品牌、产品名称或其他图标，具有提示和引导作用。

三是可移动的图片广告。这种也叫悬停按钮广告，是一种可以在网页上移动的图片广告，由于具有移动性，用户在浏览网页时会不自觉地跟随广告移动并点击查看。

四是弹窗广告。这种形式也称为插页式广告，它通常随着一个新打开的页面而弹出一个窗口来显示图文广告。

五是流媒体广告。这种广告形式采用了流媒体技术，可包含音视频及图文，可传递的信息更加丰富，内容也更吸引人。

六是画中画广告。是指在文章里强制加入了图片，或者是在新闻里插入了

Flash 动画广告，消费者在阅读文章时，不得不观看广告。

3. 动画和视频广告

垂直网络平台的动画广告也比较常见，这是以动画的形式制作和呈现的网络广告。这种广告形式要比我们常见的动画片短，其制作成本和表现内容都比较精简，和一般的视频类广告时间相似，多为 30 秒或 1 分钟，其格式大多是 Flash。

视频广告是随着网络带宽的发展而兴起的一种广告形式，网络视频广告是采用数码技术将传统的视频广告投放在网络上播放。网络视频广告根据播放方式和位置的不同，有网页视频广告、视频内容插入广告及独立式视频广告。网页视频广告是指在网页中存在的视频广告，可直接点击播放。视频内容插入广告是指在一个视频前、中、后插入的广告。独立式视频广告，其本身就是一个独立的存在，用户可随时点播或下载观看。

4. 软文广告

软文营销或推广是企业市场策划人员或者广告公司的文案人员，用精妙的文字撰写的“文字广告”①。软文广告也是广告的一种形式，相对于我们常见的硬性广告，它也指一些组织机构在媒体上刊登的，以提高企业知名度、美誉度为目的的一切形式内容，包括特定的报道、深度文章、人物传奇、人物访谈或案例分析中的企业信息等。软文广告的特征就是一个“软”字。它以有形的内容来传达无形的广告，虽然没有强烈的推荐，却具有润物细无声的效果。

软文广告的主要作用在于提高企业或品牌的知名度和美誉度，大量隐性企业或品牌信息的浸入，让消费者不知不觉地感受和喜欢上品牌。而在垂直网络平台上的软文更是可以和企业网站结合起来，引导用户前来观看更深入的信息。

软文广告具有很多优点，最主要的是成本较低，与硬性广告相比，软文广告甚至可以不花一分钱，只要写得好、有意思，就可以引发读者的共鸣，效果甚至比硬性广告还要好。软文广告还具有隐蔽性，软文一般而言都没有刻意将自己的广告意图暴露，它将要宣传的内容嵌入文字或文章里面，从不同角度来叙述，让消费者在知识性、趣味性阅读背景下看到，很具有隐蔽性。另外，由

① 谭贤. 新网络营销[M]. 北京：人民邮电出版社，2015.

于是软性文章，它的内容具有可读性，通常以诙谐、幽默的文字，或者是讲故事的手法来展开，内容也是以消费者为核心，让人容易接受，具备较强的吸引力。最后就是可信度高。软文广告没有直接宣传推广自己的产品或服务，它通过包装将自己的信息隐藏在故事或者是情境中，较容易获得消费者的认可，可信度较高。

5. 互动游戏广告

网络游戏也是一种垂直网络平台，在游戏开始前、游戏进行中及游戏结束时，都可以插入相应的广告，或者是根据企业的需求定制广告。当然，某些特殊的游戏可以根据游戏的场景进行一些企业产品或服务的直接植入，如赛车游戏，游戏制作方可以将用户选择的赛车品牌进行植入，让人们在游戏中潜移默化地接受品牌信息。

（二）社区社交类产品或服务

一些垂直网络平台其实最初都是由论坛发展而来的，论坛又叫电子公告板，它是一种电子信息服务系统。论坛提供一些板块，用户可根据自己的喜好在不同的板块发表自己的帖子，其他用户可以跟贴、评论或辩论，形成一种虚拟的社区讨论。社区类垂直网络平台的产品或服务多以直接发帖推广为主，它可以用文字、图片、视频等形式，在论坛、社区等网络社区平台上进行营销推广活动，实现垂直网络平台的营销服务功能。

社区类垂直网络平台还可以根据注册用户的兴趣与需求，在平台上帮助企业发布具有针对性的活动信息。例如，在汽车论坛内，可以发布试驾、亲子游及养车、护车讲座等活动信息，提供一些奖品，吸引用户参与，为企业营销服务。

（三）电商类产品或服务

电商类垂直网络平台具备一般网络平台的基本架构，一般网站的网络营销推广产品或服务它都有，不同的是电商类垂直网络平台还具备大数据平台的功能，可以通过用户的购买习惯、购买过的产品类别来进行个性化推荐。由于电商类垂直网络平台的用户都具有购物的目的，所以其营销推广的效果更加真实有效，导流也就成为电商类垂直网络平台的主要功能。

除了普通网络平台的图文广告之外，电商类垂直网络平台的营销推广产品或服务还有站内推广和站外推广。站内推广主要是根据电商类垂直网络平台的资源来进行推广，如一些较好的广告位，还有就是根据用户需求而产生的付费的导流推广。类似于淘宝直通车的推广是直接提升店铺流量的一种推广方法。淘宝直通车是淘宝网为淘宝卖家量身定制的推广工具，通过关键词竞价、按照点击付费，进行商品精准推广的服务。其主要的特点有：更加精准的用户流量，买家主动搜索时，在最优位展示卖家的货品，只给想买的人看。另一个就是超省成本，免费展示，买家点击才付费，自由调控花销，合理掌控成本。

电商类垂直网络平台的营销推广服务涉及不同的付费标准。其收费标准一般是按照效果付费。例如，通过统计网站内导流过来的用户有多少人次，有多少人点击了企业的广告，就可以按照点击收费模式，计算点击一次企业的广告收费多少钱。另外一种是 CPA（cost per action，按效果付费），即按照广告投放的实际效果，以回应或订单来计费。还有一种是 CPP（cost per purchase，每单购买付费），即电商类垂直网站导流过来，用户在购买或在线交易后，才会按照销售额度进行付费。

（四）线上线下服务

线上线下服务是在互联网生态下，一些传统行业为提高服务质量和扩大营销范围而进行的营销服务模式创新。受“互联网思维”和“互联网+”等概念影响，2015 年以来，有无数的创业者进入 O2O 领域，根据风险投资调研，仅国内的初创 O2O 项目就获得了接近 6 亿美元的投资，其中仅经纬创投就投资了超过 20 家 O2O 项目，其中还不包括美团、京东、阿里巴巴、百度等其他对 O2O 行业感兴趣的互联网巨头所投资的项目。

在 O2O 行业兴盛前，58 同城和赶集网简直就像同一个模子刻出来的双胞胎兄弟，有竞争也有发展，在经过一段时间的口水战、营销战之后，58 同城把所有精力都放在了 58 到家，主攻家政、房产等服务，而赶集网则将目光瞄准了蓝领招聘和二手车市场，在这两个领域迅速出击后确立了无法撼动的优势地位。

资料显示，目前有 58 同城和赶集网背景的垂直 O2O 企业已超过 20 家，包括宝驾租车、273 二手车交易网、e 代驾、垂直招聘网站——“魅力 91”、安居客、中华英才网、美到家、点到按摩、58 月嫂、呱呱洗车、58 陪练等。

垂直 O2O 所提供的针对企业的营销产品或服务有哪些呢？我们以 58 同城的广告产品为例。

58 同城的广告主要是分类信息的发布，通过置顶，增加曝光度，以及对搜索服务的人群进行精准的个性化推荐。其主要的广告形式包括：城市首页的 Mini Banner，图片尺寸 130px×60px；城市首页各类别文字链，文字长度 5~8 个汉字；大类页左侧广告位，图片尺寸为 830px×90px；大类页右侧广告位，图片尺寸为 830px×90px；大类页顶部通栏广告，图片尺寸 1 000px×50px；列表页顶部通栏广告，图片尺寸 1 000px×50px；列表页右侧名店广告，图片尺寸 160px×200px。

第三节　垂直网络平台营销应用

随着各类垂直网络平台的兴起，垂直网络平台营销在房地产、汽车、家电、家居建材、电脑、手机、数码等领域得到广泛应用。垂直网络平台营销主要包括内容推广、广告宣传与活动营销等方式。无论是哪一种推广方式的实施，都离不开推广内容的创意和写作，推广主题如何选择、软文如何创作、视频脚本如何创意等都是垂直网络平台营销的具体应用。

一、垂直网络平台的推广方式

在垂直网络平台营销的应用中，内容创作是最重要的一部分。垂直网络平台的内容推广包括媒体推广内容、论坛推广内容、微博内容、博客内容、网络专题内容、话题讨论内容等。

（一）垂直网络平台的内容推广

内容营销是近几年流行的一种营销推广方式，通过某种传播媒体把企业或者品牌信息传递给目标消费者。人们也把媒体推广内容称为软文，内容推广需要开门见山地描述何时、何地、发生何事，包括解疑类、体验类与评论性软文。解疑类软文以问答的形式出现，通过百度知道、搜狗问问、天涯问答等各大知名站点也可以自问自答；体验类软文是以产品体验或者活动参与体验为角度的新闻，从消费者感悟、第三方采访的角度撰写；评论性软文主要面向消费者群体，以一个消费者的角度去看待一个品牌、一种产品、一场活动。

（二）垂直网络平台的广告推广

垂直网络平台的广告推广也可以说是精细化的推广策略，主要包括确定广告目标、广告创意表现形式、媒体选择和规划、广告预算、广告实施计划五个方面。

第一，确定广告目标。广告目标包括企业或产品的品牌影响力、关注度、点击率、转化率的提高等。广告目标的确立要有明确的衡量指标，既有实际性，又有可操作性。

第二，广告创意表现形式。广告创作需要结合广告主产品的属性来选择合适的广告形式，像电商、品牌类等致力于增加曝光量的广告主更适合视频、全屏等广告形式，而游戏等行业广告主则以积分墙、插屏、banner 等广告形式为主。

第三，媒体选择和规划。传播渠道在广告推广中具有重要的作用，媒体选择和规划应该针对既定的广告目标，在一定的预算约束条件下优先利用自身的网站，在条件允许的情况下，可以将各种媒体整合，实现广告目标受众与媒体用户的匹配，把广告信息精准地传达到目标受众。媒体的策划和安排要在有限的预算里，达到甚至超越既定的广告目标。

第四，广告预算。广告传播是一种付费活动，如果不对广告投放预算进行科学合理的计划和匡算，就会造成广告费用的浪费，因此准确地编制广告预算是广告推广策略的重要内容之一，是广告投放得以顺利展开的保证。

第五，广告实施计划。广告实施计划是在上述各环节与主要内容的基础上，为广告推广的顺利实施而制定的具体措施和手段，主要包括定向选择合适的投放时段、地域、时机与人群等。

广告发布出去之后，要想知道有没有达到广告的目的或有没有对其他方面产生影响，就要对广告效果进行全面的评估。要根据广告主的反馈进行效果评估和数据核对，数据核对包括数据报表、账目核对（广告主结算、媒体结算）等，另外，根据用户的反馈，对推广策略进行优化，并进行服务的调整。

（三）垂直网络平台的活动推广

除了一般性的营销推广服务之外，垂直类数字平台还会根据企业客户的特殊需求而特别设计、整合一些资源，进行有针对性的创新活动营销服务。

垂直网络平台会根据企业客户的需求设定活动推广方案。在方案中首要的是营销目标的设定。一般会将企业更为关注的用户行动、销售额度作为营销的主要目标。而针对这些目标，不仅要求垂直网络平台要对自己的营销产品有着更深入的了解，对自己的营销效果有自信，还要结合企业的产品或服务的特征，更加深入地研究消费者的心理与行为，在更多要素的结合之下，才能完成营销目标的设定，不再像以前那样只为完成目标而设定目标。

有时候，企业客户的活动推广并不仅仅利用一家垂直网络平台。因此，平台方在与客户洽谈之后，会有更多的信息或渠道加入，活动推广在经过整合之后，更加适合企业的传播需求。垂直网络平台更加接近消费者的爱好，更有利于企业进行非大众化的精准传播。垂直网络平台拥有大量同类型的注册用户，这些用户往往具有共同的兴趣爱好和需求，他们所引发的口碑传播也会产生与大众传播不一样的效果。

活动推广需要制订良好的方案，但是更需要方案的执行，如果实施没有做好的话，可能产生的作用就会大打折扣，影响活动推广的效果。因此，在活动推广及营销的实施方面要做到万无一失，要让消费者在适当的时间接触到活动推广的内容，并受到营销活动的影响而真正产生行动。

活动推广所产生的效果到底如何？企业在推广期间销售结果的变化到底是活动推广带来的，还是由别的因素带来的？这是企业和平台都想知道的结果。因此，效果监测在活动推广后就显得非常重要。由于垂直网络平台上消费者行为的数据都有纪录，通过活动推广导流至企业网站或者是电商平台的数据都有备份，垂直网络平台的活动推广效果监测也就非常有说服力。

二、垂直网络平台营销实例：汽车之家

汽车产业是世界上规模最大、最重要的产业之一。据中国汽车工业协会统计：2016 年中国汽车产销总量较快增长，产销总量再创历史新高，全年汽车产销分别完成 2 811.9 万辆和 2 802.8 万辆，比 2015 年同期分别增长 14.76% 和 13.7%，高于 2015 年同期 11.5 个和 9.0 个百分点。如此大的市场规模，催生出众多以汽车为主的营销推广平台，其中，垂直网络平台汽车之家就是佼佼者。

汽车之家网站成立于 2005 年 6 月，是全球访问量最大的汽车网站。据 iUserTracker 的数据统计，汽车之家月度覆盖人数接近 8 000 万。作为中国最具价值的互联网汽车营销平台，汽车之家为广大汽车消费者提供买车、用车、养车及其他与汽车生活相关的全程服务，以全面、专业、可信赖、高互动性的内容，多层次、多维度地影响最广泛的汽车消费者；同时，凭借全球化的视野和深刻的行业理解力，汽车之家持续推出创新的服务内容，并强化移动互联网等领域的各种应用，以引领汽车互联网平台的发展。

据《证券日报》的数据，国内超过八成总计约 80 多家汽车厂商是汽车之家的广告客户。2012 年汽车之家的厂商客户数量为 77 家，平均每家汽车厂商贡献广告收入约 630 万元，比 2011 年增加 40%。2016 年全年净营收同比增长 72.1%，达到 59.616 亿元，经过归属于母公司的调整后净利润同比增长 29.4%，达到 14.279 亿元[①]。

（一）汽车之家的营销策略

汽车之家的成功可以说是归功于其数字平台的成功，汽车之家数字平台是如何营销的呢？其产品或营销服务创新都有哪些？

---

① 周勤燕. 汽车之家 2016 年财报：净营收 59.616 亿元 同比增长 72.1%[EB/OL]. http://www.donews.com/news/detail/1/2948196.html，2017-03-02.

1. 以用户需求为核心

“疯狂满足用户需求”的理念是这家全球最大的汽车网站的生存法则。汽车之家前 CEO 秦致指出，汽车类网站的用户群体对视觉品质的要求也处于比较高的水平，这就要求各大开发商在产品开发前期就要深入了解用户需求，推出真正满足用户需求的产品。这体现出它们永远是从顾客的角度去思考发展方向的：怎样的方向才是真正适合现代社会的一个发展趋势，并能引领时代的发展趋势，而又不脱节社会？因此，在汽车之家的营销策略中，首要的就是以消费者为核心，满足其需求。

2. 提供正确的内容

“做正确的事儿，不做容易的事儿。”这在汽车之家成立初期就体现出来了，它颠覆了传统汽车网站的做法，只为了能够更直观地提供信息，这在当时来说，并不是一件容易的事。而现在，它也同样做着不容易的事，因为其他的汽车网站在测试完车辆的时候并不会在当天就把测评结果列出，但汽车之家打破了常规，只为了把最新的车辆信息传达给用户。

3. 打造汽车之家数字营销平台

汽车之家营销策略中最为基础的就是用最认真的态度做好了三个平台，这三个平台包括数据平台、互动平台、经销商平台。

（1）数据平台。汽车之家产品库拥有互联网最全面准确的车型数据，新车数据入库快速及时，方便查询。有最丰富细致的车型图片，数量超过 40 万张，并以每月新上 4 万张的速度递增。

（2）互动平台。为用户打造最纯净的专业汽车交流平台。从车主的角度出发，以车会友。用详细的体验和真实的数据，帮助用户完成从选车到用车的理想过程。

（3）经销商平台。拥有逾万家在册 4S 店，致力于为消费者提供最及时、最全面、最准确的价格信息，力争打造成中国最大的网上 4S 店。

这些都是汽车之家的基本工作，汽车之家一直致力于把这些基础工作做好、做细。当汽车之家成立时，已有的汽车网站的图片都是由汽车厂商提供的。而汽车之家则不同，直接去 4S 店拍图，并不修图，给用户最真实的体验。大概用了两年的时间，汽车之家终于把产品库做到业内第一。截至 2013 年 9 月 30 日，汽车之家的产品库已经拥有超过 15 000 个车型、200 万张照片。

（二）汽车之家的 5S 营销体系

汽车之家之所以成功，是因为其独特的营销体系。而这个被汽车之家称为 5S 的营销系统包括五个营销关键词。

第一个 S 是 service（服务），第二个 S 是 survey（调研），第三个 S 是 spread（传播），第四个 S 是 sale（销售），第五个 S 是 special（定制）。

1. service（服务）

汽车之家所提供的服务是全程咬合式的精准营销服务。首先是全网覆盖，线上与线下双向触达，形成了完善的营销互动体系。全程咬合式的精准营销，也就是环环相扣，逐级推进，抓住用户购车的整个流程，每一个节点都能给消费者和企业带来利益和服务。厂商方面，可以促使品牌和产品传播，建立比较好的品牌认知和形象；而在不同的销售大区，可以锁定特定的某些区域，深度地影响当地的消费者；在销售“最后一公里”的经销商，可以通过汽车之家的数字平台实现销售转化，提高各车型销量。

2. survey（调研）

汽车之家数字平台可以提供专业级的调研分析，预判和预测市场趋势，为企业或经销商服务。不同于传统的市场调研，由汽车之家提供的专业调研是针对全网的消费者所做的用户行为的全分析，并非传统的抽样方式，而是基于汽车之家数据库，将消费者数据和其他数据结合起来，进行研究分析，得出定制化的分析报告。首先，定制化分析报告可包括市场趋势分析、产品如何定位、未来销售形势等。其次，定制化分析报告还包括营销策略指导，这可以帮助厂商制定、检测及修正当前的营销策略，更有效地触达、影响消费者的后续行为。最后，对消费者行为的反馈。定制化分析报告可以帮助厂商检测产品在消费者中的真实反映，通过汽车之家的数据，我们可以深度挖掘消费者的真实行为，为厂商营销和发展做最有效的指导。

3. spread（传播）

汽车之家所提供的创新内容，是具有可传播性的，它包括两部分的内容。一是常规内容，包括新闻频道，可以报道消费者关心的新车上市，一些车市活动等；导购频道，内容最丰富、用户点击量最高、回复量最大的板块，通过一些专业的导购，让消费者更容易知道应购买什么样的车；评测频道，是针对不同车型的点评、测试等，也深得消费者喜爱；用车频道、视频频道，还有互动频道。这些常规内容打造了差异化优势，以满足汽车之家用户的需求。二是特色内容。通过特色内容的设置，引领用户需求。包括技术设计频道、赛事频道、汽车文化频道及改装频道等。

4. sale（销售）

汽车之家是最佳的抵达消费者的销售路径，也可提供真实有效的消费者信息。汽车之家是全国性的互联网汽车平台，线上用户全面覆盖，线下分站逐级渗透。汽车之家的线上平台目前有效覆盖了全国一、二、三、四线城市，让汽车公司和经销商可获得潜在销售机会。而在线下，落地分站建设了 50 个，覆盖了一、二线城市，远程服务站 50 个，有效覆盖了三、四线城市。

5. special（定制化服务）

汽车之家的数字平台拥有独特的产品，通过定制化服务，可以打造独家合作，更加高效地优化传播效果。全站资源深度合作，配合厂商的独特要求，有针对性地开发全新的资源，提高传播效果。在营销方面，可配合厂商的需求，有针对性地开发全新的营销形式，创造更好的传播效果。

（三）汽车之家的服务模式

数据显示，汽车之家的收入主要分为广告和经销商会员费。2013 年前三季度，汽车之家的广告收入为 6.180 亿元，同比增长 48.8%；来自经销商会员费的收入为 2.13 亿元，同比增长高达 123.0%[①]。

汽车之家主要通过广告代理向汽车厂商和经销商销售广告，2013 年前三季度，来自前十大广告代理的收入占公司总营收的比重为 47%。

总体来看，汽车之家的收入来源都是在一个专业指数的基础之上。而另外的

① 汽车之家成功登陆纽交所　未来大力布局移动端或涉足电商领域[EB/OL]. http://www.cnwp.com/16904.html，2013-12-12.

相关产品则有七个之多，可谓七大营销利器。

1．一个专业指数

汽车之家的专业指数，是基于其数字平台的消费者数据，可多维度定制分析，专业诊断市场问题，为营销提供科学指导。汽车之家的专业指数是营销行为的逻辑，是全效信息反馈系统，它包括反映总关注热度的综合指数、车系指数、关注度动态趋势的关注排行、关注竞争对手产品的竞品对比、表现同级车用户关注度比例的用户份额、表现地域关注度趋势的地域分布指数等。

1）综合指数

综合指数是消费者真实反馈的温度计，它帮助厂商了解全国汽车消费者对产品的关注现状和趋势，以资讯、社区和产品库的访问点击行为数据为基础，采用分层加权合并的统计方法，真实地反映了全国汽车消费市场关注度的情况和趋势。

2）车系指数

这个指数展示了汽车产品关注度的趋势变化，还可以查询任意时间点和该产品相关的文章、精华帖、产品车型的关注排行信息等。在资讯中可以看到对应文章及流量，在社区中可以看到对应帖子的情况，在产品库中可以看到对应点击的情况。

3）关注排行指数

这个指数是对市场格局的对比了解，还可以反映地域差异情况。通过对厂商类型、车型级别及地区的细分，可以查看该类别不同汽车产品在全国及各省份关注度的排名情况及历史上的排名变化。

4）竞品对比指数

通过这个指数可以了解哪个才是厂商的真正对手，竞争对手的发展情况如何。这个指数可以帮助厂商找准真实的对手，帮助厂商了解产品在全国汽车消费者心目中的真实竞品。此数据以汽车之家用户对车型的对比行为数据为基础，竞品对比指数反映车型在全国各省份汽车消费市场之间的对比情况。

对比包括正向对比及反向对比。

5）用户份额指数

这个数据可以帮助企业掌握真实的市场份额，让厂商了解产品在全国汽车消费市场中份额的变化趋势。用户份额反映出关注某车系用户占其所属的车型级别或全部车系关注用户数的比例、同比及环比的变化趋势，从而了解该车系关注用户数的市场份额及变化。

2. **整合营销**

整合营销即利用整个平台的数字化资源，再佐以多元化的营销手段，全方位配合使用，形成曝光量大、关注度高，而且具有较强记忆点的复合效应，以多层次的传播诉求，达到全面提升“品牌＋产品＋销量”的效果。

在数字平台数据的支撑下，汽车之家深度分析产品所处的市场格局、用户情况、竞品动态，找到厂商销售体系下产品销售的问题点，结合平台优势，制订极具针对性的解决方案，有效提升汽车销量。汽车之家常用的营销手段有团购、全国或区域性的车展、看车团及线上秒杀。

团购是业界使用次数非常多的手段之一，也是较为流行的市场促销手段，汽车之家的团购则是以其大数据为基础，可以精准拦截准备购车的用户，在网上发布的信息或活动，可以吸引同类型的消费者，在消费群体中形成羊群效应，扩大团购影响力。

全国或区域性的车展是 O2O 形式的有效促销方式。消费者都知道车展有优惠，喜欢看车展并在车展订车，而且区域性的车展可以锁定区域消费者，抢占市场份额。

看车团可以精准拦截目标消费者，看车的大都有购买的打算，通过看车团活动，可以提前将这部分消费者集合起来，形成团体购车的可能。

线上秒杀是促销的一种利器，通过少量的秒杀，以利益促进消费者行动，并形成一定的带动作用，进一步刺激有购车意向的用户的购买意愿。

以标致 307 的促销传播为例，在一个月的传播周期内，在汽车之家开展全国团购活动，以 1 元换购 1.8 万元为宣传口号，精准地拦截潜在购车用户，获取真实的销售线索，获得了巨大的成功。活动期间，共有 4 363 人参与团购，实现 1 700 多辆线下实际购车。

3. 内容营销

内容营销是汽车之家营销的一个基本模式，汽车之家能够提供给消费者的最基本的东西还是关于汽车的知识。而解读技术是消费者的弱项，也是他们最想知道的知识。所以技术解读是内容营销的首要部分，汽车之家打破教科书式的枯燥解析，运用消费者喜爱的方式，使用他们听得懂的语言，从实际应用角度出发切入专业技术，不断挖掘产品特色和技术亮点，双向拉动品牌和产品价值。

与之相关的内容板块包括拆解实验室、设计与应用讲堂、设计殿堂等内容。拆解实验室通过对汽车的拆解，让消费者看到铁皮下面的真相，展现不同汽车产品的内在价值。设计与应用讲堂则针对当下热门的技术，引领用户购车潮流。设计殿堂则是从设计方面入手，告诉消费者什么样的设计是适合他们的，通过解读设计语言，讲述造型背后的故事，帮助消费者理解汽车的外在文化。

内容营销的第二个部分是文化。

文化是核心，它可以从深层次来诠释企业的品牌内涵。汽车之家的内容营销改变了描述品牌文化单一、乏味的传统模式，结合、融合消费者关注的热点事件，抓住他们关注的兴趣点，用文化与情感渗透交流的方式，来营造品牌和产品的文化氛围，以情感触动品牌和产品的价值。

在进行品牌介绍时，以多维度、多视角的方式，深度理解品牌内涵，而用户也可以通过投票、体验、评选等方式参与。与汽车之家文化相关的商业产品包括品牌博物馆、赛事播报堂及改装嘉年华。品牌博物馆从名字就可以看出它是关于不同汽车品牌的历史的。通过对不同汽车品牌历史的追寻，深挖产品背后的品牌内涵。而赛事播报堂则通过挖掘赛事中产品技术的基因，与用户进行深度互动。改装嘉年华是借助改装文化，塑造值得信赖的口碑价值。

以 2011 年的再见甲壳虫为例，该营销为甲壳虫新车上市铺垫，通过生动地解读品牌起源、成就，让消费者轻松了解并认可产品文化，短期内获得了 69 万阅读浏览量，并获得了 27 万个潜在消费者的关注。

内容营销的口碑非常重要，口碑是消费者的真实感受，它能让消费者告别空谈。汽车之家的口碑设计紧扣产品特点，量身定制了一些特别项目，找到关键用户后，让其深度体验产品和服务，成为企业或品牌的意见领袖，然后通过各种体验机会，释放用户的口碑，以体验传播提升品牌和产品价值。

汽车之家的相关内容板块包括名人试驾、操控驾驶营、车主证言等。名人试驾就是利用意见领袖来传播。充分挖掘名人的社会影响力，让其意见迅速传播。操控驾驶营则以深度体验来让用户感受操控性能，制造驾驶乐趣，吸引更多普通用户关注。车主证言是站在车主的角度，反向印证产品的实力，打动用户。

4. 精准广告

依托汽车之家数字平台庞大的用户群体，实时追踪消费者行为，形成一个能够实时分析和应用的大数据平台，然后对这些数据进行科学法的分析，通过专业的计算手段，有效地实现精准匹配，在了解和预测消费者行为的基础上，有效地拦截目标消费者，全面提升传播效果。

这种精准的广告投放就是定向广告。它可以分为内容定向、时间定向和用户定向三种形式。内容定向主要是关键字和搜索结果导向。时间定向包括分时定向和频率定向。通过对时间的控制达到较好的传播效果。用户定向则根据用户的属性和用户的行为来推送广告。用户行为主要是用户所关注的信息及所浏览的信息。而用户属性则是由用户关注的车型级别、品牌及价位决定，通过对这些信息的解读定向推送广告，实现精准传播。

（四）成功在于务实与专注

在业界看来，汽车之家的商业模式并不复杂，而其最终能够取得成功，关键在于“吃苦耐劳”。汽车之家天使投资人黄明明对媒体表示，“汽车之家没有什么酷炫独特的东西，只是有‘可怕的低调、务实和专注’”。

汽车之家通过论坛、参数及专业评测来满足消费者对口碑了解的需求；通过预约试驾，打通了消费者与经销商的桥梁，通过价格对比与团购活动来解决大家对价格方面的疑义，最终完成成交。

汽车之家让消费者有更多的选择，用其数字平台的数据、内容、技术来影响消费者的购买决策，让平台、消费者与经销商形成良性循环。

综上所述，我们可以看到，汽车之家在PC端、用户端及商家端都有着巨大优势。汽车之家数字平台结合了汽车知识、经销商信息、内容文章等，增加了用户黏度，培养了更多忠于汽车之家的用户。数字平台也提供给消费者更关心的价格信息和当地服务，为各地经销商带来越来越多的线索，给商家带来了越来越多的价值，三赢甚至多赢是汽车之家能够领军于汽车行业的主要原因。

延伸阅读

一、垂直 SaaS 领域销售成功案例分享，http://chuansong.me/n/2763202

二、汽车之家，从垂直媒体迈向垂直电商，https://www.huxiu.com/article/139956.html

三、O2O 垂直与平台两种模式各有千秋，http://www.iyiou.com/p/17420.html

四、典型互联网垂直平台的变现状况分析，https://www.sohu.com/a/209017398_561855

参考文献

一、著作类

埃文斯 D S，哈吉犹 A，施马兰奇 R. 看不见的引擎：软件平台驱动下的产业创新和转型[M]. 陈宏民，胥莉，张艳华，译. 北京：清华大学出版社，2010.

曹虎，王赛，乔林，等. 数字时代的营销战略[M]. 北京：机械工业出版社，2017.

麦奎尔 D. 受众分析[M]. 刘燕南，李颖，杨振荣，译. 北京：中国人民大学出版社，2017.

迪屈奇 M. 交易成本经济学——关于公司的新的经济意义[M]. 王铁生，葛立成，译. 北京：经济科学出版社，1999.

方兴东，熊剑. 社会化媒体营销蓝皮书[M]. 北京：电子工业出版社，2015.

方迎丰，余思慧，简予繁. 视频广告概论[M]. 武汉：武汉理工大学出版社，2013.

胡恒飞. 社会化营销——构建 360 度微资源生态圈[M]. 杭州：浙江大学出版社，2015.

纳尔蒂 K H. 视频营销[M]. 钱峰，译. 北京：东方出版社，2012.

刘杰克. 网络营销实战——传统企业如何借助网络营销实现战略突围[M]. 北京：电子工业出版社，2014.

刘微. 30 分钟玩转视频营销[M]. 北京：电子工业出版社，2014.

塔藤 M R，所罗门 M R. 社会化媒体营销[M]. 李季，宋尚哲，译. 北京：中国人民大学出版社，2014.

庞井君. 中国视听新媒体发展报告[M]. 北京：社会科学文献出版社，2011.

汪成为，高文，王行仁. 灵境（虚拟现实）技术的理论、实现及应用[M]. 北京：清华大学出版社，1996.

王乐鹏. 社会化网络营销[M]. 北京：中国电力出版社，2016.

舍恩伯格 V M，库克耶 K. 大数据时代——生活、工作与思维的大变革[M]. 盛杨燕，周涛，译. 杭州：浙江人民出版社，2013.

夏丹，孙道军. 战略管理与市场营销案例研究[M]. 北京：中国市场出版社，2013.

夏皮罗 C，瓦里安 H. 信息规则：网络经济的策略指导[M]. 张帆，译. 北京：中国人民大学出版社，2000.

徐晋. 平台经济学[M]. 上海：上海交通大学出版社，2007.

晏青. 社交媒体营销战：商业营销新思维[M]. 北京：经济日报出版社，2016.

阳翼. 数字营销：6 堂课教你玩转新媒体营销[M]. 北京：中国人民大学出版社，2015.

《中国大百科全书》总编委会. 中国大百科全书[M]. 北京：中国大百科全书出版社，2009.

Blind K. The Economics of Standards：Theory，Evidence，Policy[M]. Cheltenham：Edward Elgar，2004.

Evans P，Gawer A. The Rise of the Platform Enterprise：A Global Survey[M]. New York：The Center for Global Enterprise，2016.

Porter M E. Competitive Advantage：Creating and Sustaining Superior Performance [M]. New York：Free Press，1985.

Williamson O E. Markets and Hierarchies：Analysis and Antitrust Implications[M]. New York：Free Press，1975.

Williamson O E. The Economic Institutions of Capitalism[M]. New York：Free Press，1985.

二、期刊类

艾森曼 T，帕克 J，范阿尔斯蒂尼 W. 双边市场中的企业战略[J]. 石志华，译. 哈佛商业评论，2008，（5）：124-136.

蔡红. 搜索引擎营销模式的分析及其发展趋势[J]. 图书馆论坛，2006，26（1）：95-97.

程士安. 以搜索引擎为导向的大数据时代网络信息管理[J]. 广告大观（综合版），2012，2（8）：15.

程贵孙，孙武军. 银行卡产业运作机制及其产业规制问题研究——基于双边市场理论视角[J]. 国际金融研究，2006，（1）：39–46.

陈积银，杨廉. 中国网络视频产业的发展现状、趋势与思考[J]. 现代传播，2017，（11）：8–13.

方英. 搜索引擎营销模式及其商业价值分析[J]. 商业时代，2009，（3）：32–33.

高婷，湛军. 价值共创视角下视频网站商业模式创新的研究——以乐视和优酷为例[J]. 管理现代化，2017，37（4）：36–38.

高雪. 语音识别技术在人机交互中的应用研究[D]. 北方工业大学硕士学位论文，2017.

龚燕飞，王明宇. 企业微博营销的特点与策略探析[J]. 中国商贸，2013，（18）：22–23.

黄升民，刘珊. “大数据”背景下营销体系的解构与重构[J]. 现代传播（中国传媒大学学报），2012，34（11）：13–20.

黄勇. 基于社会化媒体时代的事件营销传播策略分析和优化探索[J]. 新闻知识，2014，（12）：22–24.

李翠萍，蓝梦微，邹本友，等. 大数据与推荐系统[J]. 大数据，2015，1（3）：23–35.

李凯，邓智文，严建援. 搜索引擎营销研究综述及展望[J]. 外国经济与管理，2014，36（10）：13–21.

李涛，曾春秋，周武柏，等. 大数据时代的数据挖掘——从应用的角度看大数据挖掘[J]. 大数据，2015，1（4）：57–80.

刘东明. 网游植入广告之“六脉神剑”[J]. 声屏世界：广告人，2008，（9）：216–218.

刘文娟. 透过阿里巴巴 B2B 平台看电子商务平台的国际贸易客户的开发方法[J]. 现代商业，2017，（21）：23–25.

刘霞. 基于电信通话记录的数据挖掘[J]. 计算机与现代化，2008，（6）：36–38.

刘义. 网游营销：融合创新的互动商业艺术[J]. 成功营销，2007，（11）：88–89.

欧敏铨. 手持装置多点触控技术的实现[J]. 电子产品世界，2008，15（4）：70–76.

彭辉. 信息交互背景下新媒体广告的用户体验设计[J]. 出版广角，2016，（24）：66–68.

齐东平. 中间性组织的必要性及其组织功能[J]. 中国工业经济，2005，（3）：22–28.

陶毅昊，邱尧鑫. 新一代 B2B 电子商务平台研究[J]. 常州信息职业技术学院学报，2013，（2）：19–22.

王佳博. 视频网站的媒体优势与发展对策思考[J]. 新闻传播，2015，（10）：38–39.

王明国，胡敬仓. 主题搜索引擎中网络蜘蛛搜索策略的研究[J]. 微机处理，2010，32（4）：34-37.

王鑫龙，张音. 用于电子商务平台精准营销的数据挖掘算法需求综述[J]. 中国市场，2015，(1)：15-16，20.

王昱，陈俊扬. B2C 模式电子商务发展的现状与前景分析[J]. 商场现代化，2016，(8)：45-46.

韦路，丁方舟. 论新媒体时代的传播研究转型[J]. 浙江大学学报（人文社会科学版），2013，43（4）：93-103.

吴翠. 以技术和数据为核心的数字营销[J]. 传播与版权，2015，（4）：135-136.

姚曦，秦雪冰. 技术与生存：数字营销的本质[J]. 新闻大学，2013，（6）：58-63.

严金才. 基于电子商务平台的广西农产品营销模式浅析[J]. 农业经济，2016，（1）：135-136.

闫淑敏，段兴民，吴彩珊. 企业与市场相结合的中间组织及其博弈分析[J]. 西安交通大学学报（社会科学版），2001，21（2）：32-35.

于黎冰. 从“今日头条”看个性化新闻推荐系统的优劣[J]. 传媒，2016，（19）：44-45.

张凤军，戴国忠，彭晓兰. 虚拟现实的人机交互综述[J]. 中国科学：信息科学，46（12）：1711-1736.

张立彬，杨军花，杨琴茹. 第三代搜索引擎的研究现状及其发展趋向探析[J]. 情报理论与实践，2008，31（5）：785-789.

朱中平. 搜索引擎营销的原理与模式分析[J]. 中国市场，2009，（45）：93-94.

Armstrong M. Competition in two-sided markets[J]. RAND Journal of Economics，2006，37（3）：668-691.

Caillaud B，Jullien B. Chicken&egg：competition intermediation service providers[J]. RAND Journal of Economics，2003，34（2）：309-328.

Coase R H. The nature of the firm[J]. Economica，1937，4（16）：386-405.

Eisenmann T R，Parker G，van Alstyne M W. Strategies for two-sided markets[J]. Harvard Business Review，2006，84（10）：92-101.

Katz M L，Shapiro C. Network externalities，competition，and compatibility[J]. The American Economic Review，1985，75（3）：424-440.

Rohlfs J. A theory of interdependent demand for a communications service[J]. The Bell

Journal of Economics and Management Science，1974，5（1）：16-37.

Roson R. Auctions in a two-sided network：the market for meal services[J]. Networks and Spatial Economics，2005，5（4）：339-350.

Rysman M. The economics of two-sided markets[J]. Journal of Economics Perspectives，2009，23（3）：125-143.

West J. How open is open enough? Melding proprietary and open source platform strategies[J]. Research Policy，2003，32（7）：1259-1285.

Williatnson O E. Comparative economic organization：the analysis of discrete structural alternatives[J]. Administrative Science Quarterly，1991，36（2）：269-296.

三、互联网

2017 年互联网趋势报告（中文完整版）[EB/OL]. http://www.cbdio.com/BigData/2017-06/02/content_5531246.htm，2017-06-02.

步静. AI 赋能爱奇艺打造爆款娱乐内容 视频平台多元布局打响会员争夺战[EB/OL]. http://www.nbd.com.cn/articles/2017-11-03/1158422.html，2017-11-03.

丁壮. 2016 年 9 月 10 日微博、合一、UC 宣布成立视频文娱大联盟 账号内容打通[EB/OL]. http://tech.sina.com.cn/i/2016-09-10/doc-ifxvukhx4775571.shtml，2016-09-10.

国家广电智库. 广电发布《2017 网络原创节目发展分析报告》[EB/OL]. https://n.znds.com/article/28330.html，2017-12-08.

刘晓彤. 爱奇艺娱乐营销模式圈粉海外广告同仁[EB/OL]. http://yue.ifeng.com/a/20170908/39828593_0.shtml，2017-09-08.

马荣.《口袋妖怪 Go》新赚钱方法 LBS 店铺广告[EB/OL]. http://soft.zol.com.cn/593/5935167.html，2016-07-14.

王冠雄. 单向营销已经凉了！一篇看懂腾讯视频与宜家北京跨界合作的背后玄机[EB/OL]. http://www.myzaker.com/article/5a3e3cf0d1f149960a0000c4/，2017-12-23.

微博 Social 营销. 天猫双 11 爆款清单微博分会场，开启社交营销新形式[EB/OL]. https://weibo.com/ttarticle/p/show?id=2309404174445701914518，2017-11-15.

晓晓. 你确定你真的懂用户画像？[EB/OL]. http://www.woshipm.com/it/250043.html，2015-12-14.

寻空. 2017 年 7 月 12 日双微运营已死，全社交平台营销才是下一个趋势[EB/OL]. http://www.tmtpost.com/2681509.html，2017-07-12.

Hunter. 2015 年，那些刷爆过你朋友圈的十大病毒式传播[EB/OL]. http://www.huodonghezi.com/news-83.html，2018-10-26.

四、其他类

尼尔森. 2015 年全球广告信任度调查报告[R]. 2015.

赵新培. 2017 年微博自媒体收入 207 亿！活跃用户达 3.76 亿[N]. 北京青年报，2017-12-06.

中国互联网络信息中心. 第 43 次中国互联网络发展状况报告[R]. 2019.

Hagiu A，Wright J. Multi-Sided Platforms[R]. Harvard Working Paper 12-024，2011.

Evans D. S，Hagiu A，Schmalensee R. Software Platforms[C]//Illing G，Peitz M. Industrial Organization and the Digital Economy. Cambridge：the MIT Press，2006.

后　记

数字营销的世界精彩纷呈，每天都有新鲜事发生，数字平台成为营销活动开展的新舞台。数字平台营销作为新生事物，如何将其呈现在读者面前，是我们一直努力思考的问题。经过多次讨论与修改，才逐渐明晰写作思路，制定写作框架。在写作过程中，我们根据日新月异的数字平台营销实践，及时更新相关数据与资料，力求做到与时俱进，把数字平台营销领域的新知识与我们的新思考传达给读者。

本书写作历时两年有余，初稿撰写情况如下：第一章马海娇、第二章朱强、第三章和第五章雷明亚、第四章和第十章王凌峰、第六章刘莉、第七章何美林、第八章和第九章俞倩。全书终稿由马二伟统一修改定稿，王凌峰博士参与了本书大纲的讨论与制定，感谢团队成员的辛勤付出与通力合作。

本书写作及出版得到了多方的帮助，在此一并致谢。首先感谢丛书主编周茂君教授的信任。我与周老师相识多年，亦师亦友，无论是在武汉大学读书期间，还是毕业后工作阶段，都受到周老师诸多关照；感谢家人的理解与支持，让我有更多的时间与精力投入本书的写作中；最后感谢科学出版社领导与编辑的大力支持。

本书写作参考了大量的书籍、文章、研究报告等已有研究成果，同时，互联网资源也为本书编写提供了丰富的案例与资料，成为本书不可或缺的素材，我们已在参考文献中列出，同时感谢各位文献所有者。

虽然我们尽力做好本书的写作，但是限于各种主客观条件，难免存在一些不足与遗憾，恳请读者批评指正。

马二伟

2019 年 5 月 30 日